FOM-Edition
FOM Hochschule für Oekonomie & Management

Thomas Kümpel · René Pollmann

Grundzüge der IFRS-Konzernrechnungslegung

Hinweise und Aufgaben für die IFRS-Praxis

Thomas Kümpel
FOM Hochschule für Oekonomie
& Management
Düsseldorf
Deutschland

René Pollmann
Curacon GmbH
Wirtschaftsprüfungsgesellschaft
Düsseldorf
Deutschland

Dieses Werk erscheint in der FOM-Edition, herausgegeben von FOM Hochschule für Oekonomie & Management.

ISBN 978-3-658-03782-6   ISBN 978-3-658-03783-3 (eBook)
DOI 10.1007/978-3-658-03783-3

Die Deutsche Nationalbibliothek verzeichnet diese Publikation in der Deutschen Nationalbibliografie; detaillierte bibliografische Daten sind im Internet über http://dnb.d-nb.de abrufbar.

Springer Gabler
© Springer Fachmedien Wiesbaden 2014
Das Werk einschließlich aller seiner Teile ist urheberrechtlich geschützt. Jede Verwertung, die nicht ausdrücklich vom Urheberrechtsgesetz zugelassen ist, bedarf der vorherigen Zustimmung des Verlags. Das gilt insbesondere für Vervielfältigungen, Bearbeitungen, Übersetzungen, Mikroverfilmungen und die Einspeicherung und Verarbeitung in elektronischen Systemen.

Die Wiedergabe von Gebrauchsnamen, Handelsnamen, Warenbezeichnungen usw. in diesem Werk berechtigt auch ohne besondere Kennzeichnung nicht zu der Annahme, dass solche Namen im Sinne der Warenzeichen- und Markenschutz-Gesetzgebung als frei zu betrachten wären und daher von jedermann benutzt werden dürften.

Lektorat: Angela Pfeiffer

Gedruckt auf säurefreiem und chlorfrei gebleichtem Papier

Springer Gabler ist eine Marke von Springer DE. Springer DE ist Teil der Fachverlagsgruppe Springer Science+Business Media
www.springer-gabler.de

Vorwort

Die wirtschaftlichen Zusammenhänge sind durch zunehmende und immer stärker an Bedeutung gewinnende Globalisierungsprozesse gekennzeichnet. Die Globalisierung der Unternehmenstätigkeiten und die damit einhergehende Entwicklung und Verbreitung international anerkannter Rechnungslegungsgrundsätze führt zu einer erhöhten Beeinflussung nationaler Rechnungslegungsnormen. Als internationales Referenzsystem der externen Rechnungslegung haben sich insb. die International Financial Reporting Standards (IFRS) herausgebildet. So besteht durch die EU-Verordnung vom 19. Juli 2002 für alle kapitalmarktorientierten Konzerne seit dem 1. Januar 2005 die Pflicht, IFRS anzuwenden. Die Bedeutung innerhalb Deutschlands ist daher für kapitalmarktorientierte Mutterunternehmen auch hier zunehmend signifikant. Das jüngste Beispiel hierfür ist das im Mai 2009 in Kraft getretene Bilanzrechtsmodernisierungsgesetz (BilMoG), das tiefgreifende Annäherungen der handelsrechtlichen Rechnungslegungsvorschriften an die IFRS-Rechnungslegung beinhaltet. Dabei führt der Weg vom gläubigerschutzorientierten Vorsichtsprinzip des Handelsgesetzbuches (HGB) zur kapitalmarktorientierten Informationsbilanz nach IFRS. Viele der aktualisierten handelsrechtlichen Regelungen für Konzernabschlüsse des BilMoGs wurden den IFRS entnommen. Dies gilt vor allem für die Konsolidierungstechnik und die Unterteilung der einzubeziehenden Unternehmen.

Dieses Buch enthält Grundzüge des IFRS-Konzernabschlusses. Die Abgrenzung des Konsolidierungskreises, Übungsaufgaben und detaillierte Beschreibungen zur Konsolidierung stehen dabei besonders im Fokus. Es werden sowohl theoretische Aspekte als auch praktische Handhabungen sowie Hinweise und Tipps behandelt. Dieses Buch soll als Lern- und Nachschlagewerk dienen und sowohl Studenten als auch Praktikern die Grundzüge auf dem Gebiet der internationalen Konzernrechnungslegung veranschaulichen und näherbringen.

Wir danken Herrn Professor Thomas Heupel für die Aufnahme des Werkes in die FOM-Edition und Herrn Dipl.-jur. Kai Enno Stumpp für die Begleitung bei dessen Erstellung.

Düsseldorf

René Pollmann
Thomas Kümpel

Inhaltsverzeichnis

1 Einleitung 1

2 Wesentliche Standards zur Konzernrechnungslegung 3

3 Abgrenzung des Vollkonsolidierungskreises 5
   3.1 Beherrschungshierarchie 5
   3.2 Standards und Anwendungsbereiche 5
   3.3 Vollkonsolidierungskreis nach IAS 27 (2008) 6
      3.3.1 Überblick über das bisherige Beherrschungskonzept 6
      3.3.2 Special Purpose Entities 9
   3.4 Vollkonsolidierungskreis nach IFRS 10 12
      3.4.1 Beherrschungskonzept 12
      3.4.2 Beherrschungsschema 14
      3.4.3 Relevante Aktivitäten 15
      3.4.4 Lenkungsmacht 16
      3.4.5 Variable Rückflüsse 25
      3.4.6 Verknüpfung von Lenkungsmacht und variablen Rückflüssen ... 25
      3.4.7 Neueinschätzung der Beherrschung 29
      3.4.8 Auswirkung auf den Konsolidierungskreis 30
   3.5 Keep in Mind 30
   3.6 Übungsaufgaben zum Kapitel 31
      3.6.1 Aufgaben zu IAS 27 (2008) 31
      3.6.2 Aufgaben zu IFRS 10 31
   3.7 Lösungshinweise 32

4 Vorbereitende Maßnahmen zur Konsolidierung 35
   4.1 Konzerneinheitliche Bilanzierung und Bewertung 35
   4.2 Vereinheitlichung der Stichtage einzubeziehender Unternehmen 36
   4.3 Grundzüge der Währungsumrechnung 37
      4.3.1 Funktionale Währung 38
      4.3.2 Bilanzierung von Fremdwährungsgeschäften 38

		4.3.3	Umrechnung von Fremdwährungsabschlüssen	41
		4.3.4	Besonderheiten	45
	4.4	Konzerninterne Geschäfte		45
	4.5	Keep in Mind		45
	4.6	Übungsaufgaben zum Kapitel		46
	4.7	Lösungshinweise		46
5	Unternehmenszusammenschlüsse und Kapitalkonsolidierung (IFRS 3)			49
	5.1	Kontrollkonzept und Anwendungsbereich		49
		5.1.1	Grundlagen und Vorgehen	50
		5.1.2	Erwerbsmethode	51
		5.1.3	Identifizierung eines Erwerbers	53
		5.1.4	Fallstudie zur Reverse Acquisition	54
	5.2	Erstkonsolidierung		55
		5.2.1	Kaufpreisermittlung	55
		5.2.2	Allokation des Kaufpreises	59
		5.2.3	Aus der Aufrechnung resultierende Posten	64
		5.2.4	Aufteilung des Goodwill auf Cash Generating Units	69
		5.2.5	Vorläufige Feststellung der Erstkonsolidierung	70
	5.3	Folgekonsolidierung		71
		5.3.1	Technik der Folgekonsolidierung	71
	5.4	Entkonsolidierung		74
		5.4.1	Vorbereitende Maßnahmen im Rahmen des IFRS 5	74
		5.4.2	Ermittlung des Entkonsolidierungserfolges	75
	5.5	Übergangskonsolidierung		76
		5.5.1	Aufwärtskonsolidierung	77
		5.5.2	Abwärtskonsolidierung	79
		5.5.3	Anteilsveränderungen bei vollkonsolidierten Unternehmen ohne Statuswechsel	82
	5.6	Keep in Mind		83
		5.6.1	Kontrollkonzept nach der Akquisitionsmethode	83
		5.6.2	Erstkonsolidierung	83
		5.6.3	Anteilsveränderungen ohne Änderung der Einbeziehungsform	84
		5.6.4	Folgekonsolidierung	84
		5.6.5	Entkonsolidierung	84
		5.6.6	Übergangskonsolidierung	84
		5.6.7	Besonderheiten bei der Bilanzierung eines Unternehmenserwerbes	85
	5.7	Übungsaufgaben zum Kapitel		85
	5.8	Lösungshinweise		87

6	**Weitere Konsolidierungsmaßnahmen**	**91**
	6.1 Schuldenkonsolidierung	91
	6.2 Zwischenergebniseliminierung	92
	6.2.1 Zwischenergebniseliminierung bei konzerninternen Übertragungen im Zusammenhang mit Unternehmenszusammenschlüssen	93
	6.2.2 Zwischenergebniseliminierung konzerninterner Übertragungen von Sachanlagevermögen oder immateriellen Vermögenswerten	94
	6.2.3 Zwischenergebniseliminierung konzerninterner Verkäufe von Gegenständen des Umlaufvermögens	95
	6.3 Aufwands- und Ertragskonsolidierung	95
	6.4 Keep in Mind	95
	6.5 Übungsaufgaben zum Kapitel	96
	6.6 Lösungshinweise	96
7	**Behandlung von Gemeinschaftsunternehmen, gemeinschaftlichen Vereinbarungen und assoziierten Unternehmen**	**99**
	7.1 Standards und Anwendungsbereich	99
	7.2 Gemeinschaftsunternehmen und gemeinschaftliche Vereinbarungen	100
	7.2.1 Voraussetzungen der gemeinschaftlichen Führung	100
	7.2.2 Joint Venture und Joint Arrangement	102
	7.3 Assoziierte Unternehmen	106
	7.3.1 Abgrenzung assoziierter Unternehmen	106
	7.3.2 Assoziierungsvermutung	106
	7.4 Rechnungslegungsverfahren	107
	7.4.1 Gesonderte Bilanzierungsregeln gemäß IAS 31	108
	7.4.2 Bilanzierung bei Veräußerungsabsicht	109
	7.4.3 Einbeziehungsausnahmen	109
	7.5 Konsolidierungsmethoden	110
	7.5.1 Equity-Methode	110
	7.5.2 Quotenkonsolidierung/anteilige Konsolidierung	118
	7.5.3 Erstanwendung von IFRS 11	127
	7.6 Keep in Mind	128
	7.7 Übungsaufgaben zum Kapitel	129
	7.8 Lösungshinweise	131
8	**Abschließende Übungsaufgaben**	**137**
	8.1 Übungsaufgaben	137
	8.2 Lösungshinweise	140

Literatur 153
    International Financial Reporting Standards 154
    International Accounting Standards 154
    Interpretationen – IFRIC & SIC 155

Sachverzeichnis 157

Abkürzungsverzeichnis

Abs.	Absatz
Afa	Absetzung für Abnutzung
AG	Aktiengesellschaft
AktG.	Aktiengesetz
Aufl.	Auflage
BB	Betriebs-Berater (Zeitschrift)
BGB	Bürgerliches Gesetzbuch
bspw.	beispielsweise
bzw.	beziehungsweise
CGU	Cash Generating Unit
DB	Der Betrieb (Zeitschrift)
d. h.	das heißt
DStR	Deutsches Steuerrecht (Zeitschrift)
EBIT	Earnings before Interest and Taxes
ED	Exposure Draft
EK	Eigenkapital
EU	Europäische Union
Eventualverb.	Eventualverbindlichkeiten
evtl.	eventuell
FK	Fremdkapital
FV	Fair Value
GAAP	Generally Accepted Accounting Principles
Gez.	Gezeichnetes
ggf.	gegebenenfalls
GmbH	Gesellschaft mit beschränkter Haftung
GuV	Gewinn- und Verlustrechnung
HB	Handelsbilanz
HGB	Handelsgesetzbuch
Hrsg.	Herausgeber
i. d. R.	in der Regel
Immat.	Immaterielle

inkl.	inklusive
insb.	insbesondere
i. H. v.	in Höhe von
i. S. d.	im Sinne des
i. V. m.	in Verbindung mit
i. w. S.	im weiteren Sinne
IAS	International Accounting Standard
IASB	International Accounting Standards Board
IFRIC	International Financial Reporting Interpretations Committee
IFRS	International Financial Reporting Standards
JA	Jahresabschluss
KoR	Zeitschrift für internationale und kapitalmarktorientierte Rechnungslegung
kum.	kumulierte
MU	Mutterunternehmen
N/A	Unzutreffend bzw. nicht verfügbar
o. ä.	oder ähnliche
OCI	Other Comprehensive Income
p. a.	per anno
PiR	Praxis der internationalen Rechnungslegung (Zeitschrift)
rd.	rund
rev.	revised
Rz.	Randziffer
SIC	Standing Interpretation Committee
sog.	sogenannte
Sonst.	Sonstige
SPE	Special Purpose Entity
TU	Tochterunternehmen
TUCC	Transactions Under Common Control
u. a.	unter anderem
US-GAAP	United States Generally Accepted Accounting Principles
Vgl.	Vergleiche
WPg	Die Wirtschaftsprüfung (Zeitschrift)
z. B.	zum Beispiel

Die Autoren

René Pollmann ist für die Wirtschaftsprüfungsgesellschaft Curacon GmbH in Düsseldorf tätig und betreut Mandanten bei Jahresabschluss- und Konzernabschlussprüfungen sowie bei komplexen Fragen der Rechnungslegung. Während seines Studiums an der FOM Hochschule für Oekonomie & Management, Essen, hat er sich schwerpunktmäßig mit nationaler und internationaler Rechnungslegung beschäftigt. Thematisch standen dabei die Bilanzierungsvorschriften zum Hedge Accounting nach IAS 39/IFRS 9 und Themen zur Konzernrechnungslegung im Vordergrund, zu denen er auch Publikationen in renommierten Fachzeitschriften veröffentlicht.

Thomas Kümpel lehrt seit Ende 2000 an der FOM Hochschule für Oekonomie & Management, Essen, das Fachgebiet Unternehmensrechnung und Controlling. Nach einem betriebswirtschaftlichen Studium absolvierte er einen einjährigen Arbeitsaufenthalt in Kanada und Amerika im Bereich Rechnungswesen. Während seiner Berufstätigkeit bei Arthur Andersen im Bereich Wirtschaftsprüfung promovierte er gleichzeitig auf dem Gebiet der Internationalen Rechnungslegung mit erfolgreichem Abschluss zum Dr. rer. oec im Jahre 1999. Er hat zahlreiche Publikationen zur internationalen Rechnungslegung in renommierten Fachzeitschriften und Loseblattwerken veröffentlicht und gibt vor allem zu diesem Themenfeld in Seminaren und Vorträgen sein erworbenes Wissen weiter.

Einleitung 1

Im Hinblick auf das Zusammenwachsen der internationalen Kapitalmärkte haben sich in den letzten Jahren weitreichende Änderungen in der Rechnungslegung vollzogen. Um den Investoren entschuldungsnützliche Informationen geben zu können und die Kommunikation mit ausländischen Geschäftspartnern zu verbessern, haben Unternehmen ihre Rechnungslegung zunehmend nach internationalen Rechnungslegungsstandards ausgerichtet.

Hierbei haben die International Financial Reporting Standards (IFRS) durch den Internationalisierungsprozess in der deutschen Rechnungslegung vermehrt an Bedeutung gewonnen. So besteht durch die EU-Verordnung vom 19. Juli 2002 für alle kapitalmarktorientierten Konzerne seit dem 1. Januar 2005 die Pflicht, IFRS anzuwenden.

Unternehmen, deren Wertpapiere bereits zum Handel an einer außereuropäischen Börse zugelassen sind und die deshalb im Rahmen ihrer primären Berichterstattung Konzernabschlüsse nach anderen Rechnungslegungsvorschriften als den IFRS (z. B. US-GAAP) erstellen, müssen die IFRS ab 2007 anwenden.

Nach den IFRS ist jedes Mutterunternehmen grundsätzlich zur Aufstellung eines Konzernabschlusses verpflichtet. Ein Mutterunternehmen ist i. S. d. Standards ein Unternehmen mit einem oder mehreren Tochterunternehmen. Ein Verbund von Mutter- und Tochterunternehmen wird als Konzern bezeichnet.

Wesentliche Standards zur Konzernrechnungslegung

2

Mit Beginn des Jahres 2011 hat das International Accounting Standards Board (IASB) drei neue Standards: IFRS 10, IFRS 11 und IFRS 12 als Reaktion auf die Finanzkrise veröffentlicht. IFRS 10 ersetzt die bisherigen Regelungen für die Konzernrechnungslegung nach IAS 27 (2008) Consolidated Financial Statements und die Interpretation SIC-12 Special Purpose Entities.

IFRS 10 ist Teil eines umfänglichen Reformprojekts zur Konzernrechnungslegung. Es umfasst auch die gleichzeitig veröffentlichten Standards zur Bilanzierung gemeinschaftlicher Aktivitäten (IFRS 11) und zu korrespondierenden Anhangangaben (IFRS 12). Der überarbeitete Standard IAS 27 (2011) konzentriert sich nunmehr auf die bilanzielle Darstellung von Beteiligungen in Einzelabschlüssen von Muttergesellschaften. IFRS 3 und IFRS 10 bilden von nun an die Grundlage zur Konzernrechnungslegung und Konsolidierung (siehe Tab. 2.1).

Tab. 2.1 Relevante Standards zur Konzernrechnungslegung und deren Reformen (Quelle: In Anlehnung an Heuser und Theile (2012), Rz. 5205, 5206)

Thema	Bisher	Neu
Konzernaufstellungspflicht (in der EU nicht relevant)	IAS 27 (2008)	IFRS 10
Konsolidierungspflicht (Beherrschung, Kontrolle)	IAS 27 (2008)	IFRS 10
Konsolidierung von Zweckgesellschaften	SIC-12	
Kapitalkonsolidierung (Vollkonsolidierung)		IFRS 3 (2008)
Aufwärtskonsolidierung		IFRS 3 (2008)
Sukzessiver Erwerb		IFRS 3 (2008)
Sonstige Übergangskonsolidierung	IAS 27 (2008)	IFRS 10
Sonstige Konsolidierungstechnik	IAS 27 (2008)	IFRS 10
Bilanzierung von Beteiligungen im Einzelabschluss einer Muttergesellschaft	IAS 27 (2008)	IAS 27 (2011)
Identifikation von Joint Arrangements und Klassifizierung als Joint Venture bzw. Joint Operation	IAS 31	IFRS 11
Bilanzierung von Joint Ventures*	IAS 31 IAS 28	IAS 28 (2011)
Anhangangaben zu Joint Arrangements	IAS 31	IFRS 12
Gemeinschaftlich geführte Einheiten	SIC-13	IFRS 11

*Bilanzierung nur noch nach der Equity-Methode, zuvor Wahlrecht zwischen Quotenkonsolidierung und Equity-Methode.

Abgrenzung des Vollkonsolidierungskreises 3

3.1 Beherrschungshierarchie

Es existieren unterschiedliche Intensitäten von Unternehmensverflechtungen. Um diesen Unterschieden gerecht zu werden, wurden verschiedene bilanzielle Einbeziehungsformen entwickelt (siehe Abb. 3.1).

Für den Konzernabschluss ist der Konsolidierungskreis von zentraler Bedeutung. Tochterunternehmen stellen Unternehmen dar, die von einem Mutterunternehmen beherrscht werden. Hierbei kann es sich um unmittelbare Beziehungen (Mutter-Tochter) oder um Stufenbeziehungen (z. B. Mutter-Tochter-Tochter) handeln. Außerhalb des Vollkonsolidierungskreises nimmt der Einfluss des Konzerns, d. h. der Einfluss des Mutterunternehmens und seiner Tochterunternehmen, regelmäßig ab. Wird ein Unternehmen bspw. mit einem fremden Dritten gemeinschaftlich geführt, wird dieses als Gemeinschaftsunternehmen deklariert. Assoziierte Unternehmen weisen einen noch geringeren, aber maßgeblichen Einfluss auf. Abbildung 3.2 veranschaulicht die Beherrschungshierarchie.

3.2 Standards und Anwendungsbereiche

Im Mai 2011 hat das IASB den Standard IFRS 10 Consolidated Financial Statements veröffentlicht. Dieser ersetzt die bisherigen Regelungen für die Konzernrechnungslegung nach IAS 27 (2008) Consolidated Financial Statements und die Interpretation SIC-12 Special Purpose Entities.

Zudem wurden sämtliche Standards zur Konzernrechnungslegung neu sortiert. Die Anwendungsbereiche bzw. Standards wurden folgendermaßen neu geordnet (siehe Tab. 3.1).

Mit IFRS 10 wurde eine Vereinheitlichung des Beherrschungsbegriffes geschaffen, indem zur Ermittlung eines Beherrschungsverhältnisses auf alle Unternehmen die gleichen Kriterien angewendet werden. Es entsteht eine einheitliche Grundlage für das Vorliegen einer Mutter-Tochter-Beziehung.

3 Abgrenzung des Vollkonsolidierungskreises

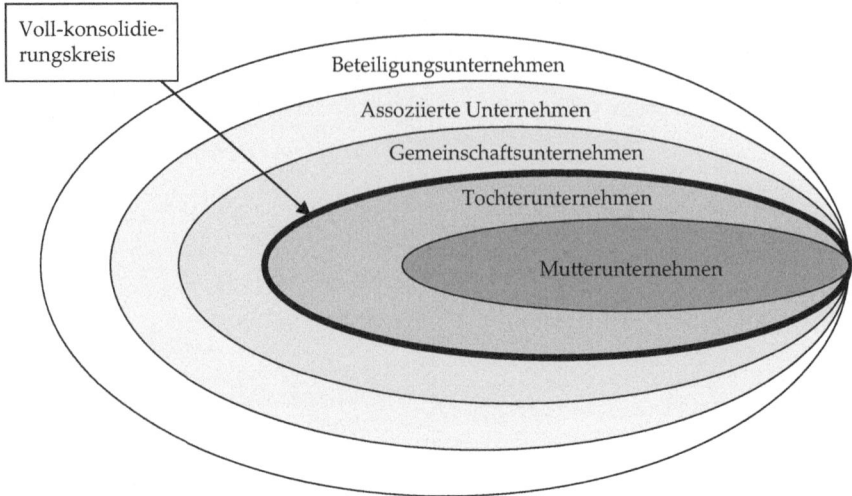

Abb. 3.1 Konsolidierungskreis nach IFRS (Quelle: In Anlehnung an Pellens et al. (2011), S. 151)

Beherrschungsintensität	Klassifikation	Folge
Alleinige Beherrschung	Tochterunternehmen	Vollkonsolidierung
Gemeinsame Beherrschung	Gemeinschaftsunternehmen/ gemeinschaftliche Vereinbarungen	Equity-Methode Quotenkonsolidierung*
Maßgeblicher Einfluss	Assoziierte Unternehmen	Equity-Methode

*Für Gemeinschaftsunternehmen bestand bis einschließlich 2012 das Wahlrecht zur Quotenkonsolidierung. Für die Geschäftsjahre ab 2013 wurde das Wahlrecht abgeschafft.

Abb. 3.2 Beherrschungshierarchie (Quelle: In Anlehnung an Heuser und Theile (2012), Rz. 5002)

3.3 Vollkonsolidierungskreis nach IAS 27 (2008)

3.3.1 Überblick über das bisherige Beherrschungskonzept

Nach dem Weltabschlussprinzip sind alle inländischen und ausländischen Tochterunternehmen in den Konzernabschluss und damit in die Kapitalkonsolidierung einzubeziehen.[1]

---

[1] Vgl. IAS 27.12 (2008).

3.3 Vollkonsolidierungskreis nach IAS 27 (2008)

Tab. 3.1 Anwendungsbereiche und Standards (Quelle: In Anlehnung an Heuser und Theile (2012), Rz. 5005)

Anwendungsbereich	Bisher	Neu
Konsolidierungskreis, Mutter-Tochter-Beziehung	IAS 27 (2008)	IFRS 10
Zweckgesellschaften	SIC-12	
Anteile an Joint Ventures, Joint Arrangements	IAS 31	IFRS 11
Assoziierte Unternehmen	IAS 28 (2008)	IAS 28 (2011)
Einzelabschlüsse von Mutterunternehmen	IAS 27 (2008)	IAS 27 (2011)
Angaben zum Anteilsbesitz	Diverse	IFRS 12

Voraussetzung eines Mutter-Tochter-Verhältnisses ist ausschließlich die **Beherrschung des Tochterunternehmens** durch das Mutterunternehmen. Dabei ist die Beherrschung über die Möglichkeit definiert, die Finanz- und Geschäftspolitik eines Unternehmens zu bestimmen, um aus dessen Tätigkeit Nutzen zu ziehen. Ein beherrschender Einfluss liegt dann vor, wenn das Mutterunternehmen direkt oder indirekt mehr als die Hälfte der Stimmrechte an einem anderen Unternehmen besitzt.[2]

Die Beherrschungsmöglichkeit aufgrund der Stimmrechtsmehrheit gilt als widerlegt, wenn nachweislich feststeht, dass das Mutterunternehmen die Beherrschung nicht ausüben kann. Dies ist dann der Fall, wenn bspw. die Satzung festlegt, dass alle wesentlichen Entscheidungen nur mit einer größeren als der vom Mutterunternehmen kontrollierten Mehrheit getroffen werden können (Zweidrittel- oder sonstige qualifizierte Mehrheit).[3] Weitere Beispiele für die Widerlegbarkeit der Beherrschungsvermutung sind maßgebliche Vetorechte der Minderheitsgesellschafter oder der Kontrollentzug aufgrund eines Insolvenzverfahrens.

Es kann auch der entgegengesetzte Fall eintreten, dass trotz fehlender Stimmrechtsmehrheit ein Beherrschungsverhältnis vorliegt. Das IFRS Regelwerk sieht für das Vorliegen dieses Sachverhalts vier Kriterien vor, bei deren Erfüllung von einem Beherrschungsverhältnis ausgegangen werden muss. Das Mutterunternehmen hat[4]

1. aufgrund einer mit anderen Investoren geschlossenen Vereinbarung die Möglichkeit, über mehr als die Hälfte der Stimmrechte zu verfügen,
2. aufgrund einer Vereinbarung oder einer Satzungsbestimmung die Möglichkeit, die Finanz- und Geschäftstätigkeit der Tochter zu bestimmen,
3. die Ermächtigung, die Mehrheit der Mitglieder des Aufsichts- und/oder Leitungsorgans bzw. eines gleichwertigen Gremiums zu bestellen oder abzuberufen, und die Kontrolle der Unternehmung liegt dann bei diesem Organ,
4. im Rahmen einer faktischen Stimmrechtsmehrheit die Möglichkeit, die Entscheidungsfindung bei Sitzungen des Aufsichts- und/oder Leitungsorgans bzw. eines gleichwertigen Gremiums maßgeblich zu beeinflussen, und die Kontrolle der Unternehmung liegt dann bei diesem Organ.

---

[2] Vgl. IAS 27.13 (2008).
[3] Vgl. Pellens et al. (2011, S. 152).
[4] Vgl. IAS 27.13 (2008).

> **Beispiel**
> Die Unternehmen A und B besitzen jeweils 50 % der Anteile und Stimmrechte am Unternehmen C. Die Satzung sieht ein dreiköpfiges Aufsichtsrat- und Geschäftsführungsgremium vor. A ist gegenüber B als Kapitalgeber von größerer Bedeutung. B stellt hingegen das größere technische Know-how zur Verfügung. Der Gesellschaftsvertrag sieht vor, dass A die Mehrheit im Aufsichtsrat erhält und B die Mehrheit der Geschäftsführung stellt. Bei wörtlicher Auslegung des IAS 27.13 besteht sowohl eine Mutter-Tochter-Beziehung zwischen A und C als auch zwischen B und C. Bei einer näheren Betrachtung der Rechte der Geschäftsführung und der Rechte des Aufsichtsrats würde, je nach Würdigung, ein Tochterunternehmen von A oder B oder ein Gemeinschaftsunternehmen vorliegen.[5]

Bei der Bestimmung, ob ein beherrschender Einfluss vorliegt, sind auch die **potenziellen Stimmrechte** aufgrund von konvertiblen Eigen- oder Fremdkapitalinstrumenten, wie Wandelanleihen oder Aktienoptionen, einzubeziehen.[6] Verfügt das Unternehmen über potenzielle Stimmrechte, die zum Stichtag ausgeübt (z. B. Aktienoptionen) bzw. umgewandelt (z. B. Wandelanleihen) werden könnten, erhöhen diese den Stimmrechtsanteil des Anteilseigners bei der Bestimmung des zuzurechnenden Stimmrechtsanteils an dem Beteiligungsunternehmen. Es sind dabei alle Stimmrechte zu berücksichtigen, auch die, über die der Anteilseigner indirekt über andere Unternehmen verfügt. Bei der Beurteilung eines Sachverhaltes ist es dabei unerheblich, ob die Option out of the money ist, sich also nachteilig bei der Ausübung auswirkt, oder ob der Anteilseigner die Absicht hat bzw. überhaupt finanziell in der Lage ist, die Option auszuüben.[7] Die potenziellen Stimmrechte werden lediglich im Rahmen der Beurteilung, ob eine Beherrschung vorliegt, berücksichtigt. Die Bestimmung der Konsolidierungsquote und der Minderheitenanteile basiert grundsätzlich auf den tatsächlichen Anteilsverhältnissen.[8]

Ein Tochterunternehmen ist gemäß IAS 27.17 trotz **abweichender Tätigkeit, unverhältnismäßig hoher Kosten oder zeitlicher Verzögerungen** in den Konsolidierungskreis einzubeziehen.[9]

Tochterunternehmen, die einzeln oder zusammen für die Darstellung der wirtschaftlichen Lage des Konzerns von untergeordneter Bedeutung sind, müssen aufgrund des **Wesentlichkeitsprinzips** nicht in die Konsolidierung einbezogen werden. Sie sind in der Konzernbilanz unter dem Bilanzposten „Anteile an verbundenen Unternehmen" auszuweisen und nach den Vorschriften zur Bilanzierung von Finanzinstrumenten zu bewerten.[10]

---

[5] Vgl. Lüdenbach (2010, S. 345).
[6] Vgl. IAS 27.14 (2008).
[7] Vgl. IAS 27.15 i. V. m. IAS 27.IG8 (2008).
[8] Vgl. IAS 27.19 (2008).
[9] Vgl. IAS 27.17 (2008).
[10] Vgl. IAS-Framework, Rz. 29 f.

3.3 Vollkonsolidierungskreis nach IAS 27 (2008)

▶ **Praxistipp** Die aus Wesentlichkeitsgründen nicht konsolidierten Unternehmen sollten einzeln oder in Summe weniger als 1 % der relevanten Kenngrößen (Umsätze, Bilanzsumme, Ergebnis) des Gesamtkonzerns ausmachen.[11]

Praxisbeispiel

Der Commerzbank AG Konzern berichtet im Geschäftsbericht 2010 über Nichteinbeziehung folgendermaßen: „Tochterunternehmen, assoziierte Unternehmen und Gemeinschaftsunternehmen mit untergeordneter Bedeutung für den Einblick in die Vermögens-, Finanz- und Ertragslage des Konzerns wurden nicht vollkonsolidiert bzw. nicht at equity bewertet, sondern als Anteile an nicht konsolidierten Tochterunternehmen oder Beteiligungen unter den Finanzanlagen bilanziert. Bezogen auf die Summenbilanz des Konzerns machen die nicht wesentlichen Tochterunternehmen weniger als 0,3 % (Vorjahr: 0,2 %) aus."[12]

Bei der Abgrenzung des Vollkonsolidierungskreises ist ebenfalls die Einbeziehungspflicht von **Zweckgesellschaften (Special Purpose Entities)** zu prüfen. Zweckgesellschaften sind Konstrukte, die einen genau definierten Geschäftszweck erfüllen und deren Geschäftsführung typischerweise nach der Gründung keine eigenen oder nur eine eingeschränkte Entscheidungsmacht hat. Oftmals handelt es sich bei den Aktivitäten einer Zweckgesellschaft um die Durchführung von Leasinggeschäften oder die Verbriefung von Finanzinstrumenten, wie z. B. Forderungen.[13]

3.3.2 Special Purpose Entities

Seit dem Zusammenbruch des amerikanischen Energiekonzerns Enron wird die Bilanzierung von Zweckgesellschaften (Special Purpose Entities, SPEs) viel diskutiert. In diesem konkreten Fall wurden zweistellige US-Dollar-Milliardenbeträge an Schulden in SPEs ausgelagert und aufgrund fehlender Regelungen nicht im Konzernabschluss gezeigt.[14] Zweckgesellschaften werden häufig als ein Instrument der Off-Balance-Sheet-Bilanzierung eingesetzt. Hierbei werden Aktivitäten in Konzerngesellschaften verlagert, die nicht in den Konzernabschluss einbezogen werden. Zweckgesellschaften können aber auch auf rechtskonforme Weise wirtschaftliche Vorteile hervorrufen. Sie finden deshalb auch in Deutschland häufig Anwendung.

---

[11] Vgl. Theile (2010, S. 8).
[12] Commerzbank AG, Geschäftsbericht (2010, S. 217).
[13] Vgl. SIC-12.1.
[14] Vgl. Pellens et al. (2003, S. 191).

> **Praxisbeispiel**
> Im Geschäftsbericht 2010 teilt der E.ON Konzern die Einbeziehung von mehreren SPEs in den Konzernabschluss mit. Vornehmlich handelt es sich hier um gemeinschaftlich geführte Stromerzeugungsgesellschaften sowie Immobilien-Leasing-Gesellschaften und Beteiligungsgesellschaften.[15]

Zweckgesellschaften werden i. d. R. geschaffen, um ein enges und genau definiertes Ziel, wie die Durchführung von Leasingtransaktionen, von Forschungs- und Entwicklungsaktivitäten oder Verbriefung von Finanztransaktionen zu verfolgen. Sie werden auf Basis rechtlicher Vereinbarungen gegründet, die oft wesentliche geschäftspolitische Entscheidungen im Vorfeld festlegen. Eine Änderung wird allenfalls durch ihren Gründer oder durch den Initiator vorgenommen.[16]

Der Sponsor (Initiator), zu dessen Gunsten die Zweckgesellschaft i. d. R. herbeigeführt wird, gründet eine Zweckgesellschaft und überträgt ihr Vermögenswerte, um diese rechtlich von dem Unternehmen zu trennen. Gleichzeitig verfügt das Unternehmen weiterhin über das Recht zur Nutzung dieser Vermögenswerte oder erbringt Dienstleistungen für die Zweckgesellschaft, während dritte Parteien die Finanzierung übernehmen.[17] Häufig spielt das Eigenkapital in diesem Zusammenhang eine eher untergeordnete Rolle und ist auf die gesetzlich geforderte Mindesteinlage beschränkt.[18]

Sollten die Chancen und Risiken aus der Ausgestaltung einer Zweckgesellschaft bei dem Sponsor verbleiben, dann ist diese im Sinne einer Fair Presentation auch von dem Sponsor in den Konzernabschluss einzubeziehen. Diese Vorgehensweise kann nicht immer mit den Konsolidierungsregelungen des IAS 27 (2008) erreicht werden. Aus diesem Grund wurde bereits 1998 der SIC-12 zur Konsolidierung von Zweckgesellschaften verabschiedet. SIC-12 kann als Erweiterungsvorschrift zu den Abgrenzungsregelungen hinsichtlich des Konsolidierungskreises in IAS 27 (2008) angesehen werden.[19] Leitet sich aus dem Regelwerk des IAS 27 (2008) keine Konsolidierungspflicht für Zweckgesellschaften ab, dann sind ergänzend die Kriterien des SIC-12 zu prüfen. Eine tatsächliche Einbeziehungspflicht liegt nach der Grundkonzeption des SIC-12 immer dann vor, wenn die SPE bei wirtschaftlicher Betrachtung ein Quasi-Tochterunternehmen ist (siehe Abb. 3.3).

Die Beherrschung kann lediglich durch wirtschaftliche Vereinbarungen nachgewiesen werden.[20] Festgemacht wird diese wirtschaftliche Betrachtungsweise an folgenden Kriterien, die alternativ zu erfüllen sind (siehe auch Abb. 3.4):[21]

- Die Geschäftstätigkeit der SPE wird im Wesentlichen nach den spezifischen Erfordernissen des Sponsors geführt, und dieser zieht einen entsprechenden Nutzen aus der

---

[15] Vgl. E.ON Annual Report (2010, S. 64).
[16] Vgl. SIC-12.1.
[17] Vgl. SIC-12.2.
[18] Vgl. Kustner (2004, S. 309).
[19] Vgl. IAS 28.6 (2008) i. V. m. Pellens et al. (2011, S. 156).
[20] Vgl. Kustner (2004, S. 313); Fladt und Butollo (2004, S. 1374).
[21] Vgl. SIC-12.10 i. V. m. SIC-12 Anhang.

3.3 Vollkonsolidierungskreis nach IAS 27 (2008)

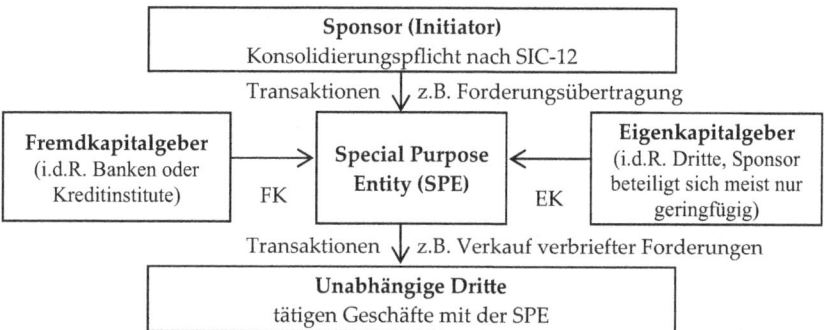

Abb. 3.3 Grundstruktur von Special Purpose Entities (Quelle: In Anlehnung an Kustner (2004), S. 309)

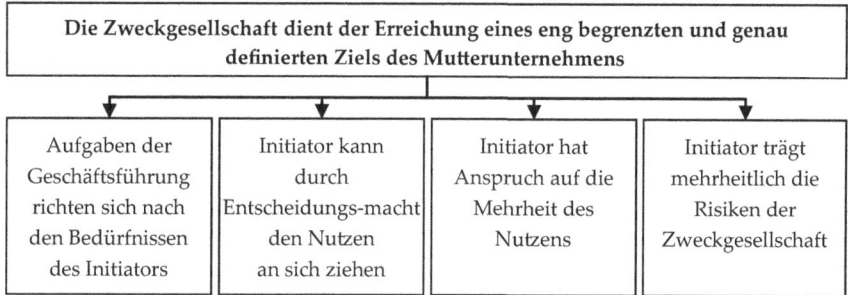

Abb. 3.4 Beherrschungskriterien von Special Purpose Entities

Tätigkeit. Dies ist dann z. B. der Fall, wenn die SPE mit der Beschaffung von langfristigem Kapital und Finanzmitteln oder von Gütern und Dienstleistungen für den Sponsor beauftragt ist.

- Der Sponsor verfügt wirtschaftlich betrachtet über die Möglichkeit, die Beherrschung über die SPE auszuüben bzw. zu erlangen. Beispielsweise besteht dann eine Beherrschung, wenn der Sponsor die SPE auflösen oder die Satzung bzw. den Gesellschaftsvertrag ändern kann. Wurden wesentliche Entscheidungen schon bei Gründung der SPE durch den Sponsor fixiert, spricht das IASB vom sog. Autopiloten.
- Das Unternehmen hat Anspruch auf die Mehrheit des Nutzens (> 50 %) aus der SPE. Wenn der Sponsor die künftigen Einzahlungsüberschüsse, Periodenergebnisse, andere wirtschaftliche Vorteile oder bei Liquidation die Mehrheit des Residualvermögens erhält, ist das Kriterium erfüllt.
- Das Unternehmen trägt die Mehrheit der Risiken (> 50 %) aus den Aktivitäten der SPE. Anzeichen hierfür bestehen, wenn der Eigenkapitalgeber keinen signifikanten Anteil am Nettoeinvermögen der SPE hält, der Kapitalgeber keine Rechte auf den künftigen wirtschaftlichen Nutzen der SPE besitzt oder der Sponsor dem Eigenkapitalgeber eine Zusicherung gibt, evtl. durch Risiken entstehende Negativ-Effekte zu übernehmen.

Die genannten Kriterien vervollständigen die Regelungen des IAS 27 (2008), trotzdem definieren sie keine eindeutigen Vorschriften, die Gestaltungsspielräumen ausschließen. In vielen Fällen ist eine eindeutige Analyse der Nutzen- und Risikoallokation schwierig, insb. wenn keine Quantifizierungsmöglichkeit besteht.

3.4 Vollkonsolidierungskreis nach IFRS 10

Gemäß IFRS 10 beherrscht ein Mutterunternehmen ein Tochterunternehmen dann, wenn es dessen variablen Rückflüssen ausgesetzt ist oder es aufgrund von Rechtspositionen einen Anspruch auf diese hat und die Möglichkeit besitzt, die für den wirtschaftlichen Erfolg wesentlichen Geschäftsaktivitäten mittels seiner Beherrschungsmacht zu kontrollieren. IAS 27 (2008) enthält ein ähnliches Prüfungsschema zur Beherrschung, jedoch werden nunmehr die Einzelkriterien in einen stärkeren kausalen Zusammenhang gestellt. Folglich ist für die Auslegung einzelner Sachverhalte eine weitreichende wirtschaftliche Betrachtungsweise erforderlich.

▶ **Praxistipp** Allein die Stimmrechtsverhältnisse heranzuziehen, wird regelmäßig nicht mehr ausreichend sein, um die Beherrschungsverhältnisse beurteilen zu können. Vielmehr ist eine weitreichende wirtschaftliche Betrachtungsweise notwendig.

Die Anwendungsbeispiele in IFRS 10 konkretisieren zudem eine Reihe von Fragestellungen, die IAS 27 (2008) bisher nicht thematisiert hat, z. B. Mitwirkungs- und Schutzrechte Dritter und Prinzipal-Agenten-Beziehungen.

Durch Inkrafttreten des IFRS 10 bleibt das Kernprinzip, dass ein Konzernabschluss das Mutterunternehmen und seine Tochterunternehmen als ein einziges Unternehmen darstellt, unberührt. Änderungen an den Konsolidierungsverfahren wurden ebenfalls nicht durchgeführt.

3.4.1 Beherrschungskonzept

IFRS 10 schreibt vor, dass ein Mutterunternehmen verpflichtend einen Konzernabschluss aufzustellen hat, wenn es mindestens ein anderes Unternehmen beherrscht. Der Begriff „Beherrschung" wurde als Kriterium für eine Vollkonsolidierung beibehalten.[22] Im Rahmen der Neufassung wurden die unterschiedlichen Merkmale des IAS 27 (2008) und SIC-12 in IFRS 10 zusammengefügt.

---

[22] Vgl. IFRS 10.5.

3.4 Vollkonsolidierungskreis nach IFRS 10

Die Beherrschung nach IFRS 10, IAS 27 (2008) und SIC-12 stellt sich wie folgt dar:[23]

- IFRS 10

Eine Beherrschung liegt vor, wenn die folgenden drei Voraussetzungen kumulativ erfüllt werden. Ein Investor

1. verfügt über Lenkungsmacht (Power),
2. ist schwankenden Rückflüssen (Renditen und Verlusten) ausgesetzt
3. und kann seine Lenkungsmacht zu diesem Zweck ausnutzen.

- IAS 27 (2008)

Eine Beherrschung liegt vor, wenn

1. die Möglichkeit besteht, die Finanz- und Geschäftspolitik eines Unternehmens zu bestimmen
2. um aus dessen Tätigkeit Nutzen zu ziehen.

- SIC-12

1. Besteht die Möglichkeit (schuldrechtliche Vereinbarungen) die Mehrheit des Nutzens und der Risiken aus der Zweckgesellschaft zu ziehen und/oder
2. der Anspruch auf die Mehrheit der eigentümerspezifischen Residialansprüche bzw. Risiken.

IAS 27 (2008) und die auslegende Interpretation SIC-12 weisen zwei unterschiedliche Konzepte zur Konsolidierungspflicht auf:

1. IAS 27 (2008): „Control Approach"
2. SIC-12: „Risk & Rewards Approach"

Der Control Approach basiert auf dem **Prinzip der Beherrschung**. Ein beherrschender Einfluss liegt generell dann vor, wenn das Mutterunternehmen direkt oder indirekt mehr als die Hälfte der Stimmrechte an einem anderen Unternehmen besitzt. Der Risk & Rewards Approach sieht vor, dass die Konsolidierung bei der Partei zu erfolgen hat, die die **Mehrheit der Chancen und Risiken** aus der Einheit trägt. Somit besteht, ausgehend von der wirtschaftlichen Betrachtungsweise, eine Konsolidierungsplicht auch ohne Stimmrechtsmehrheit.

---

[23] Vgl. Heuser und Theile (2012), Rz. 5020

▶ **Praxistipp** Durch Neufassung IFRS 10 wird der Beherrschungsansatz als einheitliches Prinzip ausgestaltet. Unabhängig davon, ob die Beherrschung gesellschaftsrechtlich, vertraglich oder wirtschaftlich begründet ist.

IFRS 10 **vereint Lenkungsmacht mit Rückflüssen**, während sich IAS 27 (2008) vielmehr auf die Lenkungsmacht aufgrund von Stimmrechten bezieht und SIC-12 eher auf Chancen und Risiken des Konzerns abstellt.[24]

▶ **Praxistipp** Auch nach IFRS 10 besteht für Tochterunternehmen, die einzeln oder zusammen für die Darstellung der wirtschaftlichen Lage des Konzerns von untergeordneter Bedeutung sind, das Wesentlichkeitsprinzip. Folglich sind sie nicht in die Konsolidierung einzubeziehen.

3.4.2 Beherrschungsschema

Durch den neu gefassten IFRS 10 sind die Bilanzierenden vermehrt aufgefordert, ein **Gesamtbild** des Investitionsobjektes zu erschaffen. Dabei sind sowohl die **Entstehung** und der **Zweck** als auch der **wirtschaftliche Gehalt** heranzuziehen und zu beurteilen.[25] Vordergründig sollen dabei die rechtlichen Verhältnisse analysiert werden und Informationen darüber erlangt werden, auf welche Art und Weise ein Investor die **relevanten Aktivitäten** des Investitionsobjektes steuert. Hauptsächlich ist dabei zu prüfen, ob der Investor über alle der drei folgenden Elemente verfügt:[26]

1. Besteht eine Verfügungs- bzw. Lenkungsmacht über das Beteiligungsunternehmen?
2. Besteht ein Anrecht auf variable Rückflüsse aus seiner Beteiligung?
3. Besteht die Möglichkeit, seine Verfügungsgewalt über das Beteiligungsunternehmen so zu nutzen bzw. zu lenken, dass dadurch die Rückflüsse aus dem Beteiligungsunternehmen der Höhe nach beeinflusst werden?

Beispiel

Das Kreditinstitut K hat sich entschlossen, Geschäfte mit Finanzanlagen zu betreiben. Die Geschäftsführung von K hat angeordnet, sich zusammen mit anderen Instituten am Fonds F zu beteiligen. Es ist nicht nur nach Stimmrechten, sondern auch nach der Summe aller Vereinbarungen zu beurteilen. Ist der Einfluss des Kreditinstitutes K groß genug, um die risikobehafteten und damit variablen Rückflüsse zu steuern? Reicht der Einfluss des Kreditinstitutes, um die relevanten Aktivitäten zu steuern (Fondsverwaltung), so müsste der Fonds konsolidiert werden.

---

[24] Siehe hierzu auch Heuser und Theile (2012), Rz. 5021.
[25] Vgl. IFRS 10.B3a; IFRS 10.B5a.
[26] Vgl. IFRS 10.7.

3.4 Vollkonsolidierungskreis nach IFRS 10

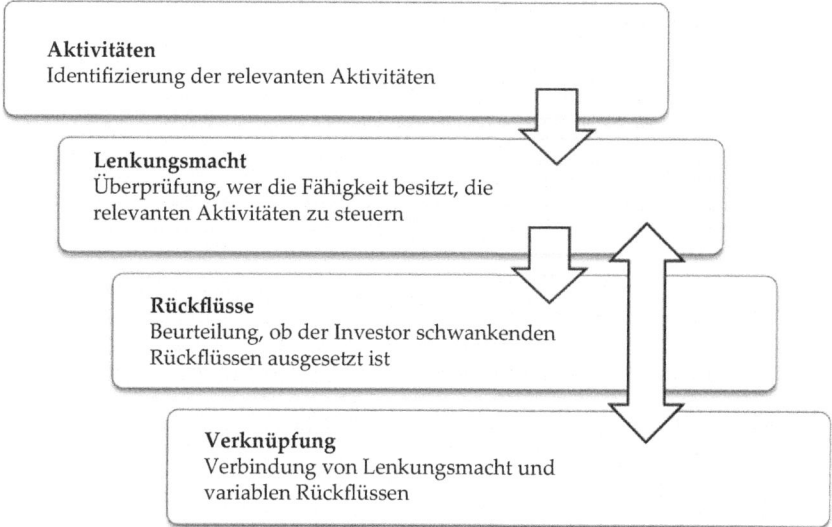

Abb. 3.5 Beherrschungselemente des IFRS 10

Abbildung 3.5 zeigt den Zusammenhang der Beherrschungselemente, wobei immer das **Geschäftsmodell** zu berücksichtigen bzw. zu untersuchen und zu würdigen ist.

3.4.3 Relevante Aktivitäten

Relevante **Aktivitäten** stellen gemäß IFRS 10 bspw.[27]

- die Herstellung von Produkten,
- der Kauf und Verkauf von Produkten,
- die Erbringung von Dienstleistungen,
- die Forschung und Entwicklung neuer Technologien,
- das Asset Management – Kauf, Verwaltung und Verwertung finanzieller und nicht finanzieller Vermögenswerte sowie
- Finanzdienstleistungen

dar.

Um diese Aktivitäten steuern zu können, hat das IASB relevante Entscheidungen definiert, die zum einen die Festlegung und Vorgabe strategischer und operativer Ziele umfassen und zum anderen die Bereitstellung des Managements und Schlüsselpersonals beinhalten.[28]

---

[27] Vgl. IFRS 10.B11.
[28] Vgl. IFRS 10.B12.

3.4.4 Lenkungsmacht

Von zentraler Bedeutung ist die zu prüfende **Lenkungsmacht (Power)**. Im Vordergrund steht dabei die Überprüfung der Rechtsstrukturen („Power arises from rights. To have power over an investee, an investor must have existing rights that give the investor the current ability to direct the relevant activities."[29]), die die Möglichkeit bieten, die relevanten Aktivitäten gegenwärtig zu steuern.[30] Folgendes Prüfschema ist dazu in IFRS 10 vorgesehen:[31]

- Schritt 1:

Beurteilung vorliegender Stimmrechte und Prüfung weiterer Rechte, im Regelfall gesellschaftsvertraglicher Art wie z. B.

– Bestellungs-,
– Abberufungs- und
– Vetorechte.

- Schritt 2:

Sind die im ersten Schritt identifizierten Rechte nicht ausreichend, um eine Lenkungsmacht zu begründen, sind andere Rechte bzw. vertragliche Vereinbarungen zu analysieren.
Ausreichende Entscheidungsbefugnisse im Hinblick auf die relevanten Aktivitäten können bspw. in einem Managementvertrag formuliert sein.

- Schritt 3:

Es ist zu beurteilen, ob eine praktische Fähigkeit zur Steuerung der relevanten Aktivitäten vorliegt.

– Diese kann bspw. bei einer Personenidentität innerhalb der Geschäftsführung zwischen Investor und Investitionsobjekt vorliegen.
– Die Fähigkeit zur Steuerung kann aber auch durch Beziehungen zu ehemaligen Beschäftigten des Investors, die das Investitionsobjekt leiten, begründet sein.
– Außerdem können übernommene Bürgschaften die Fähigkeit zur Steuerung auslösen.

3.4.4.1 Substanzielle Rechte

Zur Beurteilung des Vorliegens von Lenkungsmacht sind gemäß IFRS 10.B22 lediglich **substanzielle**, d. h. **wirtschaftlich bedeutsame Rechte**, heranzuziehen. Schutzrechte

---

[29] IFRS 10.B14.
[30] Vgl. Heuser und Theile (2012), Rz. 5050.
[31] Vgl. IFRS 10.B15 ff.; Heuser und Theile (2012), Rz. 5050.

3.4 Vollkonsolidierungskreis nach IFRS 10

bleiben unberücksichtigt. Im Hinblick auf die materielle Bedeutung hat das IASB diejenigen Rechte ausgeschlossen, bei deren Ausübung Hindernisse entstehen. Hierzu zählen u. a.

- empfindliche Bußgelder bzw. Entschädigungszahlungen,[32]
- ein Ausübungs- oder Wandlungspreis, der einer Ausübung bzw. Wandlung entgegensteht,[33]
- Geschäftsbedingungen, die die Ausübung von Rechten verhindern,[34]
- Fehlen eines eindeutigen, praktikablen Mechanismus, durch den die Rechte ausgeübt werden können,[35]
- unzureichende Informationen, die eine Ausübung der Rechte verhindern,[36]
- fehlendes betriebliches Know-how, welches z. B. notwendig ist, um das bestehende Management nach Erlangung der Beherrschung zu ersetzen,[37]
- rechtliche oder regulatorische Voraussetzungen, die eine Ausübung vereiteln.[38]

Substanzielle Rechte können auch von anderen Parteien ausgeübt werden. Auch wenn die Inhaber dieser Rechte nicht in der Lage sind, Entscheidungen zu initiieren, kann unter Umständen verhindert werden, dass ein Investor Beherrschung erlangt.[39] „Je mehr andere Personen beteiligt sind und je weniger die Ausübung eines Rechts vorausbestimmt ist, umso geringer ist die wirtschaftliche Substanz von Rechten."[40]

IFRS 10 enthält, abweichend von IAS 27 (2008), einen Prüfschritt zur Beurteilung, ob die **potenziellen Stimmrechte** im Geld (in the money) oder aus dem Geld (out of the money) sind. Gemäß IAS 27 (2008) war es unerheblich, ob die Option out of the money ist, sich also nachteilig bei der Ausübung auswirkt.[41] Sind potenzielle Stimmrechte deutlich aus dem Geld, können sie ggf. als **nicht-substanziell** deklariert werden.[42]

Beispiel

Unternehmen A hält 30 % und Unternehmen B 70 % der Stimmrechte am Investitionsobjekt C. Unternehmen A besitzt daneben eine Kaufoption über weitere 50 %, die in den nächsten zwei Jahren ausübbar ist. Die Option ist derzeit und erwartungsgemäß für

---

[32] Vgl. IFRS 10.B23ai.
[33] Vgl. IFRS 10.B23aii.
[34] Vgl. IFRS 10.B23aiii.
[35] Vgl. IFRS 10.B23aiv.
[36] Vgl. IFRS 10.B23av.
[37] Vgl. IFRS 10.B.23avi.
[38] Vgl. IFRS 10.B.23.avii.
[39] Vgl. IFRS 10.B25.
[40] Heuser und Theile (2012), Rz. 5053.
[41] Vgl. IAS 27.15 i. V. m. IAS 27.IG8 (2008).
[42] Vgl. IFRS 10.B23c.

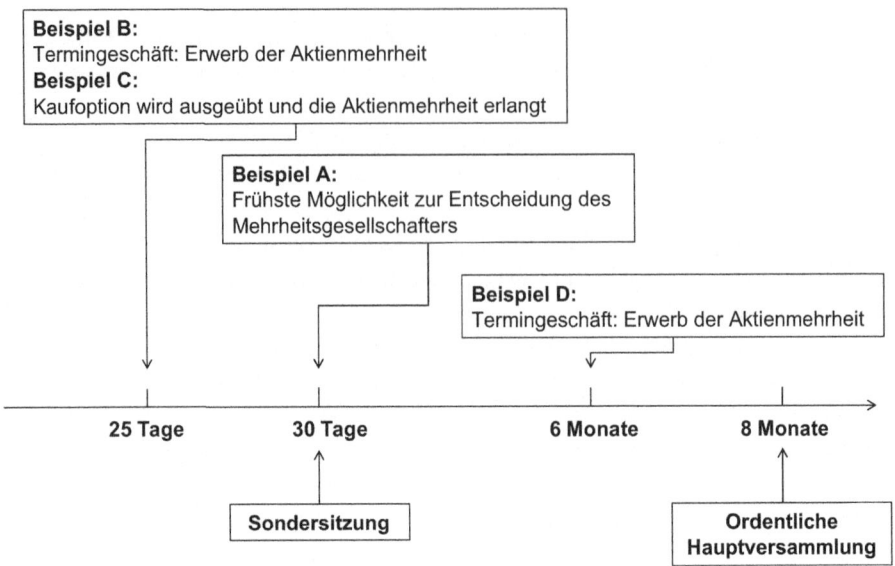

Abb. 3.6 Überblick über die Beispiele A–D

die nächsten zwei Jahre weit aus dem Geld. Unternehmen B übt seine Stimmrechte aus und steuert die wesentlichen Geschäftsaktivitäten von Unternehmen C.
→ Die Option von A ist nicht substanziell.[43]

Substanzielle Rechte, die die Möglichkeit verleihen, maßgebliche Geschäftsaktivitäten zu steuern, sind nicht immer gegenwärtig ausübbar. Das IASB hat in IFRS 10.B24 Beispiele aufgeführt, die darstellen, welche Rechte gegenwärtig nicht ausgeübt werden können, aber substanziell sind (Abb. 3.6).

Beispiele

Ausgangslage
Entscheidungen über maßgebliche Geschäftsaktivitäten werden beim Beteiligungsunternehmen im Rahmen von Sondersitzungen und ordentlichen Hauptversammlungen getroffen. In acht Monaten findet die nächste ordentliche Hauptversammlung statt. Anteilseigner, die einzeln oder zusammen über mindestens 5 % der Stimmrechte verfügen, können innerhalb von 30 Tagen eine Sondersitzung einberufen (Abb. 3.6).

Beispiel A: Stimmrechtsmehrheit

Die Stimmrechte stellen wirtschaftlich bedeutsame Rechte dar und sind somit substanziell. Sofern es einer Entscheidung bedarf, können maßgebliche Geschäftsaktivitäten vom Investor gesteuert werden. Die Verzögerung von 30 Tagen vor Ausübung schließt

---

[43] Beispiel in Anlehnung an IFRS 10.B50 Beispiel 9.

die Existenz von Lenkungsmacht ab dem Zeitpunkt, an dem Anteile erworben werden, nicht aus.

> **Beispiel B: Erwerb der Stimmrechtsmehrheit in 25 Tagen**
> Das Termingeschäft stellt ein substanzielles Geschäft dar. Für die bisherigen Anteilseigner besteht keine Möglichkeit, die bestehende Geschäftspolitik innerhalb der nächsten 30 Tage zu ändern. Das Termingeschäft wird bis zu diesem Zeitpunkt ausgeführt und eine entsprechende Aktienmehrheit erworben. So erlangt der Investor die Lenkungsmacht, auch wenn die Ausübung noch nicht erfolgt ist.

> **Beispiel C: Kaufoption zur Erlangung der Stimmrechtsmehrheit**
> Eine Kaufoption zur Erlangung der Aktienmehrheit ist in 25 Tagen ausübbar und weit im Geld. Durch die Option erhält der Investor die Lenkungsmacht, auch wenn eine Ausübung noch nicht erfolgt ist. Siehe hierzu auch Beispiel B.

> **Beispiel D: Erwerb der Stimmrechtsmehrheit in sechs Monaten**
> Die Aktienmehrheit wird in sechs Monaten erworben (keine Berücksichtigung anderer Rechte). In diesem Beispiel ist das Termingeschäft nicht substanziell, da die bisherigen Anteilseigner über die Möglichkeit verfügen, die bestehende Geschäftspolitik über maßgebliche Geschäftsaktivitäten zu ändern, bevor das Termingeschäft abgewickelt wird. Der Investor besitzt somit keine Lenkungsmacht.[44]

Das Bestehen substanzieller Rechte kann als notwendige Bedingung angesehen werden. Für die Beurteilung der **gegenwärtigen Möglichkeit zur Lenkungsmacht** stellt ihre Ausübbarkeit die hinreichende Bedingung dar.[45]

3.4.4.2 Stimmrechte und potenzielle Stimmrechte

Im Regelfall entscheidet die **Stimmrechtsmehrheit**, die Beherrschung auszuüben. Liegt bspw. eine Stimmrechtsmehrheit vor, kann der Investor durch deren Ausübung Lenkungsmacht erlangen. Die relevanten Geschäftstätigkeiten werden beherrscht, und der Investor ist schwankenden Rückflüssen aus dem Investitionsobjekt ausgesetzt.

▶ **Praxistipp** Wird die Beherrschung durch Stimmrechte festgestellt, bedarf es im Regelfall keiner weiteren Prüfschritte.

Aber auch bei **fehlender Stimmrechtsmehrheit** kann ein Beherrschungsverhältnis vorliegen. Dieses kann z. B. durch einen Vertrag oder die Satzung begründet werden. IFRS 10 sieht für das Vorliegen dieses Sachverhalts grundsätzlich folgende Möglichkeiten vor:

---

[44] Beispiele in Anlehnung an IFRS 10.B24.
[45] Vgl. Heuser und Theile (2012), Rz. 5060.

- Das Mutterunternehmen hat aufgrund einer mit anderen Investoren geschlossenen Vereinbarung die Möglichkeit, über mehr als die Hälfte der Stimmrechte zu verfügen (z. B. Stimmrechtsvereinbarung).[46]
- Das Mutterunternehmen hat aufgrund einer Vereinbarung oder einer Satzungsbestimmung die Möglichkeit, die Finanz- und Geschäftstätigkeit der Tochter zu bestimmen (z. B. auf Grundlage eines Beherrschungsvertrags nach § 291 Abs. 1 Satz 1 AktG).[47]
- Das Mutterunternehmen hat die Ermächtigung, die Mehrheit der Mitglieder des Aufsichts- und/oder Leitungsorgans bzw. eines gleichwertigen Gremiums zu bestellen oder abzuberufen, und die Kontrolle der Unternehmung liegt dann bei diesem Organ.[48]
- Das Mutterunternehmen hat im Rahmen einer faktischen Stimmrechtsmehrheit die Möglichkeit, die Entscheidungsfindung bei Sitzungen des Aufsichts- und/oder Leitungsorgans bzw. eines gleichwertigen Gremiums maßgeblich zu beeinflussen, und die Kontrolle der Unternehmung liegt dann bei diesem Organ.[49]

Anders als IAS 27 (2008) hat IFRS 10 erstmalig Regelungen zur **faktischen Beherrschung (de facto Control)** bzw. **Präsenzmehrheit** kodifiziert. Verfügt ein Investor nicht über die Mehrheit der Stimmrechte, so kann er dennoch über Lenkungsmacht gegenüber einem Investitionsobjekt verfügen. Die Voraussetzung ist, dass die verbleibenden Stimmrechte im Streubesitz gehalten und deren Besitzer nicht verbunden gegen den Investor agieren. Das IASB hat in IFRS 10 Beispiele zur Hilfestellung veröffentlicht.

Beispiele A: Fall 1

Investor A hält 48 % der Stimmrechte am Investitionsobjekt B. Die Anteile der restlichen Investoren liegen bei jeweils rd. 1 %. Weitere Vereinbarungen bestehen nicht.
→ Lenkungsmacht durch Investor A.

Beispiele B: Fall 2

Investor A hält 40 % der Stimmrechte am Investitionsobjekt B. Die restlichen Anteile verteilen sich auf zwölf Investoren mit je 5 % der Stimmrechte. Investor A erhält das Recht zur Ernennung, Abberufung und Bestimmung der Vergütung des verantwortlichen Managements, das nur mit einer Zwei-Drittel-Mehrheit geändert werden kann.
→ Lenkungsmacht durch Investor A, insb. aufgrund der Vereinbarung.

---

[46] Vgl. IFRS 10.B39.
[47] Vgl. IFRS 10.B40.
[48] Vgl. IFRS 10.B15b, IFRS 10.B15c.
[49] Vgl. IFRS 10.B15d, IFRS 10.B15e.

3.4 Vollkonsolidierungskreis nach IFRS 10

Beispiele C: Fall 3

Investor A hält 45 % der Stimmrechte am Investitionsobjekt B. Die Investoren D und E verfügen über jeweils 26 % der Stimmrechte. Die restlichen 3 % befinden sich im Streubesitz.
→ Keine Lenkungsmacht durch Investor A.

Beispiele D: Fall 4

Investor A hält 45 % der Stimmrechte am Investitionsobjekt B. Die restlichen Anteile verteilen sich auf elf Investoren mit je 5 % der Stimmrechte. Weitere Vereinbarungen bestehen nicht.
→ Keine Lenkungsmacht durch Investor A bzw. nicht eindeutig, wenn keine weiteren Umstände herangezogen und beurteilt werden.

Beispiele E: Fall 5

Investor A hält 35 % der Stimmrechte am Investitionsobjekt B. Die Investoren D, E und F verfügen über jeweils 5 % der Stimmrechte. Die restlichen Anteile befinden sich im Streubesitz. Operative Entscheidungen müssen durch eine Mehrheit legitimiert werden. 75 % der Stimmen sind bei den letzten Gesellschafterversammlungen abgegeben worden.
→ Keine Lenkungsmacht durch Investor A.[50]

Um ermessen zu können, ob eine Lenkungsmacht **de facto** vorliegt, sind Kenntnisse des Anlegerkreises zwingende Voraussetzung.[51] Liegen Informationshemmnisse vor, ist letztlich die in IFRS 10 befindliche Auffangklausel maßgeblich: „If it is not clear, ..., that the investor has power, the investor does not control the investee."[52]

Am Abschlussstichtag sind nicht nur die bestehenden Stimmrechte, sondern auch die **potenziellen Stimmrechte** zu untersuchen. Gemäß IFRS 10.B47 sind darunter die Rechte zur Erlangung von Stimmrechten eines Beteiligungsunternehmens, wie z. B. solche im Rahmen einer Kaufoption oder eines Wandelinstruments, zu verstehen.[53] Hierbei sind lediglich **substanzielle, potenzielle Rechte** bedeutend.

Zu prüfen sind der Zweck und die Struktur der potenziellen Rechte und jedes anderen Engagements des Investors bei dem Beteiligungsunternehmen. Die Vorgehensweise beinhaltet sowohl eine Beurteilung der Ausgestaltung der Instrumente als auch den Einbezug offensichtlicher Erwartungen, Motive und Gründe des Investors, dieser Ausgestaltung zu-

---

[50] Beispiele in Anlehnung an IFRS 10.B43 Beispiel 4–6, IFRS 10.B43 Beispiel 7–8.
[51] Vgl. Heuser und Theile (2012), Rz. 5071.
[52] IFRS 10.B46.
[53] Vgl. IFRS 10.B47.

zustimmen.[54] Weiterhin sind alle anderen gehaltenen Stimmrechte und Entscheidungsrechte in die Prüfung einzubeziehen.[55]

> **Beispiel**
>
> Unternehmen A und zwei weitere Unternehmen B und C halten jeweils ein Drittel der Stimmrechte am Investitionsobjekt D. Unternehmen A verfügt zudem über eine Wandelschuldverschreibung mit festem Ausübungspreis, welche ihm bei Ausübung der Wandlungsoption 60 % der Stimmrechte verschafft. Die Option ist aus dem Geld, jedoch nicht weit aus dem Geld. Die Geschäftstätigkeit vom Investitionsobjekt D ist eng mit den geschäftlichen Aktivitäten von Unternehmen A verbunden. Zudem profitiert A von Synergieeffekten, wenn die Wandlungsoption ausgeübt wird.
> → Die Option ist substanziell.[56]

3.4.4.3 Praktische Fähigkeit

Um die relevanten Aktivitäten des Investitionsobjektes gegenwärtig steuern zu können und damit Lenkungsmacht auszuüben, muss ein Investor über Rechte verfügen.[57] Ist die Lenkungsmacht nicht aus Stimmrechten und potenziellen Stimmrechten oder anderen vertraglichen Vereinbarungen bzw. Rechten ableitbar, sieht IFRS 10 weitere zu berücksichtigende Faktoren vor, um derartig schwierige Fälle beurteilen zu können. Indikatoren, die eine **praktische Fähigkeit** (Practical Ability) zur Ausübung von Lenkungsmacht begründen sind bspw.[58]

- die Möglichkeit, Leitungsfiguren (Key Management Personnel) des Beteiligungsunternehmens ohne Vertragsgrundlage zu ernennen,
- die Möglichkeit, ohne vertragliche Grundlage so in die Steuerung des Beteiligungsunternehmens einzugreifen, dass wesentliche Geschäfte zu Gunsten des Investors abgeschlossen oder verhindert werden,
- die Möglichkeit, Entscheidungen über die Nominierung von Aufsichtsratsmitgliedern des Beteiligungsunternehmen zu treffen oder von anderen Stimmberechtigten Vollmachten einzuholen,
- die Möglichkeit, dass in der Führungsebene des Beteiligungsunternehmens nahestehende Personen des Investors tätig sind, z. B. Personenidentität in der Geschäftsführung oder
- die Möglichkeit, dass die Mehrheit im Aufsichtsorgan durch nahestehende Personen besetzt ist.

---

[54] Vgl. IFRS 10.B48.
[55] Vgl. IFRS 10.B49.
[56] Beispiel in Anlehnung an IFRS 10.B50 Beispiel 10.
[57] Vgl. IFRS 10.B14.
[58] Vgl. IFRS 10.B18.

▶ **Hinweis** Bei der Beurteilung, ob Lenkungsmacht über ein Beteiligungsunternehmen vorliegt, bemisst IFRS 10.B20 den in IFRS 10.B18 aufgeführten Indikatoren bezüglich der praktischen Fähigkeit ein größeres Gewicht zu als den in IFRS 10.B19 dargestellten Faktoren zu speziellen geschäftlichen Beziehungen und der Teilhabe an Variabilität i. S. d. IFRS 10.B20.

3.4.4.4 Spezielle geschäftliche Beziehungen

Die Beherrschungsgrundlage kann aber auch durch **spezielle geschäftliche Beziehungen** (Special Relationship) zugunsten des Investors, die mehr als ein passives Interesse am Investitionsobjekt signalisieren, begründet sein. Im Zusammenhang mit anderen Rechten können die nachfolgenden Indikatoren Anzeichen für eine Lenkungsmacht darstellen:[59]

- Mitarbeiter oder ehemalige Mitarbeiter des Investors sind als Leitungsfiguren im Beteiligungsunternehmen tätig.
- Das Beteiligungsunternehmen ist hinsichtlich der folgenden Kriterien wirtschaftlich vom Investor abhängig:
  – Finanzmittel
  – Garantien bzw. Bürgschaften für wesentliche Verbindlichkeiten
  – Wesentliche Leistungsbeziehungen, Technologie, Rohstoffversorgung
  – Wichtige Lizenzen und Warenzeichen
  – Führungskräfte des Investors, die über Fachkenntnisse des Beteiligungsunternehmens verfügen
- Ein wesentlicher Teil der geschäftlichen Aktivitäten des Beteiligungsunternehmens wird im Namen des Investors abgewickelt oder bezieht ihn mit ein.
- Es besteht eine Diskrepanz zwischen der Chancen- und Risikobeteiligung und den Stimmrechten bzw. sonstigen Rechten. Beispielsweise besteht ein Gewinnbezugsrecht bzw. eine Verlustpartizipation von mehr als 50 %, wobei weniger als 50 % der Stimmrechte vorliegen.

▶ **Hinweis** Gemäß IFRS 10.B40 sind spezielle geschäftliche Verbindungen, insb. in Form von wirtschaftlichen Abhängigkeiten, alleine nicht ausreichend, um eine Lenkungsmacht hervorzurufen. Im Zusammenhang mit anderen Rechten, die die Steuerung der wesentlichen Geschäftsbeziehungen ermöglichen, kann eine Lenkungsmacht begründet werden.[60]

Zudem gilt eine **hohe Variabilität** der Rückflüsse als Indiz für das Vorliegen von Lenkungsmacht.[61] Je größer der Umfang variabler Rückflüsse, desto mehr Beherrschungs-

---

[59] Vgl. IFRS 10.B19.
[60] Vgl. IFRS 10.B40.
[61] Vgl. IFRS 10.B20.

rechte versucht ein Investor zu erlangen. Variable Rückflüsse allein begründen noch keine Lenkungsmacht.[62]

In IFRS 10 wurden erstmals Richtlinien für den Umgang mit **Franchising** veröffentlicht. Die Rechte des Franchisegebers stellen im Normalfall Markenschutzrechte dar, die nicht substanzieller Natur sind und folglich keine Lenkungsmacht begründen können.[63] Gemäß IFRS 10.B33 können aber auch Rechte vorliegen, die die Rückflüsse des Franchisenehmers wesentlich beeinflussen. Dabei gilt, dass mit sinkender finanzieller Unterstützung des Franchisegebers und sinkendem Einfluss auf die Variabilität der Rückflüsse die Wahrscheinlichkeit zunimmt, dass der Franchisegeber dann nur über Schutzrechte verfügt.[64]

3.4.4.5 Strukturierte Gesellschaften

In IFRS 10 wurden die unterschiedlichen Merkmale des IAS 27 (2008) und SIC-12 zusammengefügt. Demzufolge sind auch die Regelungen mit dem Umgang von Zweckgesellschaften betroffen. Anders als SIC-12 verzichtet IFRS 10 auf eine Definition von Zweckgesellschaften. Diese findet sich jedoch in IFRS 12 Anhang A. Der Begriff Special Purpose Entity (Zweckgesellschaft) wurde durch **Structured Entity (strukturierte Gesellschaft)** ersetzt. Gemäß IFRS 12.B22 sind beschränkte Aktivitäten (Autopilot), eng definierte Zwecksetzungen, geringes Eigenkapitalniveau sowie Finanzierungen durch Verbriefungsaktionen charakteristisch für das Vorliegen einer strukturierten Gesellschaft.[65] Für die Beurteilung der Beherrschung sind geschäftsbestimmende Vereinbarungen heranzuziehen und zu analysieren, da Stimmrechte i. d. R. keine wesentlichen Auswirkungen auf die Rückflüsse strukturierter Unternehmen haben.[66]

Nicht die Mehrheit von Chancen und Risiken, sondern eine **qualitative Bewertung der Beherrschungskriterien** unter Berücksichtigung der Gesamtverhältnisse begründet eine Lenkungsmacht.[67] So hat ein Investor bspw. zu berücksichtigen, ob er Risiken unterliegt und schwankenden Rückflüssen ausgesetzt ist.[68] Weiter ist zu beurteilen, ob er bereits im Gründungsprozess eingebunden war[69] und ihm bereits an dieser Stelle Rechte eingeräumt wurden, die eine Lenkungsmacht begründen könnten.[70] Zudem sind mögliche Vereinbarungen über eng verbundene Geschäftsaktivitäten zu analysieren.[71] Des Weiteren sind solche Rechte zu untersuchen, die unter gewissen Umständen die Kontrolle der maßgeblichen Geschäftsaktivitäten ermöglichen.[72]

---

[62] Vgl. Heuser und Theile (2012), Rz. 5082.
[63] Vgl. IFRS 10.B29 ff.
[64] Vgl. IFRS 10.B33.
[65] Vgl. IFRS 12.B22.
[66] Vgl. IFRS 10.B8.
[67] Vgl. Heuser und Theile (2012), Rz. 5038–5039.
[68] Vgl. IFRS 10.B8.
[69] Vgl. IFRS 10.B5.
[70] Vgl. IFRS 10.B51.
[71] Vgl. IFRS 10.B52.
[72] Vgl. IFRS 10.B53.

3.4.5 Variable Rückflüsse

Die bestehende Lenkungsmacht, d. h. die Kontrolle der relevanten Geschäftstätigkeiten, muss dem Investor dazu dienen, **schwankende Rückflüsse** (Variable Returns) aus dem Investitionsobjekt zu erzielen. Diese Rückflüsse können positiv oder negativ sein. Es kann sich auch um beides handeln.[73] Positive Rückflüsse sind bspw. Dividenden, Zinszahlungen, Fair-Value-Änderungen der Beteiligung, Vergütungen für Kreditrisiken und Liquiditätsunterstützungen, Steuervorteile, künftige Liquiditätszugänge, Kostenersparnisse durch Synergieeffekte sowie betriebliches Know-how.[74] Variable Rückflüsse stellen gemäß IFRS 10 immer dann keine festgelegten Rückflüsse dar, wenn diese aufgrund des Ergebnisses eines Beteiligungsunternehmens schwanken können.[75] In der Folge entstehen, unter Berücksichtigung des Ausfallrisikos aus vermeintlich festen Rückflüssen, variable Ströme.[76]

Beispiel

Vertraglich fest vereinbarte Zinsen stellen fixe Zahlungen dar, sie sind dennoch höchst variabel, wenn ein hochgradiges Kreditrisiko vorliegt.

Um beurteilen zu können, ob schwankende Rückflüsse vorliegen, ist generell der wirtschaftliche Gehalt der getroffenen Vereinbarung zu untersuchen.

3.4.6 Verknüpfung von Lenkungsmacht und variablen Rückflüssen

IFRS 10 **verbindet Lenkungsmacht mit Rückflüssen**, während sich IAS 27 (2008) vornehmlich auf Stimmrechte bezieht und SIC-12 eher auf Chancen und Risiken des Konzerns abstellt.[77] Das Beherrschungskriterium i. S. d. IFRS 10 ist erst dann erfüllt, wenn die Lenkungsmacht die Steuerung variabler Rückflüsse ermöglicht.

3.4.6.1 Prinzipal-Agenten-Beziehungen

Die Verknüpfung von Lenkungsmacht und variablen Rückflüssen gewinnt besonders durch die erstmals in IFRS 10 aufgenommenen Regelungen zur Würdigung von Prinzipal-Agenten-Beziehungen an Bedeutung. Die Principal-Agent-Theory[78] definiert einen Agenten als eine Partei, die auf Grundlage vertraglicher Beziehungen beauftragt ist, im Namen einer anderen Partei, des Prinzipals, zu handeln.

---

[73] Vgl. IFRS 10.15; IFRS 10.B56.
[74] Vgl. IFRS 10.B57.
[75] Vgl. IFRS 10.B56.
[76] Vgl. Heuser und Theile (2012), Rz. 5085.
[77] Siehe hierzu auch Heuser und Theile (2012), Rz. 5021.
[78] Die „Principal-Agent-Theory" ist zurückzuführen auf Jensen und Meckling (1976).

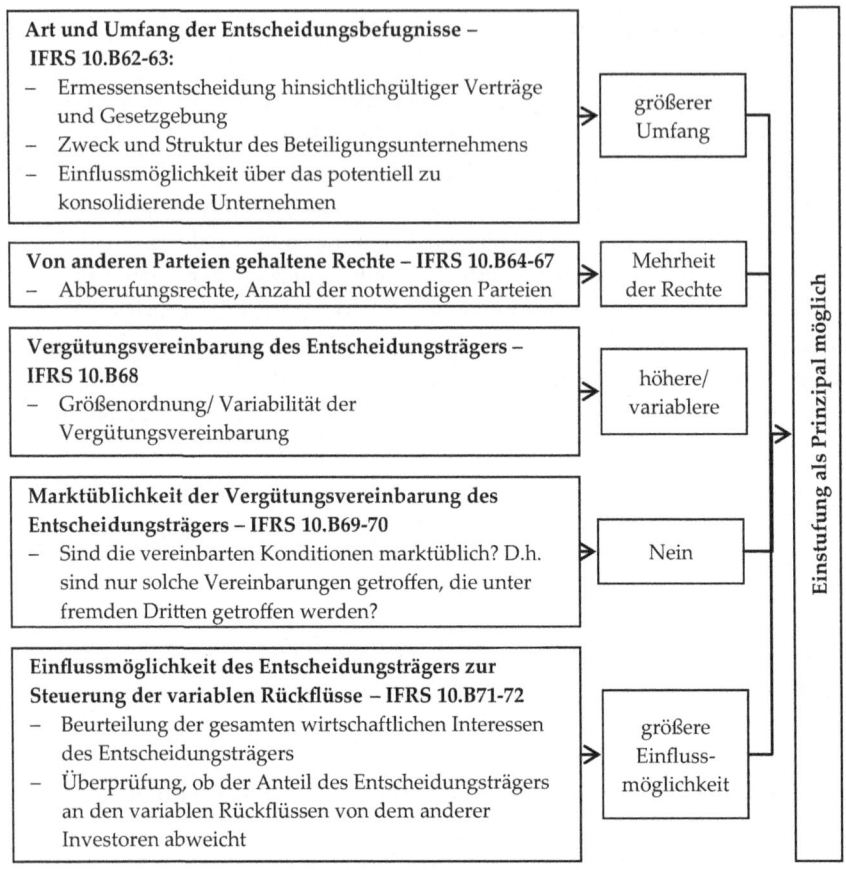

Abb. 3.7 Identifikationsmerkmale zur Einstufung als Prinzipal

Zunächst ist zu untersuchen, ob der Investor die Rolle des Prinzipals einnimmt oder als Agent handelt. Besetzt der Investor die Rolle des Prinzipals besteht zudem Klärungsbedarf, ob andere Parteien für ihn als Agenten tätig sind. Delegiert der Investor eine gewisse Entscheidungsmacht an den Agenten, so wird die Beteiligung jedoch nicht vom Agenten im Namen des Prinzipals beherrscht.[79] Hier ist die Entscheidungsmacht des Agenten so zu beurteilen, als ob der Prinzipal direkt über diese verfügen würde. Zur Beurteilung der Beherrschung ist die Entscheidungsmacht somit dem Prinzipal zuzurechnen und nicht dem Agenten.[80]

IFRS 10 beschreibt für das Vorliegen einer Prinzipal-Agenten-Beziehung den Fall, der zu einer eindeutigen Einstufung als Agent führt. Besteht für eine einzelne Partei die Möglichkeit, den Entscheidungsträger (Decision-Maker) ohne Grund abzulösen, so ist dieser als Agent tätig.[81] Die Praxis ist von einer solchen Eindeutigkeit oftmals weit entfernt, was

---

[79] Vgl. IFRS 10.B58.
[80] Vgl. IFRS 10.B59.
[81] Vgl. IFRS 10.B65.

3.4 Vollkonsolidierungskreis nach IFRS 10

eine detailliertere Betrachtung nach sich zieht. Das IASB hat hierzu Identifikationsfaktoren aufgeführt, die zu einer Einstufung als Prinzipal führen können. Die Abb. 3.7 stellt diese graphisch als Prüfungsschritt dar. Zu beachten ist, dass die einzelnen Faktoren jeweils sachverhaltsgerecht gewichtet werden müssen.

Beispiele A: Fall 1

Ein Fondsmanager führt einen regulierten Fonds, der an Investoren vermarktet wurde. Der Fondsmanager ist strengen Regelungen und Vorgaben der Geschäftsordnung untergeordnet. Investitionsentscheidungen werden im Rahmen der Vorgaben anhand seines Ermessens getroffen. Substanzielle Rechte, die Einfluss auf die Entscheidungsfähigkeit des Managers haben, liegen auf Seiten der Investoren nicht vor. Fondsanteile können unter Berücksichtigung spezieller Limits verkauft werden. Eine Geschäftsführung existiert nicht. Die Vergütung ist marktüblich und leistungsgerecht, zudem hat der Fondsmanager eine Beteiligung von 10 % an dem Fonds, für die er maximal haftet. Es hat sich gezeigt, dass die Vergütung und der Anteil des Managers unbedeutend sind. Somit besteht keine hohe Einflussmöglichkeit. Ist der Fondsmanager als Agent oder Prinzipal einzustufen?

Die Einflussmöglichkeit des Fondsmanagers auf die variablen Rückflüsse ist ohne Bedeutung. Durch die Geschäftsordnung besteht eine eingeschränkte Entscheidungsbefugnis.

→ Der Fondsmanager ist aller Voraussicht nach als Agent einzustufen.

Beispiele B: Fall 2

Ausgangslage wie in Fall 1. Die Vergütung des Fondsmanagers beträgt 1 % des Fondsvolumens und 20 % der Gewinne. Die Beteiligung beträgt lediglich 2 %. Zudem dürfen die Investoren den Fondsmanager durch einfache Stimmrechtsmehrheit jederzeit aus wichtigem Grund abberufen. Ist der Fondsmanager als Agent oder Prinzipal einzustufen?

Die Vergütung und die Beteiligung verschaffen dem Fondsmanager keine ausreichende Einflussmöglichkeit, um die Rolle des Prinzipals einzunehmen. Das Abberufungsrecht der Investoren stellt lediglich ein Schutzrecht dar, welches nur bei Vertragsbruch ausgeübt werden kann.

→ Der Fondsmanager ist aller Voraussicht nach als Agent einzustufen.

Beispiele C: Abwandlung 1

Der Fondsmanager besitzt eine höhere Beteiligung und ist nicht dazu verpflichtet, Verluste über diese Beteiligung hinaus zu finanzieren. Ist der Fondsmanager als Agent oder Prinzipal einzustufen?

Eine Beteiligung von 20 % deutet darauf hin, dass der Fondsmanager die Rolle des Prinzipals einnimmt. Der Anreiz, Entscheidungen zu seinem persönlichen Nutzen zu fällen und damit seine Entscheidungsmacht auszunutzen, steigt.[82]
→ Der Fondsmanager ist wahrscheinlich als Prinzipal einzustufen.

Beispiele D: Abwandlung 2

Der Fonds hat eine unabhängige Geschäftsführung, die jährlich den Fondsmanager ernennt. Die Aufgaben des Managers sind so ausgestaltet, dass sie auch durch andere Fondsmanager erledigt werden könnten. Die Beteiligung des Fondsmanagers beträgt 20 %, und er ist nicht dazu verpflichtet, Verluste über diese Beteiligung hinaus zu finanzieren. Ist der Fondsmanager als Agent oder Prinzipal einzustufen?

Die Möglichkeit zur Ablösung des Fondsmanagers verschafft den Investoren ein substanzielles Recht, das durch die Geschäftsführung vollstreckt wird.

→ Der Fondsmanager ist in der Folge als Agent einzustufen.[83]

3.4.6.2 De-facto-Agenten

Auch ohne vertragliche Vereinbarungen kann ein Agent an den Prinzipal gebunden sein. Gemäß IFRS 10.B73 kann eine Beherrschung de facto begründet sein. Als De-facto-Agent gilt die Partei, die aufgrund der Art der Beziehung (Nature of its Relationship) durch den Einfluss des Prinzipals in dessen Sinne (on behalf) handelt.[84] Charakteristisch für derartige Beziehungen bzw. De-facto-Agenten sind bspw.[85]

- nahestehende Personen und Unternehmen,
- Personen oder Unternehmen, die Anteile am Beteiligungsunternehmen als Kredit oder Zuwendung vom Prinzipal erhalten haben,
- Parteien, die insofern vom Prinzipal anhängig sind, als sie nicht ohne dessen Zustimmung ihre Anteile an dem Investitionsobjekt veräußern, übertragen oder belasten können,
- Personen oder Unternehmen, die lediglich in finanzieller Abhängigkeit (nachrangige finanzielle Unterstützung) zum Prinzipal ihre Geschäftstätigkeit weiterführen können,
- Parteien, bei denen Personenidentität zum Prinzipal hinsichtlich Aufsichts- und Führungsgremien bestehen,
- Parteien, die eng verbundene Geschäftstätigkeiten mit dem Prinzipal aufweisen.

---

[82] Vgl. Beyhs et al. (2011, S. 666).
[83] Beispiele in Anlehnung an IFRS 10.B72.
[84] Vgl. IFRS 10.B73.
[85] Vgl. IFRS 10.B75.

3.4 Vollkonsolidierungskreis nach IFRS 10

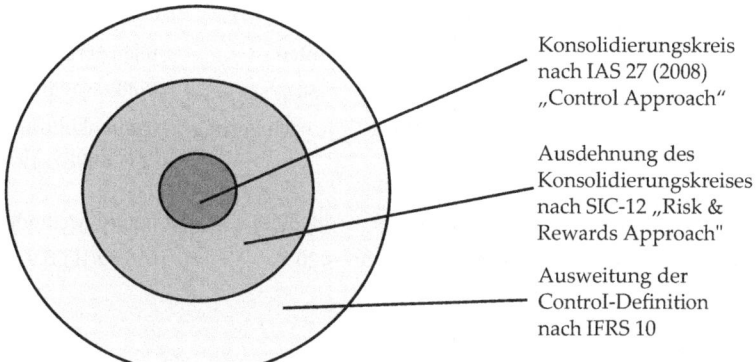

Abb. 3.8 Auswirkung auf den Konsolidierungskreis (Quelle: In Anlehnung an Zülch et al. (2011), S. 593)

Nach erfolgreicher Identifikation eines De-facto-Agenten sind aus Sicht des Prinzipals die Entscheidungsrechte des Agenten sowie seine indirekte Einflussmöglichkeit auf die variablen Rückflüsse durch den Agenten zu berücksichtigen.[86]

3.4.7 Neueinschätzung der Beherrschung

Die Beherrschung ist regelmäßig dann neu einzuschätzen (wie nach SIC-12), wenn bestimmte Umstände und Tatsachen auf eine veränderte Beherrschungslage hindeuten.[87] Anzeichen dafür können gemäß IFRS 10 z. B. veränderte Entscheidungsmechanismen,[88] Begebenheiten, an denen der Investor nicht beteiligt ist,[89] eine verringerte Einflussnahme auf die variablen Rückflüsse[90] oder gewandelte Prinzipal-Agenten-Verhältnisse sein.[91] Dafür ausschlaggebend ist, dass diese Faktoren die in IFRS 10.7 genannten Kriterien (Lenkungsmacht, variable Rückflüsse, Verknüpfung von Lenkungsmacht und variablen Rückflüssen) unmittelbar verändern. Eine Änderung der Marktbedingungen alleine ist z. B. nicht ausreichend.[92]

---

[86] Vgl. IFRS 10.B74.
[87] Vgl. IFRS 10.B80.
[88] Vgl. IFRS 10.B81.
[89] Vgl. IFRS 10.B82.
[90] Vgl. IFRS 10.B83.
[91] Vgl. IFRS 10.B84.
[92] Vgl. IFRS 10.B85.

Tab. 3.2 Kategorien der Unternehmensverflechtung

Unternehmen	Einfluss	Anteil	Bilanzierung
Tochterunternehmen	beherrschend	>50 %	Vollkonsolidierung
Gemeinschaftsunternehmen Und gemeinschaftliche Vereinbarungen (IFRS 11)	gemeinschaftlich	je nach Vertrag	Quotenkonsolidierung bzw. Equity-Methode
Assoziierte Unternehmen	maßgeblich	20–50 %	Equity-Methode
Beteiligungsunternehmen	nicht maßgeblich	<20 %	IAS 39/IFRS 9

3.4.8 Auswirkung auf den Konsolidierungskreis

Durch Einbeziehung des bisher in IAS 27 (2008) geregelten Control Approach und des in SIC-12 befindlichen Risk & Rewards Approach sind diese nun integraler Bestandteil von IFRS 10. Darüber hinaus formuliert der neugefasste Standard zahlreiche Richtlinien, die den Bilanzierenden ein hohes Maß an Ermessensspielräumen einräumen. Dies führt zu einer Ausweitung des Konsolidierungskreises (vgl. Abb. 3.8).[93]

3.5 Keep in Mind

Einzubeziehende Unternehmen können, je nach Intensität der Unternehmensverflechtung, im ersten Schritt in vier Kategorien unterteilt werden (vgl. Tab. 3.2).

Weiterhin muss beachtet werden, dass stets der gesamte wirtschaftliche Umfang einer Unternehmensverflechtung betrachtet werden muss, um die Einflussart und damit die Behandlung im Konzernabschluss endgültig zu bewerten.

Ein spezielles Beispiel für eine Abweichung von den Anteilsrichtlinien sind die Special Purpose Entities bzw. Structured Entities, die trotz eines unter 50 % liegenden Anteils vollkonsolidiert werden, wenn Chancen und Risiken, die mit dem Unternehmen verbunden sind, hauptsächlich bei der entsprechenden Muttergesellschaft liegen.

Durch Veröffentlichung von IFRS 10 wurde zudem eine Reihe von Fragestellungen, die IAS 27 (2008) bisher nicht angesprochen hat, z. B. Mitwirkungs- und Schutzrechte Dritter und Prinzipal-Agenten-Beziehungen, thematisiert. Das Kernprinzip, dass ein Konzernabschluss das Mutterunternehmen und seine Tochterunternehmen als ein einziges Unternehmen darstellt, bleibt dabei unberührt. Der Begriff „Beherrschung" wurde als Kriterium für eine Vollkonsolidierung beibehalten, jedoch wurden die unterschiedlichen Merkmale des IAS 27 (2008) und SIC-12 zusammengefügt und neue Anwendungsrichtlinien erlassen. IFRS 10 vereint Lenkungsmacht mit Rückflüssen, während sich IAS 27 (2008) vermehrt auf die Lenkungsmacht aufgrund von Stimmrechten bezieht und SIC-12 sich auf Chancen und Risiken des Konzerns konzentriert.

---

[93] Siehe hierzu auch Zülch et al. (2011, S. 592 f).

Um Beherrschung i. S. d. IFRS 10 zu erlangen, muss über die wesentlichen Geschäftsaktivitäten des Beteiligungsunternehmens Kontrolle gewonnen werden. Die Lenkungsmacht über das Beteiligungsunternehmen, ein Anrecht auf variable Rückflüsse aus der Beteiligung und die Möglichkeit, seine Verfügungsgewalt über das Beteiligungsunternehmen so zu nutzen bzw. zu lenken, dass dadurch die Rückflüsse aus dem Beteiligungsunternehmen der Höhe nach beeinflusst werden, sind weitere Voraussetzungen des Beherrschungskriteriums.

Von zentraler Bedeutung ist die zu prüfende Lenkungsmacht. Insbesondere werden dabei Stimmrechte und potenzielle Stimmrechte sowie weitere Rechte, im Regelfall gesellschaftsvertraglicher Art, beurteilt. Dabei ist zudem zu analysieren, ob substanzielle, also wirtschaftlich bedeutsame Rechte, vorliegen. Die praktische Fähigkeit zur Lenkungsmacht und weitere spezielle geschäftliche Beziehungen sind auch in die Analyse einzubeziehen.

Die Verknüpfung von Lenkungsmacht und variablen Rückflüssen stellt ein weiteres Kriterium dar. Dieses muss unter Beachtung von Prinzipal-Agenten-Beziehungen und dem Bestehen von De-facto-Agenten analysiert werden.

3.6 Übungsaufgaben zum Kapitel

3.6.1 Aufgaben zu IAS 27 (2008)

Aufgabe 1 Unternehmen A verfügt über 100 % der Stimmrechte an Unternehmen C. Ein Unternehmen B verfügt über eine jederzeit ausübbare Call-Option, die es erlaubt, 100 % der Anteile an C von A zu erwerben. Wie und zu welchem Anteil bezieht A bzw. B das Unternehmen C in seinen jeweiligen Konzernabschluss ein?

Aufgabe 2 Welche Einbeziehungsformen (Konsolidierungskreis) sieht das IFRS Regelwerk vor und an welchen Hauptindikatoren ist die entsprechende Einbeziehung eines Tochterunternehmens auszumachen?

Aufgabe 3 Was sind die Hauptkriterien, die auf das Vorliegen einer Konsolidierungspflicht in Bezug auf eine Special Purpose Entity hinweisen?

3.6.2 Aufgaben zu IFRS 10

Aufgabe 4 Welche Beherrschungskriterien werden gemäß IFRS 10.7 genannt?

Aufgabe 5 Welche Rechte sind hinsichtlich ihrer Bedeutung bei der Beurteilung der Lenkungsmacht zu berücksichtigen?

Aufgabe 6 Welche Änderungen haben sich bezüglich der Beurteilung von potenziellen Stimmrechten durch IFRS 10 ergeben und welche Auswirkungen entstehen dadurch?

Tab. 3.3 Tabelle zur Lösung 1

	Anteile an C	Call-Option	Control	Konsolidierungsquote
A	100 %	–100 %	0 %	Vollkonsolidierung mit 100 % Minderheitenausweis
B	0 %	+100 %	100 %	Equity-Konsolidierung mit 100 % Eigenkapital

Aufgabe 7 Das Unternehmen A hält 40 % und Unternehmen B 60 % der Stimmrechte am Investitionsobjekt C. Unternehmen A besitzt daneben eine Kaufoption über weitere 50 %, die in den nächsten zwei Jahren ausübbar ist. Die Option ist derzeit und erwartungsgemäß für die nächsten zwei Jahre weit aus dem Geld. Unternehmen B übt seine Stimmrechte aus und steuert die wesentlichen Geschäftsaktivitäten von Unternehmen C. Handelt es sich um eine substanzielle Option?

Aufgabe 8 Können fest vereinbarte Zinszahlungen variable Rückflüsse darstellen?

Aufgabe 9 Ein Fondsmanager führt einen regulierten Fonds, der vermarktet wurde. Der Fondsmanager unterliegt den strengen Regelungen und Vorgaben der Geschäftsordnung. Investitionsentscheidungen werden im Rahmen der Geschäftsordnung anhand seines Ermessens gefällt. Substanzielle Rechte, die Einfluss auf die Entscheidungfähigkeit des Managers haben, liegen auf Seiten der Investoren nicht vor. Eine Geschäftsführung ist für den Fonds nicht vorgesehen. Die Vergütung ist marktüblich und leistungsgerecht, zudem hat der Fondsmanager eine Beteiligung von 8 % an dem Fonds. Ist der Fondsmanager als Agent oder als Prinzipal einzustufen?

3.7 Lösungshinweise

Lösung 1 Zur Beurteilung, ob eine Beherrschung vorliegt, müssen die nur theoretisch vorhandenen potenziellen Stimmrechte berücksichtigt werden. A verfügt durch seine Stillhalterfunktion hinsichtlich der Call-Option über 0 %, wohingegen B über 100 % der Anteile an C verfügt. Diese Quoten sind jedoch nur zur Beurteilung der Beherrschungsmöglichkeit beider Unternehmen zu berücksichtigen, die tatsächliche Konsolidierung bzw. der Einbezug in den Konzernabschluss basiert auf der Quote ohne Berücksichtigung der potenziellen Stimmrechte (siehe auch Tab. 3.3).[94]

Lösung 2
- Vollkonsolidierung
  Der Hauptindikator ist die Möglichkeit, die Finanz- und Geschäftspolitik des Tochterunternehmens zu beherrschen. Besteht die Möglichkeit, operative Entscheidungen bzw.

---

[94] Vgl. Lüdenbach (2010, S. 341).

3.7 Lösungshinweise

Investitionen durchzusetzen, ohne auf andere Anteilseigner direkt angewiesen zu sein, kann von einer Beherrschung ausgegangen werden. Im Regelfall ergibt sich diese bei einem Stimmrechtsanteil von mehr als 50 %.

- Equity-Bewertung
  Um den Einbezug anhand der Equity-Bewertung durchzuführen, darf keine Beherrschung vorliegen, und das Mutterunternehmen muss in der Lage sein, an finanziellen und operativen Entscheidungen mitzuwirken. Da der Begriff „Mitwirkung" Spielraum für Interpretationen bietet, ergibt sich eine Equity-Bewertung i. d. R. bei einem Stimmrechtsanteil von 20 % bis 50 %.
- Sonderfall der gemeinschaftlich geführten Unternehmen
  Der Hauptindikator für das Vorliegen einer gemeinschaftlich geführten Unternehmung ist eine vertragliche Regelung, die ausdrücklich die Führung der Beteiligung auf zwei oder mehr Unternehmen gleichmäßig verteilt. Meist sind auch die Besetzung der Führung und andere Entscheidungen hinsichtlich Investitionen und operativer Tätigkeit detailliert vertraglich festgehalten. Ein solches Unternehmen kann entweder anhand der Equity-Methode oder anhand der Quotenkonsolidierung gemäß IAS 31 einbezogen werden. Durch IFRS 11 ist dieses Wahlrecht aufgehoben, und lediglich die sog. Joint Operations dürfen anteilig konsolidiert werden.
- Bewertung anhand IAS 39/IFRS 9
  Sofern kein maßgeblicher Einfluss und keine vertragliche Regelung zur Teilung der Führung vorliegen, handelt es sich lediglich um eine Beteiligung, die nach den Regelungen des IAS 39/IFRS 9 erfolgsneutral bewertet wird. Mit diesem Wert geht sie auch in den Konzernabschluss als Vermögenswert in den Finanzanlagen ein. Im Normalfall kann von einer Beteiligung i. S. d. IAS 39/IFRS 9 ausgegangen werden, wenn die Anteilsquote unter 20 % liegt.

Lösung 3 Eine Special Purpose Entity (SPE) muss konsolidiert werden, wenn trotz fehlender Stimmrechtsmehrheit die Analyse folgende Kriterien grundsätzlich (aber durchaus alternativ) auf eine Quasi-Beherrschung hinweisen:

- Ausrichtung der Geschäftsaktivitäten auf die des Sponsors
  Dies ist dann der Fall, wenn die SPE vor allem mit Finanzierungsaufgaben oder der Versorgung mit Gütern und Dienstleistungen für den Sponsor betraut ist.
- Wesentliche Entscheidungsmacht hinsichtlich des Nutzens aus der SPE
  Dieses Kriterium lässt sich an vielen Einzelentscheidungen festmachen. Relativ eindeutige Beispiele sind die Möglichkeit der Auflösung, der Satzungsänderung oder auch der Blockierung von Satzungsänderungen.
- Dem Sponsor fließt die Mehrheit des Nutzens aus der SPE zu
  Charakteristisch ist vor allem der Fluss der Periodenergebnisse. Fließt dem Sponsor der größte Anteil dieser Gewinne zu oder ist er Hauptprofiteur eines Liquidationserlöses, besteht i. d. R. eine Konsolidierungspflicht.
- Der Sponsor trägt die Mehrheit der Risiken aus der SPE

Der Eigenkapitalgeber erhält meist eine vertraglich vereinbarte Rendite und trägt oftmals nur ein geringes Risiko hinsichtlich des Reinvermögens. Operative und finanzielle Risiken hat der Sponsor mehrheitlich zu tragen. Im Rahmen eines Forderungsverkaufs an die Zweckgesellschaft kann das Ausfallrisiko bspw. beim Sponsor verbleiben.

Lösung 4 In IFRS 10.7 werden drei Kriterien genannt:

1. Verfügung- bzw. Lenkungsmacht über das Beteiligungsunternehmen.
2. Ein Anrecht auf variable Rückflüsse aus der Beteiligung.
3. Die Möglichkeit, die Verfügungsgewalt über das Beteiligungsunternehmen so zu nutzen, dass dadurch die Rückflüsse beeinträchtigt werden.

Lösung 5 Zur Beurteilung des Vorliegens von Lenkungsmacht sind gemäß IFRS 10.B22 ausschließlich substanzielle, d. h. wirtschaftlich bedeutsame Rechte, heranzuziehen. Schutzrechte bleiben unberücksichtigt.

Lösung 6 IFRS 10 enthält einen Prüfschritt zur Beurteilung, ob potenzielle Stimmrechte im Geld oder aus dem Geld sind. Gemäß IAS 27 (2008) war es unerheblich, ob die Option out of the money ist, sich also nachteilig bei der Ausübung auswirkte. Sind potenzielle Stimmrechte deutlich aus dem Geld, können sie unter Umständen als nicht-substanziell deklariert werden.

Lösung 7 Es handelt es sich um eine nicht-substanzielle Option, da sie derzeit und erwartungsgemäß für die nächsten zwei Jahre weit aus dem Geld ist.

Lösung 8 Vertraglich fest vereinbarte Zinsen stellen ihrem Wesen nach zunächst fixe Zahlungen dar. Dennoch können diese höchst variabel ausfallen, wenn ein hochgradiges Kreditrisiko bzw. Ausfallrisiko vorliegt.

Lösung 9 Die Einflussmöglichkeit des Fondsmanagers auf die variablen Rückflüsse ist geringfügig. Die Vergütung und der Anteil des Managers sind unbedeutend. Durch die Geschäftsordnung besteht eine eingeschränkte Entscheidungsbefugnis. Der Fondsmanager ist demzufolge als Agent tätig.

4 Vorbereitende Maßnahmen zur Konsolidierung

Ist im Rahmen der Erstellung des Konzernabschlusses der Konsolidierungskreis festgelegt, müssen die Jahresabschlüsse der einzubeziehenden Unternehmen vereinheitlicht werden, um der Fiktion der rechtlichen Einheit gerecht zu werden.

IFRS 10 ersetzt die bisherigen Regelungen zur Konzernrechnungslegung nach IAS 27 (2008) Consolidated Financial Statements. Die Regelungen zur konzerneinheitlichen Bilanzierung und Bewertung und zum Konzernabschlussstichtag sind nunmehr in IFRS 10 enthalten. Änderungen wurden nicht vorgenommen, so dass die Regelungen nach IAS 27 (2008) und IFRS 10 parallel genannt werden.

Im Rahmen vorbereitender Maßnahmen zur Erstellung eines Konzernabschlusses wird eine Handelsbilanz II (HB II) aufgestellt. Handelsbilanzen II werden aus den in den Konzernabschluss einbezogenen Einzelabschlüssen (Handelsbilanz I) abgeleitet (siehe auch Abb. 4.1). Nachfolgend werden die den Konsolidierungsmaßnahmen vorgeschalteten Arbeitsschritte dargestellt.

4.1 Konzerneinheitliche Bilanzierung und Bewertung

Nach IFRS besteht die Pflicht, dass jedes einbezogene Tochterunternehmen sowie das Mutterunternehmen **einheitliche Bilanzierungsregeln und Bewertungsvorschriften** anwenden.[1] Durch diese Vorschriften ist der Konzernabschluss einheitlich so aufzustellen, **als ob ein Einzelunternehmen** bilanzieren würde.[2]

Weichen die anzuwendenden Bilanzierungs- und Bewertungsvorschriften eines Tochterunternehmens von denen des Konzerns ab, sind entsprechende Anpassungen vorzunehmen.[3] Diese sind bspw. dann notwendig, wenn ein Tochterunternehmen nach nationalen

---

[1] Vgl. IFRS 10.19; IAS 27.24 (2008).
[2] Vgl. IFRS 10.19; IFRS 10.86 ff.; IAS 27.18 (2008).
[3] Vgl. IFRS 10.B87; IAS 27.25 (2008).

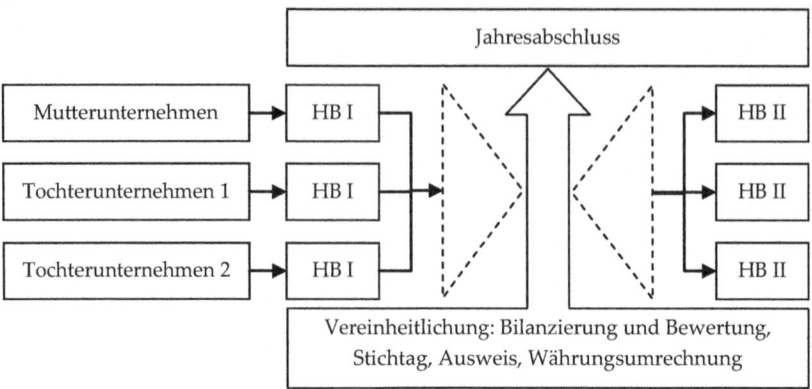

Abb. 4.1 Vereinheitlichung: HB I und HB II

Rechnungslegungsvorschriften (z. B. HGB) abweichend von den IFRS bilanziert. Kommen bereits nach nationalem Recht die IFRS zur Anwendung, sind unter Umständen Wahlrechte im Einzelabschluss anders ausgeübt worden als im Konzern. Für den Konzernabschluss sind daher zwingend einheitliche Bilanzierungs- und Bewertungsmethoden anzuwenden. Um die fiktive rechtliche Einheit zu schaffen, sind zusätzlich Innenbeziehungen und Zwischenergebnisse aller einbezogenen Unternehmen zu eliminieren.[4]

▶ **Praxistipp** Einheitliche Bilanzierungsregeln und Bewertungsvorschriften können durch eine konzernweit geltende Bilanzierungsrichtlinie mit der entsprechenden Vorgabe hinsichtlich der Wahlrechte gewährleistet werden. Weiterhin sollten ein konzernweit geltender Positionsplan (mit Zuordungsrichtlinien) und die Verwendung einer einheitlichen Software angestrebt werden.

4.2 Vereinheitlichung der Stichtage einzubeziehender Unternehmen

Ein Konzernabschluss ist zum **Abschlussstichtag des Mutterunternehmens** aufzustellen.[5] Die Abschlüsse der einzubeziehenden Tochterunternehmen sind zum gleichen Stichtag aufzustellen. Weicht der Stichtag eines Einzelabschlusses von dem Stichtag des Konzernabschlusses ab, ist ein Zwischenabschluss des Tochterunternehmens für Zwecke der Einbeziehung in den Konzernabschluss erforderlich.[6] Gelegentlich ist die Aufstellung eines Zwischenabschlusses nicht durchführbar (impracticable), dann darf ein maximal **drei Monate**

---

[4] Vgl. IFRS 10.B86; IAS 27.18 ff. (2008).
[5] Vgl. IFRS 10.B92; IAS 27.22 (2008).
[6] Vgl. IFRS 10.B92; IAS 27.22 (2008).

4.3 Grundzüge der Währungsumrechnung

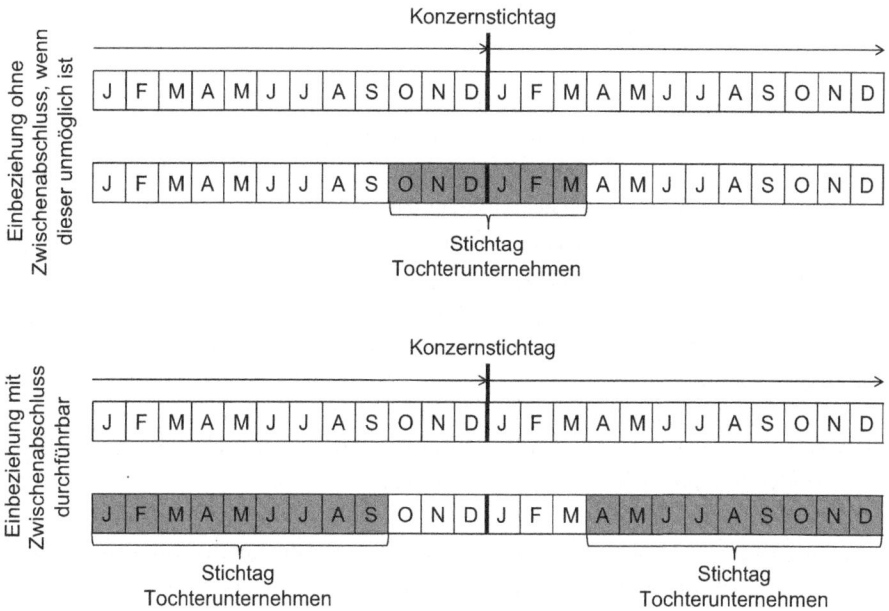

Abb. 4.2 Einheitlichkeit der Stichtage. (Quelle: In Anlehnung an Steiner et al. (2010), S. 65).

vor oder nach dem Konzernabschlussstichtag des Mutterunternehmens aufgestellter Abschluss eines Tochterunternehmens einbezogen werden. Dieser ist um alle wesentlichen Auswirkungen, die aus Ereignissen oder Geschäftsvorfällen zwischen dem Bilanzstichtag des Tochterunternehmens und dem Bilanzstichtag des Mutterunternehmens resultieren, anzupassen.[7] (Abb. 4.2)

Der Zeitraum der Berichtsperiode und die Abweichungen zwischen den Abschlussstichtagen sind von Periode zu Periode zu vereinheitlichen, wobei eine Umstellung auf den Konzernabschlussstichtag hiervon ausgenommen ist.[8]

4.3 Grundzüge der Währungsumrechnung

Die Einheitstheorie verlangt die Aufstellung des Konzernabschlusses in einer identischen Währung. IAS 21 regelt, wie ausländische Geschäftseinheiten in den Konzernabschluss einbezogen werden. Der Standard wird durch IFRIC-16 ergänzt. Die Währungsumrechnung der Fremdwährungsabschlüsse erfolgt nach dem **Konzept der funktionalen Währung**.

---

[7] Da die IFRS keine Spezifikation solcher Ereignisse oder Geschäftsvorfälle beinhaltet, ist eine Beurteilung anhand des allgemeinen Wesentlichkeitskriteriums vorzunehmen.
[8] Vgl. IFRS 10.B93; IAS 27.23 (2008).

4.3.1 Funktionale Währung

Die funktionale Währung muss von jeder wirtschaftlichen Einheit festgelegt und für die Ermittlung sämtlicher finanzieller Daten verwendet werden. Generell gilt die Währung als funktionale Währung, die die **Währung des primären wirtschaftlichen Umfeldes des bilanzierenden Unternehmens** darstellt, in dem das Unternehmen seine betriebliche Betätigung entfaltet und hauptsächlich Zahlungsmittel erwirtschaftet und aufwendet. Folgende Kriterien können zur Bestimmung herangezogen werden:[9]

- Die Währung mit dem höchsten Einfluss auf die Verkaufspreise der Waren und Dienstleistungen (häufig die Währung, in der die Verkaufspreise der Waren und Dienstleistungen ausgewiesen und abgerechnet werden).
- Die Währung des Landes, dessen Wettbewerbskräfte bzw. Vorschriften den Verkaufspreis der Güter und Dienstleistungen bestimmen.
- Die Währung, die den größten Einfluss auf die Lohn-, Material- und sonstigen Aufwendungen für das Anbieten der Waren oder Dienstleistungen hat (dies ist häufig die Währung, in der diese Aufwendungen angegeben und abgerechnet werden).

Insbesondere bei der Bestimmung der funktionalen Währung bei ausländischen Geschäftseinheiten werden zusätzlich die nachfolgenden Fragestellungen berücksichtigt. Bei Erfüllung dieser Kriterien ist von einer Abschlusserstellung in Währung des Mutterunternehmens auszugehen:[10]

- Sind die Geschäfte des einzelnen Unternehmens in die Aktivitäten des Mutterunternehmens integriert, so dass die Gesellschaft lediglich als verlängerter Arm des Mutterunternehmens agiert?
- Haben die konzerninternen Transaktionen mit der berichtenden Einheit einen hohen Anteil?
- Beeinflusst der Cashflow aus der Tätigkeit der ausländischen Geschäftseinheit unmittelbar den Cashflow des Mutterunternehmens und steht dieser dem Mutterunternehmen jederzeit zur Verfügung?
- Reicht der Cashflow aus der Tätigkeit der ausländischen Geschäftseinheit nicht zur Abdeckung von bestehenden oder erwarteten Verpflichtungen, so dass das Mutterunternehmen entsprechende Mittel zur Verfügung stellen muss?

4.3.2 Bilanzierung von Fremdwährungsgeschäften

Ein Fremdwährungsgeschäft ist ein Geschäftsvorfall, dessen Wert in fremder Währung dotiert oder dessen Erfüllung in Fremdwährung erfolgt, wie z. B.[11]

---

[9] Vgl. IAS 21.9.
[10] Vgl. IAS 21.11.
[11] Vgl. IAS 21.20.

- der Kauf oder Verkauf von Waren oder Dienstleistungen, deren Preis in einer Fremdwährung angegeben ist,
- die Aufnahme oder der Verleih von Mitteln, wobei der Wert der Verbindlichkeiten bzw. Forderungen in einer Fremdwährung angegeben ist
- oder wenn auf sonstige Weise Vermögenswerte erworben oder veräußert werden oder Schulden eingegangen oder beglichen werden, deren Wert in einer Fremdwährung angegeben ist.

4.3.2.1 Erstmaliger Ansatz

Das Fremdwährungsgeschäft ist erstmalig mit der Umrechnung des Fremdwährungsbetrages in die funktionale Währung mit dem zum Zeitpunkt des Geschäftsvorfalles gültigen **Kassakurs** anzusetzen.[12]

▶ **Praxistipp** Bei wenig schwankenden Kursen ist auch die Verwendung eines Wochen- oder Monats-Durchschnittskurses zulässig.[13]

4.3.2.2 Bilanzierung in Folgeperioden

Zu jedem Bilanzstichtag gilt (vgl. Abb. 4.3):[14]

- **Monetäre Posten** sind unter Verwendung des **Stichtagskurses** (Kassakurs) anzusetzen. Als monetäre Posten gelten nach IAS 21.8 i. V. m. IAS 21.16 die im Besitz befindlichen Währungseinheiten sowie die Vermögenswerte und Schulden, für die das Unternehmen eine feste oder bestimmbare Anzahl von Währungseinheiten erhält oder bezahlen muss. Hierunter fallen bspw. Pensions- und weitere Verpflichtungen gegenüber den Mitarbeitern oder Rückstellungen, die bar beglichen werden müssen.
- **Nicht-monetäre Posten**, die zu **historischen Anschaffungs- oder Herstellungskosten** in einer Fremdwährung bewertet wurden, sind unverändert mit dem (**historischen**) **Kurs** am Tag des Geschäftsvorfalles (Date of Transaction) zu bewerten. Gleiches gilt für Aufwendungen und Erträge, die mit diesen Posten im Zusammenhang stehen (z. B. Abschreibungen). Zu nicht-monetären Posten gehören z. B. immaterielle Vermögenswerte, Sachanlagen oder das Vorratsvermögen.
- **Nicht-monetäre Posten**, die mit dem **beizulegenden Zeitwert** bewertet wurden, sind mit dem Kurs umzurechnen, der zum Zeitpunkt der jeweiligen Ermittlung des Fair Values gültig war (Stichtagskurs) (vgl. Abb. 4.3). Hierzu zählen z. B. nach dem Neubewertungsmodell bewertete Sachanlagen.

---

[12] Vgl. IAS 21.21 f.
[13] Vgl. IAS 21.22.
[14] Vgl. IAS 21.21 f.

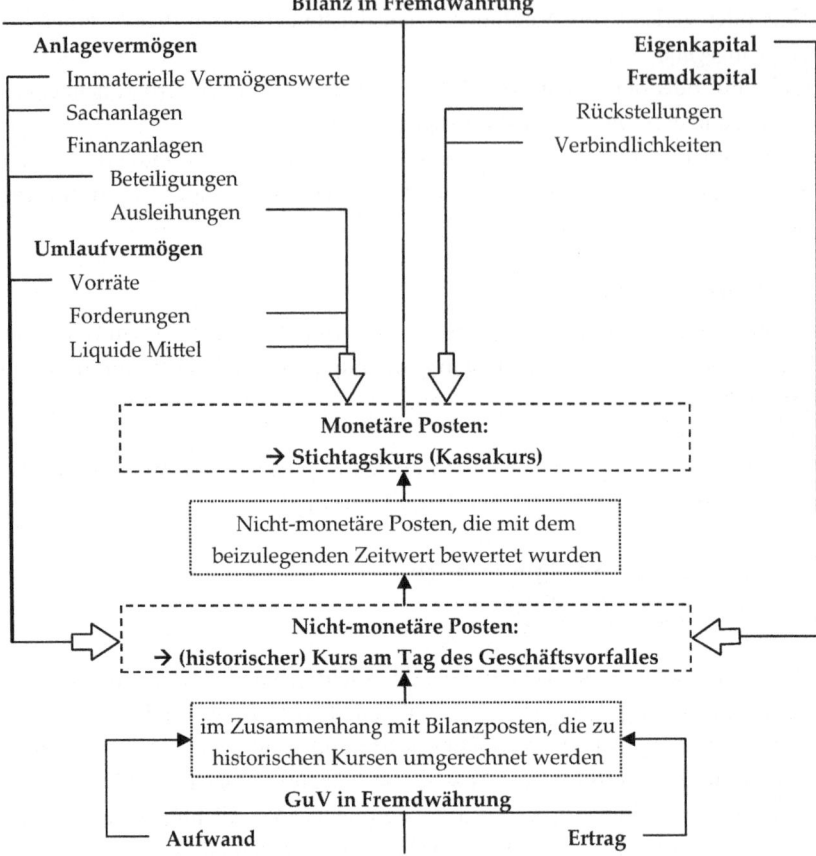

Abb. 4.3 Umrechnungsverfahren monetärer und nicht-monetärer Posten

4.3.2.3 Ansatz von Umrechnungsdifferenzen

Umrechnungsdifferenzen aus der Abwicklung oder Umrechnung von monetären Posten sind in der Periode als Aufwand oder Ertrag zu erfassen, in der sie entstehen.[15]

Umrechnungsdifferenzen eines nicht-monetären Postens werden in Abhängigkeit von der ursprünglich erfassten Differenz wie folgt gebucht:

- **Nicht-monetäre Posten**, deren Ergebniswirkungen als Ertrag oder Aufwand erfolgswirksam erfasst wurden, sind ergebniswirksam zu erfassen.
- **Umrechnungsdifferenzen**, deren Ergebniswirkungen direkt im Eigenkapital erfasst wurden, sind direkt im Eigenkapital zu erfassen. Wird ein Eigenkapitaltitel ausnahmsweise in der Kategorie Handelsbestand erfasst, so sind Fremdwährungsumrechnungen sofort erfolgswirksam zu erfassen. Handelt es sich bei dem Eigenkapitaltitel um ein Wertpapier der Kategorie Available for Sale, dann erfolgt der Ausweis im Eigenkapital.

---

[15] Vgl. IAS 21.28.

4.3 Grundzüge der Währungsumrechnung

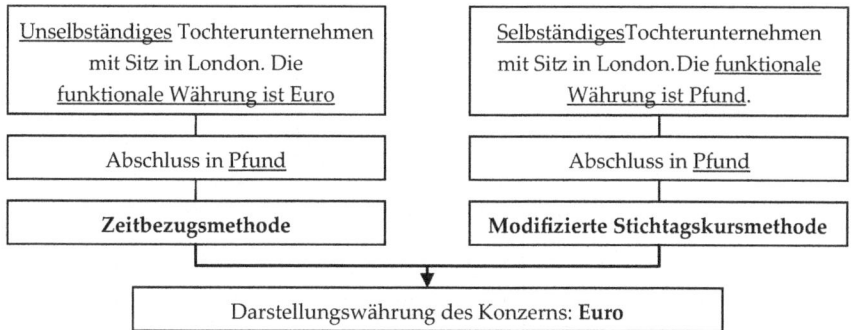

Abb. 4.4 Funktionale Währung und Umrechnungsmethode

4.3.3 Umrechnung von Fremdwährungsabschlüssen

Die funktionale Währung und Berichtswährung einer jeden Einzelgesellschaft stehen der Darstellungswährung des jeweiligen Konzerns gegenüber. Weichen diese voneinander ab, muss der Einzelabschluss vor dem Einfließen in den Konzernabschluss in die Konzern-Darstellungswährung überführt werden.[16] Als Darstellungswährung gilt regelmäßig die Währung des Mutterunternehmens.[17] IAS 21 legt Kriterien und Herangehensweisen fest, welche Währung die funktionale Währung des Tochterunternehmens ist.[18] Dabei wird vorrangig auf den **Grad der Selbständigkeit des Tochterunternehmens** abgestellt. Abhängig von den jeweiligen Verhältnissen sind Tochterunternehmen entweder als integrierte oder als selbständige Unternehmen zu klassifizieren. Für die Umrechnung in die Darstellungswährung sieht das IASB nach dem Konzept der funktionalen Währung schließlich die **Zeitbezugsmethode** und die **modifizierte Stichtagskursmethode** vor (S. Abb. 4.4).

4.3.3.1 Unselbständige Tochterunternehmen: Zeitbezugsmethode

Von unselbständigen Tochterunternehmen wird vermutet, dass sie im Gegensatz zu autonom agierenden Tochterunternehmen in der Darstellungswährung des Mutterunternehmens denken und handeln. Weicht die Berichtswährung der unselbständigen Tochtergesellschaft von der Währung des Mutterunternehmens ab, ist der Abschluss nach der **Zeitbezugsmethode** so in die Darstellungswährung umzurechnen, als wären ihre **Geschäftsvorfälle originär in dieser gebucht worden**. Die Zeitbezugsmethode kann daher als **Bewertungsvorgang** verstanden werden. Die Umrechnungsmethode unterstellt, dass Transaktionen von unselbständigen Tochterunternehmen, deren funktionale Währung der Währung des Mutterunternehmens entspricht, so zu behandeln sind, als wären es Fremdwährungsgeschäfte des Mutterunternehmens.

---

[16] Vgl. IAS 21.38.
[17] Vgl. IAS 21.51.
[18] Vgl. IAS 21.11 i. V. m. IAS 21.9 f.

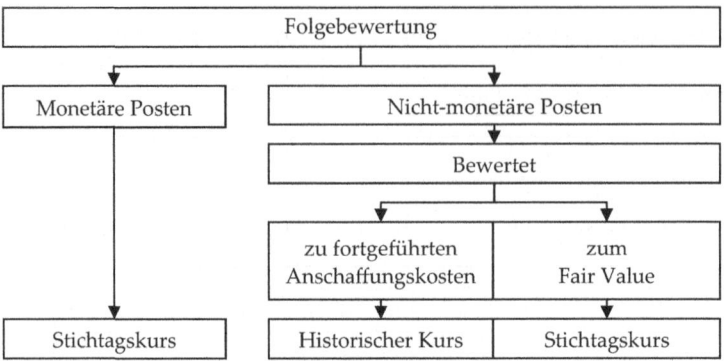

Abb. 4.5 Folgebewertung innerhalb der Zeitbezugsmethode

▶ **Hinweis** Bei der Umrechnung der Bilanz eines unselbständigen Tochterunternehmens wird unterstellt, dass die getätigten Geschäfte Fremdwährungsgeschäfte des Konzerns sind. Die Umrechnung erfolgt daher nach den Vorschriften für Fremdwährungsgeschäfte (Kap. 4.3.2).

Monetäre Posten sind mit dem Stichtagskurs umzurechnen,[19] nicht-monetäre Posten sind mit dem (historischen) Kurs am Tag des Geschäftsvorfalles zu bewerten. Zudem sind alle nicht-monetären Posten auf Wertminderungen zu überprüfen.[20] Nicht-monetäre Posten, die mit dem beizulegenden Zeitwert bewertet wurden, sind mit dem Stichtagskurs umzurechnen (siehe Kap. 4.3.2.2 und Abb. 4.3).[21]

> **Beispiel**
> Wird das Sachanlagevermögen nach dem Cost-Model zu fortgeführten Anschaffungskosten bewertet, erfolgt die Währungsumrechnung mit dem historischen Kurs. Wurde hingegen nach der Neubewertungsmethode zum Fair Value bewertet, ist der Stichtagskurs heranzuziehen (siehe auch Abb. 4.5).

4.3.3.2 Selbständige Tochterunternehmen: Modifizierte Stichtagskursmethode

Selbständige Tochterunternehmen agieren **unabhängig in Rechts- und Währungskreisen** mit jeweils eigenen ökonomischen Bedingungen. Folglich stellt deren eigene funktionale Währung das zentrale Wertgerüst für die Buchungsvorgänge dar. Die Währungsumrechnung nach der modifizierten Stichtagskursmethode basiert auf den Überlegungen, dass Wechselkursänderungen und Cashflow-Änderungen des selbständigen Tochterunternehmens grundsätzlich keinen Einfluss auf das Mutterunternehmen bewirken. Das Umrechnungsverfahren zielt auf eine **unveränderte Wiedergabe des Jahresabschlusses** ab,

---

[19] Vgl. IAS 21.23(a).
[20] Vgl. IAS 21.15.
[21] Vgl. IAS 21.23(b).

4.3 Grundzüge der Währungsumrechnung

wobei die Strukturen der Rechenwerke des Tochterunternehmen möglichst unverändert überführt werden sollen. Demzufolge kann der Umrechnungsvorgang als eine Art **Lineartransformation** interpretiert werden.[22] Bei der Währungsumrechnung nach der modifizierten Stichtagskursmethode ist wie folgt vorzugehen:

- Das Eigenkapital wird zum historischen Kurs des Erstkonsolidierungszeitpunktes umgerechnet.
- Vermögenswerte (einschließlich Goodwill) und Schulden sind zum Stichtagskurs umzurechnen. Für die Vorperiodenwerte sind die entsprechenden Stichtagskurse der Vorperioden maßgeblich.[23]
- Aufwendungen und Erträge sind zu dem Kurs umzurechnen, der zum jeweiligen Zeitpunkt des Geschäftsvorfalls galt (Transaktionskurs). Dies gilt auch für die Vorperiodenwerte. Aus Vereinfachungsgründen ist zudem die Verwendung von Durchschnittskursen (Wochen-, Monats-, Quartals- oder Jahresdurchschnittskurse) zulässig, solange dadurch das Ergebnis nicht aufgrund stark schwankender Wechselkurse verzerrt wird.[24]
- Alle Differenzen aus der Umrechnung von Fremdwährungsabschlüssen werden erfolgsneutral behandelt und als separater Bestandteil des Eigenkapitals ausgewiesen.[25] Zwei verschiedene Ursachen von Umrechnungsdifferenzen sind dabei zu unterscheiden:
  - Umrechnung von Ertrags- und Aufwandsposten mit dem Durchschnitts- bzw. Transaktionskurs bei gleichzeitiger Umrechnung der Vermögenswerte und Schulden mit dem Stichtagskurs. Solche Umrechnungsdifferenzen entstehen auch bei der Umrechnung von Bewertungsergebnissen, die direkt im Eigenkapital erfasst werden.
  - Umrechnung der Eröffnungsbilanz zu einem anderen Kurs als dem Stichtagskurs des Vorjahres.

Die erläuterten Umrechnungsdifferenzen sind nicht als Aufwendungen oder Erträge der laufenden Periode zu erfassen, da jene nur geringe oder keine direkten Auswirkungen auf den gegenwärtigen oder künftigen operativen Cashflow haben.[26]

Beispiel

In Tab. 4.1 ist der an konzerneinheitliche Bilanzierungs- und Bewertungsmethoden angepasste Jahresabschluss der europäischen Tochtergesellschaft EU-1 dargestellt. Bei dem Unternehmen handelt es sich um ein selbständiges Tochterunternehmen, das unabhängig in Europa tätig ist. Der Euro ist die relevante Währung für die Buchungsvorgänge und wurde als funktionale Währung festgelegt. Das Mutterunternehmen ist in den USA ansässig, die Konzerndarstellungswährung ist der US-$. Zum 31. De-

---

[22] Vgl. Pellens et al. (2011), S. 710.
[23] Vgl. IAS 21.39(a) i. V. m. IAS 21.47.
[24] Vgl. IAS 21.39(b) i. V. m. IAS 21.40.
[25] Vgl. IAS 21.39(c).
[26] Vgl. IAS 39.41.

Tab. 4.1 Umrechnung nach der modifizierten Stichtagskursmethode

HB II der EU-1 zum 31.12.2012	in T€	Umrechnungskurs		in T$
Anlagevermögen	500	Stichtagskurs	3	1.500
Vorräte	100	Stichtagskurs	3	300
Liquide Mittel	150	Stichtagskurs	3	450
Summe Aktiva	*750*			*2.250*
Eigenkapital	300	Historischer Kurs	2	600
Jahresüberschuss	125	Durchschnittskurs	2,4	300
Ausschüttung	−100	Transaktionskurs	2,6	−260
Währungsumrechnungsdifferenz	−			335
Eigenkapital	*325*		*3*	*975*
Fremdkapital	425	Stichtagskurs	3	1.275
Summe Passiva	*750*			*2.250*
GuV der EU-1 zum 31.12.2012				
Umsatzerlöse	1.000	Durchschnittskurs	2,4	2.400
Materialaufwand	−500	Durchschnittskurs	2,4	1.200
Abschreibungen	−75	Durchschnittskurs	2,4	−180
Sonstiger betrieblicher Aufwand	−300	Durchschnittskurs	2,4	−720
Jahresüberschuss	*125*		*2,4*	*300*
Umrechnungsdifferenzen				
Umrechnung der Erträge und Aufwendungen zur Umrechnung der Vermögenswerte und Schulden zum Stichtagskurs	125	IAS 21.41(a)	(3−2,4)	75
Umrechnung des Eröffnungswerts des Nettovermögens zum vorherigen Stichtagskurs	300	IAS 21.41(b)	(3−2)	300
Umrechnung der Ausschüttung zur Umrechnung zum Stichtagskurs	−100	IAS 21.41(a)	(2,6−3)	−40
Währungsumrechnungsdifferenz				*335*

zember 2012 wird der Jahresabschluss nach der modifizierten Stichtagskursmethode umgerechnet. Das Eigenkapital wird zum historischen Kurs des Erstkonsolidierungszeitpunktes umgerechnet. Das Eigenkapital betrug zum 1. Januar 2012 T € 300. Der Umrechnungskurs zum 1. Januar 2012 wurde mit T€ 1 = T$ 2 bemessen. Zur Jahreshälfte wurde eine Ausschüttung i. H. v. T€ 100 durchgeführt. Zum Auszahlungszeitpunkt galt ein Kurs von T€ 1 = T$ 2,6. Die Vermögenswerte und Schulden werden mit dem Stichtagskurs umgerechnet. Zum Jahresende ist der Kurs auf T€ 1 = T$ 3 angestiegen. Aus Vereinfachungsgründen wird für die Umrechnung der Aufwendungen und Erträge der Jahresdurchschnittskurs verwendet. Der Durchschnittskurs für das Jahr 2012 beträgt T€ 1 = T$ 2,4. Die Umrechnungsdifferenzen werden erfolgsneutral behandelt und innerhalb des Eigenkapitals gesondert ausgewiesen.

4.3.4 Besonderheiten

Sind an der ausländischen Teileinheit auch **konzernfremde Dritte** beteiligt, ist die im Eigenkapital ausgewiesene Umrechnungsdifferenz in einen Konzern- und in einen Minderheitenanteil aufzuspalten.[27]

Bei dem **Abgang einer ausländischen Geschäftseinheit** sind die kumulierten Umrechnungsdifferenzen, die bis zu diesem Zeitpunkt im Eigenkapital abgegrenzt wurden, als Aufwand oder Ertrag zu erfassen. Die erfolgswirksame Auflösung erfolgt in der Periode, in der auch der Gewinn oder Verlust aus dem Abgang entsteht.[28] Abgabe i. S. d. IFRS bedeutet vollständige oder teilweise Liquidation, Kapitalrückzahlung oder Betriebsaufgabe. Die Zahlung einer Dividende kann hingegen nur dann als teilweiser Abgang angesehen werden, wenn die Dividende eine Rückzahlung der früheren Investition darstellt, was bspw. dann der Fall ist, wenn sie aus Gewinnen vor dem Unternehmenserwerb gezahlt wird.[29]

4.4 Konzerninterne Geschäfte

Konzerninterne Geschäfte können bereits im Rahmen der vorbereitenden Maßnahmen für die Schulden-, Zwischenergebnis- bzw. Aufwands- und Ertragskonsolidierung aufgedeckt werden. Hierbei sollten sowohl Forderungen und Verbindlichkeiten zwischen den einbezogenen Unternehmen als auch Innenumsätze identifiziert und markiert werden. Um eine fiktive rechtliche Einheit zu schaffen, sind Innenbeziehungen und Zwischenergebnisse aller einbezogenen Unternehmen zu eliminieren.[30]

4.5 Keep in Mind

Die folgenden grundlegenden Aufbereitungsmaßnahmen sind nötig, um den Summenabschluss nach IFRS zu erstellen:

- **Konzerneinheitliche Bilanzierung und Bewertung:** Vorrangig sind die Richtlinien des Mutterunternehmens hinsichtlich auszuübender Wahlrechte und Verwendung des Kontenplans.
- **Abschlussstichtag:** Generell ist der Abschlussstichtag des Mutterunternehmens maßgebend. Sollte dies nicht praktikabel sein, darf ein maximal drei Monate vor oder nach dem Konzernabschlussstichtag des Mutterunternehmens aufgestellter Abschluss eines Tochterunternehmens herangezogen werden. Dieser Abschluss ist um wesentliche Geschäftsvorfälle zu bereinigen.

---

[27] Vgl. Schmidbauer (2004), S. 703 f.
[28] Vgl. IAS 21.48.
[29] Vgl. Küting und Wirth (2003), S. 380.
[30] Hierzu auch das Kapitel 6 zu den sonstigen Konsolidierungsmaßnahmen.

- **Währungsumrechnung:** Die funktionale Währung ist im Wesentlichen die Landeswährung, die den größten Einfluss auf die Geschäftstätigkeit und auf die Aufwendungen und Erträge des Unternehmens hat. Ein vom Mutterunternehmen abhängiges ausländisches Unternehmen kann unter Umständen die Währung der Mutter als funktionale Währung definieren. In abweichender Währung aufgestellte Einzelabschlüsse müssen in die Darstellungswährung des Konzerns überführt werden. Generell werden das Eigenkapital historisch, die sonstigen Bilanzposten zum Stichtagskurs und GuV-Posten zum Durchschnittskurs bzw. bei wesentlichen Transaktionen zum Transaktionskurs umgerechnet. Die entsprechenden Differenzen aus historisch umgerechnetem und jetzigem Wert in der Darstellungswährung werden erfolgsneutral als separater Posten des Eigenkapitals angesetzt (ggf. aufzuspalten in Eigen- und Fremdanteil). Die im Eigenkapital erfassten Währungsumrechnungsdifferenzen werden im Falle des Abgangs einer ausländischen Einheit bzw. eines Teilkonzerns mit ausgewiesenen Währungsumrechnungsdifferenzen erfolgswirksam aufgelöst.
- **Identifizierung bzw. Markierung interner Geschäfte:** Forderungen und Verbindlichkeiten im Verbundbereich sowie Innenumsätze zwischen den einbezogenen Unternehmen sollten bereits im Rahmen der vorbereitenden Maßnahmen zur Konsolidierung identifiziert werden.

4.6 Übungsaufgaben zum Kapitel

Aufgabe 1 Welche wesentlichen Kriterien lassen sich zur Bestimmung der funktionalen Währung einer ausländischen Tochtergesellschaft heranziehen?

Aufgabe 2 Unternehmen A, das die Darstellungswährung € verwendet, erwirbt 100 % der Anteile an Unternehmen B zum 31. Dezember 2012. Dieses berichtet in der funktionalen Währung US-$. Das Ergebnis von B für das Geschäftsjahr 2013 beträgt US-$ 60 und wird zum Durchschnittskurs umgerechnet. Weiterhin erfolgt am 31. Mai 2013 eine Dividendenausschüttung von US-$ 30 zum Transaktionskurs von € 1 = US-$ 1,6. Die Bilanzen des Unternehmens B stellen sich zu den Stichtagen wie in Tab. 4.2 gezeigt dar.
Die Währungskurse zeigen die in Tab. 4.3 dargestellte Entwicklung.
Zunächst ist die Bilanz zum 31. Dezember 2012 in die Darstellungswährung von Unternehmen A zu überführen. Im zweiten Schritt ist die €-Bilanz zum 31. Dezember 2013 zu ermitteln. Hierbei sind die auftretenden Währungsumrechnungsdifferenzen zu buchen und zu erläutern.

4.7 Lösungshinweise

Lösung 1 Im Wesentlichen werden hier die Verkaufspreise und die intern entstandenen Aufwendungen betrachtet. Die Währung mit dem größten Einfluss auf diese Kriterien sollte der funktionalen Währung entsprechen.
Meist werden diese Größen auch in dieser Währung erfasst bzw. die Verkaufspreise werden in dieser Währung ausgewiesen. Erhalten bspw. die Mitarbeiter eine Gehaltsabrechnung in US-$, wird US-$ auch die funktionale Währung sein.

Tab. 4.2 Bilanz des Unternehmens B in funktionaler Währung

Unternehmen B	31.12.2012 in T$	31.12.2013 in T$
Anlagevermögen	400	430
Umlaufvermögen	300	400
Summe Aktiva	*700*	*830*
Gezeichnetes Kapital	50	50
Kapitalrücklage	100	100
Gewinnrücklagen	150	180
Fremdkapital	400	500
Summe Passiva	*700*	*830*

Tab. 4.3 Entwicklung der Währungskurse

	31.12.2012	31.12.2013
Durchschnittskurs	€ 1 = US-$ 1,4	€ 1 = US-$ 1,7
Stichtagskurs	€ 1 = US-$ 1,5	€ 1 = US-$ 2,0

Tab. 4.4 Umrechnung unter Verwendung des Stichtagskurses 1

Unternehmen B	31.12.2012 in T$	Umrechnungskurs	31.12.2012 in T€
Anlagevermögen	400	1,5	266,67
Umlaufvermögen	300	1,5	200
Summe Aktiva	*700*		*466,67*
Gezeichnetes Kapital	50	1,5	33,33
Kapitalrücklage	100	1,5	66,67
Gewinnrücklagen	150	1,5	100
Umrechnungsdifferenzen	–	–	–
Fremdkapital	400	1,5	266,67
Summe Passiva	*700*		*466,67*

Bei der Bestimmung der funktionalen Währung nimmt auch die Beziehung zum Mutterunternehmen eine wichtige Rolle ein. Je enger die wirtschaftlichen Verflechtungen untereinander sind, desto eher kann von einer funktionalen Währung ausgegangen werden, die derjenigen des Mutterunternehmens entspricht.

Lösung 2 Bei der Umrechnung der Bilanz zum 31. Dezember 2012 wird für alle Positionen der Stichtagskurs verwendet, da dieser dem historischen Kurs entspricht und keine Ergebnisse mit dem Durchschnittskurs umzurechnen sind. Die Umrechnung unter Verwendung des Stichtagskurses stellt sich wie in Tab. 4.4 zu sehen dar.

Tab. 4.5 Umrechnung unter Verwendung des Stichtagskurses 2

Unternehmen B	31.12.2013 in T$	Umrechnungskurs	31.12.2013 in T€
Anlagevermögen	430	2	215
Umlaufvermögen	400	2	200
Summe Aktiva	*830*		*415*
Gezeichnetes Kapital	50	1,5	33,33
Kapitalrücklage	100	1,5	66,67
Gewinnrücklagen	180	Mischkurs*	116,54
Umrechnungsdifferenzen	–	–	–51,54
Fremdkapital	500	2	250
Summe Passiva	*830*		*415*

* 150/1,5–30/1,6 + 60/1,7 = 116,53 à Mischkurs von rd. € 1 = US-$ 1,54

Tab. 4.6 Herleitung aus den Einzeldifferenzen

Unternehmen B 31.12.2013	Wert in T$	Wert Stichtag Kurs = 2 in T€	Verwendeter Kurs	Wert Ist in T€	Umrechnungsdifferenz
Gezeichnetes Kapital	50	25	1,5	33,33	–8,33
Kapitalrücklage	100	50	1,5	66,67	–16,67
Gewinnrücklage	180	90	Mischkurs	116,54	–26,54
Anfangsbestand	150	75	1,5	100	–25
Ausschüttung	–30	–15	1,6	–18,75	3,75
Ergebnis	60	30	1,7	35,29	–5,29
Gesamt	*330*	*165*		*216,54*	*–51,54*

Zum 31. Dezember 2013 existiert ein neuer Stichtagskurs, zu dem Aktiva und Fremdkapital umgerechnet werden. Der Anfangsbestand des Eigenkapitals wird zum historischen Kurs umgerechnet. Für die Umrechnung der Dividendenausschüttung muss der Transaktionskurs und für das Ergebnis der Durchschnittskurs verwendet werden. Der Differenzbetrag entspricht den Währungsumrechnungsdifferenzen (S. Tab. 4.5).

Die Währungsumrechnungsdifferenzen können auch aus den Einzeldifferenzen im Eigenkapital hergeleitet werden (siehe Tab. 4.6).

Unternehmenszusammenschlüsse und Kapitalkonsolidierung (IFRS 3) 5

5.1 Kontrollkonzept und Anwendungsbereich

IFRS 3 beinhaltet Regelungen und Bilanzierungsvorschriften für Unternehmenszusammenschlüsse (Business Combinations). Ein Unternehmenszusammenschluss stellt ein Ereignis dar, in dessen Rahmen ein Erwerber die Kontrolle über einen oder mehrere Geschäftsbetriebe erlangt. Unter einem Geschäftsbetrieb ist eine integrierte Gruppe von Tätigkeiten und Vermögenswerten, mit deren Hilfe eine Rendite für Investoren oder andere Eigentümer erwirtschaftet werden soll, zu verstehen.[1]

Unternehmenszusammenschlüsse können auf unterschiedliche Weise ausgestaltet sein. Eine grundsätzliche Unterscheidung kann anhand der Erwerbsart vorgenommen werden. Hierbei lassen sich die in Abb. 5.1 gezeigten Ausgestaltungsformen unterscheiden.

Eine Form des Unternehmenskaufes, bei dem sich der Kauf auf sämtliche Wirtschaftsgüter (Assets) und ggf. Schulden bezieht, die der Käufer durch Einzelrechtsnachfolge übernimmt, ist der Asset Deal. Die Übernahme im Rahmen einer Gesamtrechtsnachfolge wird dabei als Fusion bezeichnet. Beim Share Deal erwirbt der Käufer dagegen die Anteile an der zum Verkauf stehenden Gesellschaft. Der Unternehmenszusammenschluss als Asset Deal oder Fusion zieht keine Konsolidierungspflicht nach sich, da kein Mutter-Tochter-Verhältnis entsteht. Der Erwerb erstreckt sich nicht auf das Kapital des Erworbenen, sondern auf dessen Vermögenswerte und ggf. Schulden. Durch die Übernahme in Form eines Share Deals erlangt der Erwerber hingegen die Beherrschung über den Erworbenen. Es entsteht eine Mutter-Tochter-Beziehung, die eine Einbeziehungspflicht in den Konzernabschluss bestimmt.[2]

Gemäß IFRS 3 ist für sämtliche Unternehmenszusammenschlüsse und Akquisitionen die **Erwerbsmethode** (Purchase Method) anzuwenden. Der Grundgedanke der Erwerbsmethode unterstellt, dass der Erwerber die Vermögenswerte und Schulden des Erwor-

---

[1] Vgl. IFRS 3.A.
[2] Vgl. Pellens et al. (2011, S. 725 f.).

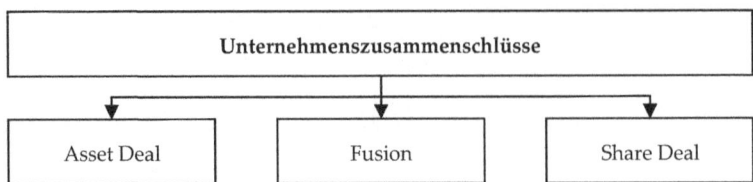

Abb. 5.1 Formen von Unternehmenszusammenschlüssen. (Quelle: In Anlehnung an Pellens et al. (2011), S. 725)

benen erwirbt. Der bisher verwendete Begriff Purchase Method wurde im Rahmen der Überarbeitung des IFRS 3 (rev. 2008) durch **Acquisition Method (Akquisitionsmethode)** ersetzt. Der Begriff unterstreicht, dass ein Unternehmenszusammenschluss nicht nur durch den Erwerb, sondern auch durch andersartige Erlangung von Kontrolle ausgelöst werden kann. Im Weiteren wird vereinfachend von der Erwerbsmethode gesprochen.

5.1.1 Grundlagen und Vorgehen

Die Erwerbsmethode setzt die grundlegende Prämisse, dass bei jedem Unternehmenszusammenschluss ein **Käufer identifiziert** wird.[3] Dieser erwirbt unter der Fiktion des **Einzelerwerbes** während der Akquisition das Nettoreinvermögen und bilanziert sämtliche Vermögenswerte und Schulden des erworbenen Unternehmens sowie zusätzlich zu aktivierende immaterielle Vermögenswerte und zu passivierende Eventualverbindlichkeiten. Zusätzlich sind auch alle **nicht beherrschenden Anteile** an dem erworbenen Unternehmen zu berücksichtigen. Die Kapitalkonsolidierung erfolgt aus der Perspektive des Käufers und beinhaltet folgende Schritte:[4]

- Die Identifikation des Erwerbers.
- Die Bestimmung des Erwerbszeitpunktes.
- Die Ermittlung der Anschaffungskosten für den Erwerb des Tochterunternehmens.
- Die Identifikation der in der Bilanz des erworbenen Unternehmens nicht bilanzierten, aber im Rahmen des Erwerbes ansatzfähigen Vermögenswerte und Schulden (Kaufpreisallokation i. w. S.).
- Die Bewertung sämtlicher identifizierter Vermögenswerte, Schulden und Eventualverbindlichkeiten zum beizulegenden Zeitwert sowie aller nicht beherrschenden Anteile an dem erworbenen Unternehmen (Kaufpreisallokation im engeren Sinne). Abweichend hiervon erfolgt bei Held for Sale klassifizierten Vermögenswerten eine Bewertung zum höheren Wert aus Fair Value abzüglich der Veräußerungskosten und gegenwärtigem Buchwert.
- Die Ermittlung des Minderheitenpostens und des Unterschiedsbetrages (positiver oder negativer Unterschiedsbetrag). Bei Vorliegen eines negativen Unterschiedsbetrages

---

[3] Vgl. IFRS 3.6.
[4] Vgl. IFRS 3.5 i. V. m. IFRS 3.37.

muss die Werthaltigkeit der ermittelten Fair Values erneut geprüft und ein anschließend verbleibender Restbetrag über die GuV aufgelöst werden.

Nach Umsetzung dieser Schritte kann im Anschluss mit der Konsolidierung begonnen werden.

5.1.2 Erwerbsmethode

Die Erwerbsmethode kennt grundsätzlich zwei Ausprägungen: die **Neubewertungsmethode** und die **Buchwertmethode**. Der Unterschied zwischen beiden Methoden liegt in der Behandlung der **Minderheitenanteile**. Während die Neubewertungsmethode grundsätzlich alle stillen Reserven und stillen Lasten zum Zeitpunkt der Akquisition unabhängig von der Beteiligungsquote der Muttergesellschaft aufdeckt, sieht die Buchwertmethode lediglich ein Aufdecken der stillen Reserven und Lasten vor, die auf den vom Mutterunternehmen erworbenen Anteil des Tochterunternehmens entfallen.[5] Somit kommt es bei der Berechnung des Ausgleichspostens für die Anteile anderer Gesellschaften im Eigenkapital zu abweichenden Werten. Nach der Neubewertungsmethode entsprechen die Minderheiten am Kapital dem auf deren Anteile entfallenden zeitbewerteten Nettoreinvermögen zum Erstkonsolidierungszeitpunkt. Die Buchwertmethode setzt zur Berechnung auf den Buchwert des auf Fremde entfallenden Eigenkapitals zum Erstkonsolidierungszeitpunkt auf. Die Folge ist, dass der Minderheitenausweis nach der Neubewertungsmethode und der Betrag der auf Minderheiten entfallenden aufgedeckten stillen Reserven und Lasten tendenziell höher ausfallen als nach der Buchwertmethode.[6]

Ein Anwendungswahlrecht besteht lediglich für die **Neubewertungsmethode.** Im Sinne des IASB ist hierunter die unbegrenzte Neubewertungsmethode zu verstehen. Das bedeutet, dass das Nettoreinvermögen nach der Bewertung zum Fair Value die Anschaffungskosten der Anteile übersteigt und somit einen sofort erfolgswirksam zu vereinnahmenden negativen Unterschiedsbetrag verursachen darf.[7]

▶ **Hinweis** Der Vorgängerstandard (IAS 22 (2004) wurde von IFRS 3 ersetzt) gewährte in diesem Zusammenhang ein Wahlrecht und ließ die Buchwertmethode als Benchmark Treatment und die Neubewertungsmethode als Allowed Alternative Treatment zu.
Bilanzpolitisch war die Ausübung des abgeschafften Wahlrechtes zwischen Buchwert- und Neubewertungsmethode durchaus interessant. Die durch IFRS 3 zwingend vorgeschriebene zusätzliche Aufdeckung der auf Minderheiten entfallenden stillen Reserven führt in den Folgeperioden tendenziell zu einer

---

[5] Vgl. Pellens et al. (2011, S. 740 ff.).
[6] Diese Aussage basiert auf den Annahmen, dass ein Unternehmen nicht zu 100 % erworben wurde und dass mehr stille Reserven als stille Lasten vorhanden sind.
[7] Vgl. IFRS 3.56.

stärkeren Belastung von Ergebnissteuerungsgrößen, wie Betriebsergebnis oder EBIT (Earnings Before Interest and Taxes). Hervorgerufen wird dieser Effekt durch die zusätzlich auf den Minderheitenanteil der stillen Reserven vorzunehmenden Abschreibungen, die in den genannten Ergebnisgrößen aufgrund des einheitstheoretischen Ansatzes noch enthalten sind. Durch die Abschaffung der Buchwertmethode wurde den Unternehmen somit eine Möglichkeit der bilanzpolitischen Ergebnisbeeinflussung genommen.

Nach IFRS 3 ist neben der Neubewertungsmethode auch die sog. **Full-Goodwill-Methode** anwendbar. Diese ist grundsätzlich als Erweiterung der Neubewertungsmethode zu verstehen. Im Rahmen der Full-Goodwill-Methode erfolgt nicht nur eine Neubewertung des den Minderheiten zustehenden Nettovermögens, sondern auch die **Erfassung des Minderheiten-Goodwills** in der Konzernbilanz. Methodisch ist bei einem Anteilserwerb von weniger als 100 % eine Anwendung der Methode möglich, da sie neben der vollständigen Aufdeckung von stillen Reserven und Lasten auch den Ansatz eines Goodwills, der sich bei einem Erwerb von 100 % der Anteile ergeben würde, vorsieht.[8] Das bedeutet, es erfolgt auch für die Fremdanteile der Ansatz eines pagatorisch nicht abgesicherten Goodwills in der Konzernbilanz. Die Bewertung der Fremdanteile zum Fair Value führt zum Ausweis des **Full Goodwill**, der dann anteilig auch die auf die Fremdanteile entfallenden Goodwill-Bestandteile enthält.[9]

Während die Buchwertmethode stark **interessentheoretisch** ausgestaltet und die Neubewertungsmethode **einheitstheoretisch** geprägt ist, stellt die Full-Goodwill-Methode einheitstheoretisch die äußerste Grenze dar.[10]

> **Beispiel**
>
> Das Unternehmen P zahlt T€ 800, um 80 % der Aktien von der S AG zu erwerben. Der beizulegende Zweitwert von 100 % des identifizierbaren Nettovermögens von S beträgt T€ 600. Wenn P sich entscheidet, die nicht beherrschenden Anteile zum proportionalen Anteil am Nettovermögen von S mit T€ 120 zu bewerten (20 % × T€ 600), zeigt sich im Konzernabschluss ein Geschäfts- oder Firmenwert von T€ 320 (T€ 800 + T€ 120 – T€ 600). Entscheidet sich P, die nicht beherrschenden Anteile zum beizulegenden Zeitwert zu bewerten, und der beizulegende Zeitwert beträgt T€ 185, dann ist ein Geschäfts- oder Firmenwert von T€ 385 anzusetzen (T€ 800 + T€ 185 – T€ 600). Der beizulegende Zeitwert der 20 % nicht beherrschenden Anteile von S entsprechen nicht notwendigerweise anteilig dem Preis, den P für seine 80 % gezahlt hat. Dies wäre hauptsächlich auf Aufschläge für die Erlangung von Kontrolle oder Nachlässe für Kontrollverlust zurückzuführen wie in § B45 von IFRS 3.19 erläutert wird.

---

[8] Vgl. Brücks und Richter (2005, S. 408).
[9] Vgl. Baetge et al. (2009, S. 221).
[10] Vgl. Pellens et al. (2011, S. 742).

5.1.3 Identifizierung eines Erwerbers

Um die Erwerbsmethode durchzuführen, ist es vorab notwendig, einen Käufer innerhalb der Business Combination zu bestimmen, aus dessen Perspektive die Erstkonsolidierung erfolgt.[11] Da bei der Bestimmung nicht auf die rechtliche, sondern auf die wirtschaftliche Sicht abgestellt wird, hat das IASB in IFRS 3 Vorschriften zur Bestimmung des Käufers formuliert.[12] Hiernach bestimmt sich der Erwerber als derjenige, der die **Beherrschung**[13] über die anderen involvierten Unternehmen erlangt.[14] In der Regel wird die Bestimmung eindeutig ausfallen, da im Regelfall der rechtliche identisch mit dem wirtschaftlichen Erwerber ist.

In Fällen, in denen ein Erwerber nicht eindeutig identifiziert werden kann, d. h., das Kontrollkriterium von IFRS 10/IAS 27 (2008) liefert keine eindeutige Identifikation, bspw. bei einem Zusammenschluss formal gleichberechtigter Unternehmen (sog. Mergers of Equals) durch Gründung eines neuen Unternehmens, sind ergänzend folgende **Indikatoren** maßgebend:[15]

- Ist der Unternehmenswert der einen Gesellschaft signifikant höher als der der anderen, gilt die Gesellschaft mit dem höheren Unternehmenswert als Erwerber.
- Erfolgt ein Unternehmenszusammenschluss durch Tausch von stimmberechtigten Aktien gegen Zahlungsmittel oder andere Vermögenswerte, gilt als Erwerber die Gesellschaft, die eine Gegenleistung in Form von Geld- oder Sachleistungen erbringt.
- Wenn das Management einer Gesellschaft die Besetzung des Managements nach dem Unternehmenszusammenschluss bestimmen kann, gilt diese Gesellschaft als Erwerber.
- Sollten im Rahmen der Zahlung Schulden übernommen werden, gilt die Partei, die die Schulden übernimmt, als Erwerber.

Besondere Beachtung finden Unternehmenszusammenschlüsse, in deren Rahmen ein **Austausch von Eigenkapitalanteilen** erfolgt. Vornehmlich bei solchen Unternehmenszusammenschlüssen kann der rechtliche Käufer vom wirtschaftlichen abweichen.[16]

Soweit der Kaufpreis in Form von eigenen Aktien des Käufers an die Aktionäre des erworbenen Unternehmens entrichtet wird (**Share Deal**), gilt das Unternehmen als Erwerber, das die Aktien emittiert.[17] Dennoch ist eine Detailprüfung des Sachverhalts unter Berücksichtigung aller Begleitumstände der Unternehmenszusammenschlüsse unumgänglich.

---

[11] Vgl. IFRS 3.6.
[12] Diese wirtschaftliche Betrachtung bei der Bestimmung des Käufers folgt dem im Framework fixierten Grundsatz: *Substance over Form*.
[13] IFRS 3.7 verweist auf den Kontrollbegriff i. S. v. IAS 27 (2008)/IFRS 10.
[14] Vgl. IFRS 3.8.
[15] Vgl. IFRS 3.B13; IFRS 3.B14–18.
[16] Vgl. Brune et al. (2004), Rz. 210.
[17] Vgl. IFRS 3.B15.

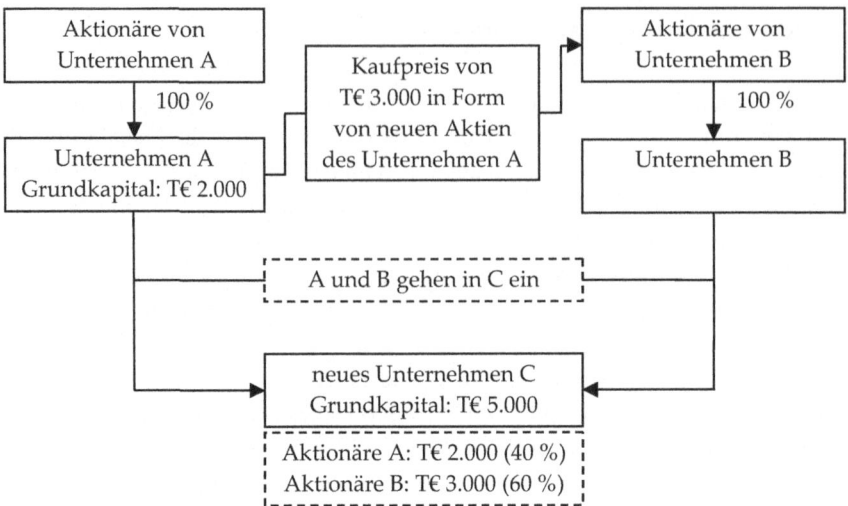

Abb. 5.2 Fallstudie zur Reverse Acquisition

Der sog. **umgekehrte Unternehmenserwerb (Reverse Acquisition)** stellt einen besonderen Fall der Bestimmung des Erwerbers dar. Werden z. B. die vom erwerbenden Unternehmen als Kaufpreis zu übertragenden Anteile durch eine Kapitalerhöhung neu geschaffen, so kann das formalrechtlich erwerbende Unternehmen wirtschaftlich als erworbenes Unternehmen aufgefasst werden. Diese Vorgehensweise ist möglich, wenn mehr Aktien als Gegenleistung für den Unternehmenserwerb neu emittiert werden, als bislang vorhanden waren. Folgerichtig werden bei einer Reverse Acquisition die Aktiva und Passiva des formalrechtlichen Erwerbers in der Konzernbilanz zum Fair Value bewertet und das Eigenkapital eliminiert.[18]

5.1.4 Fallstudie zur Reverse Acquisition

Unternehmen A besitzt ein Grundkapital von T€ 2.000 und führt eine Kapitalerhöhung um T€ 3.000 durch, um diese neu ausgegebenen Aktien als Transaktionswährung zum Kauf von Unternehmen B zu verwenden. Beide Unternehmen bilden anschließend das neue Unternehmen C, an welchem die ursprünglichen Aktionäre des rechtlichen Käufers (Unternehmen A) zu 40 % und die ursprünglichen Aktionäre des rechtlich Erworbenen (Unternehmen B) zu 60 % beteiligt sind. Somit ergibt sich eine Abweichung zwischen rechtlichem Käufer (Unternehmen A) und dem aus wirtschaftlicher Sicht betrachteten Erwerber (Unternehmen B). Die Aktionäre von Unternehmen B haben einen beherrschenden Einfluss über das neue Unternehmen C und gelten nach IFRS 3.B15 bilanziell folglich als Erwerber (siehe auch Abb. 5.2).

---

[18] Vgl. IFRS 3.B19–27; Pellens et al. (2011, S. 750).

Ein typischer Anlass einer Reverse Acquisition ist bspw. das Bestreben eines großen, nicht börsennotierten Unternehmens, durch den Kauf eines kleinen, börsennotierten Unternehmens ein kostengünstiges Börsenlisting zu erlangen.[19]

5.2 Erstkonsolidierung

Grundlage der Erstkonsolidierung ist der Einzelabschluss des erworbenen Tochterunternehmens, der zu beizulegenden Zeitwerten zu bewerten ist (Neubewertungsbilanz). Im ersten Schritt wird der Kaufpreis ermittelt und anschließend eine Verteilung auf die Aktiva und Passiva des Tochterunternehmens sowie auf die möglicherweise durch die Akquisition zusätzlich zu bilanzierenden Vermögenswerte und Schulden vorgenommen. Im Anschluss wird der Beteiligungsbuchwert (Kaufpreis) zum Erwerbszeitpunkt mit dem anteilig erworbenen Eigenkapital des Tochterunternehmens verrechnet. Im Regelfall verbleibt ein **Unterschiedsbetrag** zwischen dem Beteiligungsbuchwert und dem neubewerteten Eigenkapital. Eine **positive Differenz** (Goodwill bzw. Geschäfts- oder Firmenwert) wird gemäß IFRS 3.32 als immaterieller Vermögensgegenstand aktiviert. Sollte im Rahmen der Konsolidierung ein **negativer Unterschiedsbetrag** (Badwill bzw. Bargain Purchase) entstehen, könnte bspw. ein Bewertungsfehler bei den Anschaffungskosten eine mögliche Ursache darstellen. Zudem könnte es zu einer Unterschätzung von stillen Lasten oder zu einer Überschätzung stiller Reserven gekommen sein.

5.2.1 Kaufpreisermittlung

Ein Unternehmenserwerb ist stets mit seinen Anschaffungskosten zu bilanzieren. Diese ergeben sich aus dem beizulegenden Zeitwert der als Gegenleistung ausgegebenen Eigenkapitalinstrumente und Vermögenswerte bzw. der als Gegenleistung entstandenen Schulden.[20] Anschaffungsnebenkosten sind unmittelbar als Aufwand zu erfassen.[21]

IFRS 3.10 regelt, dass zum Erwerbszeitpunkt alle identifizierten Vermögenswerte, Schulden und die ggf. nicht beherrschenden Anteile an dem erworbenen Unternehmen getrennt vom Geschäfts- oder Firmenwert anzusetzen sind.[22] Die erworbenen Gegenstände müssen grundsätzlich die Ansatzbedingungen des IFRS 3.11 erfüllen und im Rahmen des Unternehmenszusammenschlusses identifizierbar sein.[23] Gemäß IFRS 3.18 ist bei einem Unternehmenserwerb die Bewertung der Vermögenswerte und Schulden mit ihren beizulegenden Zeitwerten zum Erwerbszeitpunkt vorzunehmen.[24] Vermögenswerte und

---

[19] Vgl. Pellens et al. (2011, S. 750).
[20] Vgl. IFRS 3.37.
[21] Vgl. IFRS 3.53.
[22] Vgl. IFRS 3.10.
[23] Vgl. IFRS 3.11, IFRS 3.12.
[24] Vgl. IFRS 3.18.

Schulden, die vor Übernahme mit von ihren Fair Value abweichenden Buchwerten bilanziert wurden, sind zum Erwerbszeitpunkt mit ihren beizulegenden Zeitwerten neu zu bewerten. Hieraus entstehende Bewertungsgewinne oder -verluste sind erfolgswirksam zu buchen. Sollten die Vermögensgegenstände und Schulden jedoch weiterhin aus Konzernsicht kontrolliert werden, ist eine Neubewertung gemäß IFRS 3.38 ausgeschlossen.[25]

5.2.1.1 Erwerbszeitpunkt

Unter dem Erwerbszeitpunkt ist der Zeitpunkt zu verstehen, an dem der Erwerber die Beherrschung über das erworbene Unternehmen erlangt. Die Bewertung erfolgt zum **Zeitpunkt der Transaktion** (Date of Exchange), also zu dem Zeitpunkt, zu dem die Beteiligung im Einzelabschluss des Mutterunternehmens aktiviert wird. Dieser stimmt im Falle einer einzelnen Transaktion mit dem Akquisitionszeitpunkt (Date of Acquisition) und der zu diesem Zeitpunkt erlangten Beherrschungsmöglichkeit überein.[26]

Handelt es sich um einen sukzessiven Erwerb, dann zerfällt der Zusammenschluss in mehrere Tauschvorgänge, die zu unterschiedlichen Zeitpunkten stattfinden. In diesem Fall bestehen die gesamten Anschaffungskosten aus den summierten Anschaffungskosten der zuvor erworbenen Tranchen.[27] Dementsprechend wird nur die Tranche, die zu der Beherrschungsmöglichkeit führt, zum Akquisitionszeitpunkt bewertet.

Grundsätzlich kann das Erwerbsdatum auch **vor dem Akquisitionszeitpunkt** liegen. Sind bspw. vor der Zahlung bereits schriftliche Vereinbarungen getroffen worden, die eine Beherrschungsmöglichkeit vorsehen, liegt auch das Erwerbsdatum vor der Zahlung. Der Zeitpunkt des Erwerbes ist maßgeblich für die Ermittlung des Fair Value.[28]

5.2.1.2 Bewertung von ausgegebenen Eigenkapitalinstrumenten

Für den Fall, dass der Erwerber die Gegenleistung für den Anteilserwerb durch die Ausgabe börsengängiger Eigenkapitalinstrumente erbringt, sind die Eigenkapitalinstrumente für die Bestimmung der Anschaffungskosten grundsätzlich mit dem **Börsenkurs** zu bewerten. Im Regelfall sollte es den Transaktionspartnern möglich sein, einen objektiven Wert anzusetzen, da hinsichtlich des Kaufpreises ausgiebige Verhandlungen geführt wurden. Ein Abschlag auf den Börsenkurs könnte dennoch sinnvoll sein, da eine wesentliche Kapitalerhöhung in einem vollkommenen Markt einen negativen Effekt auf den Kurs haben kann. Dieser Zusammenhang ist jedoch nicht im Regelwerk des IFRS 3 festgehalten.[29] Für den Fall, dass das betreffende Kapitalmarktsegment nicht ausreichend liquide ist und der Börsenkurs damit zu einem unzuverlässigen Indikator wird, sind andere Bewertungsmethoden heranzuziehen.

---

[25] Vgl. IFRS 3.38; Pellens et al. (2011, S. 755 f.).
[26] Vgl. Pellens et al. (2011, S. 751).
[27] Vgl. IFRS 3.41; Pellens et al. (2011, S. 757).
[28] Vgl. Pellens et al. (2011, S. 751).
[29] Vgl. Epstein und Mirza (2004, S. 455).

5.2 Erstkonsolidierung

Das Auftreten außergewöhnlicher **Kursschwankungen** ist nicht ausreichend, um den Fair Value abweichend vom Börsenkurs zu ermitteln. Nach IFRS 3 ist es untersagt, für die Kaufpreisfindung den **Durchschnitt des Börsenkurses** in einem adäquaten Zeitraum zu berechnen.[30]

Besteht **kein aktiver Markt** oder ist keine Börsennotierung vorhanden, wird der beizulegende Zeitwert der Eigenkapitalinstrumente mit Hilfe von Bewertungsmethoden ermittelt. Eine Methode ist z. B., die ausgegebenen Anteile quotal in Abhängigkeit des Gesamtunternehmenswertes des Käufers oder auch des Erworbenen zu dotieren. Die Voraussetzung dafür ist, dass ein Unternehmenswert zuverlässig ermittelbar ist. Wird den Anteilseignern des erworbenen Unternehmens als Alternative zur Ausgabe von Eigenkapitalinstrumenten hingegen eine Barabfindung für den Unternehmenserwerb angeboten, kann diese Gegenleistung zur Ermittlung des beizulegenden Zeitwertes herangezogen werden. Ist der beizulegende Zeitwert dennoch nicht verlässlich bestimmbar, erfolgt die Bewertung gemäß IAS 39/IFRS 9 zu Anschaffungskosten.[31]

5.2.1.3 Aktienoptionsprogramme

Eine Aktienoption ist ein Vertrag, der den Inhaber berechtigt, aber nicht verpflichtet, die Aktien des Unternehmens während eines bestimmten Zeitraumes zu einem festen oder bestimmbaren Preis zu kaufen.

Praxisbeispiel

In der Praxis bieten viele Unternehmen ihren Mitarbeitern den Erwerb von Aktienoptionen an. Der Mitarbeiter erhält dadurch das Recht, Aktien seines Arbeitgebers zu einem späteren Zeitpunkt zu einem vorab festgelegten Preis zu kaufen.

Gelegentlich werden die Aktienoptionsprogramme des Erwerbers gegen die von den Mitarbeitern des erworbenen Unternehmens gehaltenen Prämien ausgetauscht. Solche Änderungen sind in Übereinstimmung mit dem Regelwerk des IFRS 2 zu behandeln. Können die Mitarbeiter des erworbenen Unternehmens einen Umtausch durchsetzen, sind die daraus resultierenden Kosten vom Erwerber zu tragen und als Anschaffungskosten der Beteiligung zu berücksichtigen.[32] Detailfragen sind in IFRS 3.B56–62 geregelt.

5.2.1.4 Anschaffungsnebenkosten

Während die Kosten für die Emission von Schuldinstrumenten nach IAS 39/IFRS 9 und die Kosten für die Emission von Eigenkapitalinstrumenten nach IAS 32 bilanziert werden, sind alle anderen erwerbsbezogenen Aufwendungen als Aufwand zu erfassen. Beispiele hierzu sind[33]

---

[30] Vgl. Brune et al. (2004), Rz. 213; Küting und Wirth (2001, S. 1191).
[31] Vgl. IAS 39.46(c).
[32] Vgl. Pellens et al. (2011, S. 751).
[33] Vgl. IFRS 3.53.

- Vermittlungsprovisionen,
- Bilanzierungs-, Bewertungs-, Rechts- und andere Fachberatungskosten,
- allgemeine Verwaltungskosten einschließlich der Kosten für den Unterhalt einer Akquisitionsabteilung.

Kosten für die Bereitstellung von Fremdkapital und für die Ausgabe von Eigenkapitaltiteln dürfen ebenfalls nicht in die Anschaffungskosten des Unternehmenserwerbes einbezogen werden. Diese sind im Rahmen der erstmaligen Bewertung der Verbindlichkeit vom Erlös der Kapitalerhöhung in Abzug zu bringen.[34]

5.2.1.5 Bedingte Kaufpreiszahlungen

Besteht eine Vereinbarung, die die Zahlung bestimmter Kaufpreiskomponenten an das Eintreten künftiger Ereignisse knüpft (**Earn-out-Klausel**), dann sind die aus solchen bedingten Gegenleistungen resultierenden Anpassungen zum Erwerbszeitpunkt mit dem Fair Value zu berücksichtigen.[35] Nachträgliche Kaufpreisanpassungen können bspw. in Abhängigkeit vom Börsenkurs der ausgegebenen Anteile oder in Anlehnung an die Ergebnisentwicklung eines der beteiligten Unternehmen vereinbart werden. Häufig wird auch eine Eigenkapitalgarantie zum Übergangszeitpunkt vereinbart.

Entsteht eine zukünftige Verpflichtung, ist diese gemäß IAS 32 entweder als Schuld oder als Eigenkapitalinstrument zu erfassen.[36] Ein Vermögensgegenstand ist für eine eventuelle spätere Zahlung an den Erwerber zu erfassen. Werden Zielvereinbarungen erreicht, sind die als Eigenkapital deklarierten Verpflichtungen nicht neu zu bewerten, sondern bei einer späteren Begleichung im Eigenkapital zu verrechnen.

Gemäß IFRS 3.58 sind als Verbindlichkeiten ausgewiesene Zahlungsverpflichtungen entweder nach IAS 39/IFRS 9 zum Fair Value, IAS 37 oder einem anderen Standard zu behandeln.[37]

▶ **Praxistipp** Häufig treten Vereinbarungen in Form von Ausgleichszahlungen auf, d. h., dass bei Vorliegen einer günstigen Ergebnisentwicklung der akquirierten Einheit der Käufer einen zusätzlichen Kaufpreis an den Verkäufer entrichten muss. Umgekehrt ist der Verkäufer verpflichtet dem Erwerber eine Ausgleichszahlung zukommen zu leisten, wenn die prognostizierte Ergebnisentwicklung nicht eintritt.[38] Auf diesem Wege teilen sich beide Vertragsparteien die Chancen und Risiken.

---

[34] Vgl. IFRS 3.30 f.
[35] Vgl. IFRS 3.39.
[36] Vgl. IAS 32.11.
[37] Vgl. Pellens et al. (2011, S. 756).
[38] Vgl. Küting und Wirth (2001, S. 1193).

Sollten die zugrunde gelegten und über entsprechende Werte in den Kaufpreis eingeflossenen **Prämissen später nicht eintreten** und sich der beizulegende Zeitwert aufgrund neuer Informationen über den Erwerbszeitpunkt ändern, ist eine nachträgliche Anpassung durchzuführen. Entsprechende Änderungen werden als „**Berichtigungen innerhalb des Bewertungszeitraums bezeichnet**" und nach IFRS 3.45–49 behandelt.[39]

Ferner ist denkbar, dass die **Bedingung an den Wert der Gegenleistung für das Tochterunternehmen anknüpft**. Unter diesen Umständen werden die Anschaffungskosten des Tochterunternehmens nicht berührt, d. h., es handelt sich nicht um bedingte Anschaffungskosten. Eine mögliche Ausprägung ist eine von Seiten des Erwerbers gegebene Wertgarantie hinsichtlich der als Gegenleistung ausgegebenen Anteile. Aufgrund von Kursverlusten kann somit die Notwendigkeit entstehen, zusätzliche Wertpapiere auszugeben oder eine Zahlung in sonstiger Form zu tätigen. Eine solche Vereinbarung wird z. B. getroffen, um den Verkäufer nicht schlechter zu stellen als bei einem Barverkauf, und damit dieser eine Kaufpreisentrichtung über Eigenkapitalinstrumente nicht aufgrund der Risiken der zukünftigen Aktienkursentwicklung ablehnen muss.[40]

5.2.2 Allokation des Kaufpreises

Vor Durchführung der tatsächlichen Aufrechnung sind die ermittelten Anschaffungskosten der Akquisition auf die einzelnen Aktiv- und Schuldposten zu verteilen.

Ziel der Kaufpreisverteilung ist die Erstellung einer **Fair-Value-Bilanz** des akquirierten Unternehmens, d. h., der Einzelabschluss des erworbenen Tochterunternehmens wird auf vorhandene stille Reserven und stille Lasten geprüft und durch Aufdeckung dieser neu bewertet. Vor der Neubewertung der akquirierten Aktiva und Passiva zum Fair Value bedarf es der Identifikation und der Bestimmung der verbleibenden wirtschaftlichen Nutzungsdauer von Posten, die nach vollzogener Akquisition erstmalig angesetzt werden.

Die Kaufpreisverteilung erfolgt generell in folgenden Schritten:

- Identifikation von evtl. vorhandenen, getrennt zu analysierenden Berichtseinheiten.
- Identifikation der anzusetzenden Vermögenswerte, Schulden, Eventualverbindlichkeiten und der ggf. nicht beherrschenden Anteile innerhalb der einzelnen Einheit.
- Bewertung der identifizierten Posten zum Fair Value.

5.2.2.1 Trennung des erworbenen Unternehmens in Berichtseinheiten

Insbesondere bei größeren Akquisitionen, wie Unternehmensgruppen, wird regelmäßig eine Aufteilung des erworbenen Unternehmens in Berichtseinheiten bzw. Teilkonzerne vorgenommen. Für jede Einheit wird im Anschluss eine **separate Kaufpreisverteilung** durchgeführt. Dementsprechend muss eine Allokation des Kaufpreises und des Eigenka-

---

[39] Vgl. Pellens et al. (2011, S. 757).
[40] Vgl. Küting und Wirth (2001, S. 1194).

pitals auf die einzelnen Berichtseinheiten vorgenommen werden. Anschließend werden separat für jede Berichtseinheit die anzusetzenden Vermögenswerte, Schulden und Eventualverbindlichkeiten identifiziert und bewertet.

Durch diese Vorgehensweise entsteht nach Aufrechnung von anteiligem Kaufpreis und Eigenkapital ein Unterschiedsbetrag je Einheit. Eine Saldierung der jeweiligen Unterschiedsbeträge ist nicht vorgesehen. Aus diesem Grund besteht die Möglichkeit, dass eine Berichtseinheit einen als Ertrag zu buchenden negativen Unterschiedsbetrag ausweist, während in einer anderen Einheit ein Goodwill entstehen kann. Diese Aufteilung kann verursachen, dass sich ein höherer Gesamt-Goodwill ergibt, da evtl. vorhandene negative Unterschiedsbeträge nach Auflösung nicht mindernd auf die Goodwills anderer Berichtseinheiten wirken, wie es bei einer integrierten Kaufpreisverteilung der Fall wäre.

Die Aufteilung des erworbenen Unternehmens in Berichtseinheiten ist vor allem für die abschließende Allokation der Goodwills und im Rahmen eines eventuellen Push-Down Accounting sinnvoll bzw. notwendig. Hierunter wird grundsätzlich die Übernahme der neuen Bilanzierungsansätze und Bewertungen in die Einzelbilanz des Tochterunternehmens bezeichnet.

In diesem Kontext ist auch die abweichende Behandlung von Unternehmensteilen, die aufgrund von kartellrechtlichen Auflagen oder aus anderen Gründen innerhalb eines Jahres weiterveräußert werden sollen, zu sehen. Diese müssen ebenfalls zum Zeitpunkt der Akquisition neubewertet werden, jedoch nicht zum Fair Value, sondern zum höheren Wert aus Fair Value abzüglich der Veräußerungskosten und derzeitigem Buchwert.[41] Anschließend werden solche Tochterunternehmen bei Erfüllung bestimmter Kriterien als aufzugebender Geschäftsbereich (Discontinued Operation) ausgewiesen. Die Vermögenswerte und Schulden sowie das Ergebnis des betroffenen Bereichs sind getrennt in der Bilanz bzw. GuV auszuweisen. Für Tochterunternehmen, die zum Zweck der Weiterveräußerung innerhalb von zwölf Monaten erworben wurden, besteht gemäß IFRS 5 keine Ausnahme von der Konsolidierungspflicht.[42]

5.2.2.2 Identifizierung der zu bilanzierenden Posten

Neben den allgemeinen Ansatzkriterien von Vermögenswerten und Schulden werden im Rahmen des Identifizierungsprozesses spezielle Einzelposten betrachtet, die besonderen Regelungen des IFRS 3 unterliegen. Nachfolgend wird im ersten Schritt auf die generellen Vorschriften für Vermögenswerte und Schulden eingegangen, um dann die Identifikation ausgewählter Posten genauer zu spezifizieren.

Vermögenswerte (ohne immaterielle Werte)

Ein Vermögenswert wird angesetzt, wenn er bereits zum Zeitpunkt der Akquisition existiert, der zukünftige Nutzen mit einer Wahrscheinlichkeit von mehr als 50 % dem Erwerber zufließt und der Fair Value zuverlässig determinierbar ist.[43] Konkretisieren lässt

---

[41] Vgl. IFRS 5.11 i. V. m. IFRS 5.15.
[42] Vgl. hierzu auch das Kap. 5.4.
[43] Vgl. IFRS 3.15.

sich dieser zukünftige Nutzen vornehmlich durch das Potenzial in Zukunft direkt oder indirekt zum Zufluss von Zahlungsmitteln oder Zahlungsmitteläquivalenten beizutragen. Dies kann bspw. im Rahmen der Leistungserstellung als Produktionsfaktor oder im Tausch gegen andere Vermögensgegenstände bestehen. Das Potenzial kann auch in der Fähigkeit bestehen, den Mittelabfluss zu verringern, indem z. B. ein neues Herstellungsverfahren die Produktionskosten vermindert. Forderungen, die vom Eintritt zukünftiger Ereignisse abhängig sind, sind nicht ansetzbar.[44]

Immaterielle Vermögenswerte
Die erworbenen Vermögensgegenstände beinhalten häufig auch immaterielle Vermögenswerte. Diese sind vom Erwerber anzusetzen, sofern sie identifizierbar sind. Ein immaterieller Vermögenswert ist identifizierbar, wenn er entweder das Separierbarkeitskriterium oder vertragliche Rechte erfüllt.[45] Unter Separierbarkeit ist i. S. d. IFRS 3.B33 die Möglichkeit zu verstehen, den immateriellen Vermögenswert einzeln oder in Verbindung mit einem zugehörigen Vertrag, einem Vermögenswert oder einer Schuld zu veräußern, zu transferieren, zu vermieten, zu lizenzieren oder auszutauschen. Zudem muss die Wahrscheinlichkeit eines künftigen Nutzenzuflusses gemäß IAS 38.21a[46] vorliegen und der Fair Value zuverlässig ermittelbar sein.[47] Der erwartete Nutzenzufluss gilt bei Unternehmenszusammenschlüssen als erfüllt, da sich die Auswirkungen der Wahrscheinlichkeit in der Bewertung des beizulegenden Zeitwertes des Vermögenswertes widerspiegeln.[48]

Schulden
Eine Schuld stellt eine gegenwärtige Verpflichtung aufgrund von Ereignissen der Vergangenheit dar. Deren Erfüllung führt für das Unternehmen erwartungsgemäß zu einem Ressourcenabfluss, z. B. durch Erbringung einer Leistung, in Form von Liquiditätsabflüssen oder durch Übergabe anderer Vermögenswerte. Eine Schuld wird angesetzt, wenn sie bereits zum Akquisitionszeitpunkt besteht, die Wahrscheinlichkeit, dass zur Ablösung ein Mittelabfluss in Form von zukünftigem Nutzen erfolgen wird, größer als 50 % ist und wenn der Fair Value zuverlässig bestimmbar ist.[49]

Eventualverbindlichkeiten
Eine Eventualverbindlichkeit ist eine mögliche Verpflichtung des Unternehmens, die aus vergangenen Ereignissen resultiert und deren Existenz durch das Eintreten oder Nichteintreten eines oder mehrerer unsicherer künftiger Ereignisse begründet ist, die nicht vollständig im Machtbereich des Unternehmens liegen und noch bestätigt werden müssen.[50]

---

[44] Vgl. IFRS 3.BC276.
[45] Vgl. IFRS 3.B31.
[46] Vgl. IAS 38.21a.
[47] Vgl. IAS 38.35.
[48] Vgl. IAS 38.33.
[49] Vgl. IAS-Framework, Rz. 49 ff.
[50] Vgl. IFRS 3.22.

Ein Erwerber hat eine bei einem Unternehmenszusammenschluss übernommene Eventualverbindlichkeit zum Erwerbszeitpunkt anzusetzen, wenn es sich um eine gegenwärtige Verpflichtung handelt, die aus früheren Ereignissen entstanden ist und deren Fair Value zum Erwerbszeitpunkt verlässlich bestimmt werden kann.[51]

Die Bilanzierung von Eventualverbindlichkeiten richtet sich nach den Vorschriften des IAS 37. Nach IAS 37.27 ist die Passivierung von Eventualschulden nicht zulässig.[52] Lediglich ein Ausweis im Anhang ist vorgeschrieben.[53] Der Ansatz von Eventualverbindlichkeiten im Rahmen von Unternehmenszusammenschlüssen ist aus dem Anwendungsbereich des IAS 37 herausgenommen und richtet sich nach IFRS 3.

Restrukturierungsrückstellungen
Eine Restrukturierungsmaßnahme kann gemäß IAS 37.70 z. B.[54]

- den Verkauf oder die Beendigung eines Geschäftszweiges,
- die Stilllegung oder Umorganisation oder
- den Verkauf von Geschäftszweigen

darstellen.

Eine Restrukturierungsrückstellung darf erst nach Abschluss eines bindenden Vertrages gebildet werden. Bei einer Stilllegung oder Umorganisation kann nur nach Verabschiedung und öffentlicher Ankündigung eine Rückstellung gebildet werden. Die Entscheidung des Vorstandes allein ist nicht ausreichend. Gemäß IFRS 3 ist eine Rückstellung für Restrukturierungsmaßnahmen im Zuge eines Unternehmenserwerbes ansatzfähig, wenn diese bereits beim erworbenen Unternehmen hätte angesetzt werden müssen. Eine weitere Voraussetzung ist, dass deren beizulegender Zeitwert verlässlich bestimmt werden kann.[55] Dementsprechend kann eine Rückstellung nur übernommen werden, wenn sie bereits beim Zielunternehmen nach den Grundsätzen von IAS 37 angesetzt wurde.

Ein Restrukturierungsplan, der bei dem zu erwerbenden Unternehmen besteht, dessen Ausführung jedoch an eine Übernahme gebunden ist und der damit vor der Akquisition keine Berücksichtigung findet, stellt unmittelbar vor der Übernahme keine gegenwärtige Verpflichtung dar. Daraus folgt, dass hier keine Restrukturierungsrückstellung angesetzt werden darf.[56] Ebenfalls diskutiert wurde der Ansatz einer Eventualschuld für diesen Sachverhalt. Hier wird jedoch nach Meinung des IASB das Kriterium verfehlt, dass künftige Er-

---

[51] Vgl. IFRS 3.23.
[52] Vgl. IAS 37.27.
[53] Ein neuer Entwurf ED IAS 37 sieht eine Streichung der Eventualverbindlichkeiten vor, jedoch ruht das Projekt gegenwärtig. Es bleibt abzuwarten, inwieweit diese Vorhaben durchgesetzt werden können.
[54] Vgl. IAS 37.70.
[55] Vgl. IFRS 3.23.
[56] Vgl. IFRS 3.43.

5.2 Erstkonsolidierung

eignisse, die die Eventualschuld begründen sollen, generell außerhalb des Machtbereiches des Unternehmens liegen müssen und daher auch keine Eventualschuld vorliegen kann.

Übernahmebedingte vertraglich zugesicherte Zahlungen an Mitarbeiter stellen durchaus eine gegenwärtige Verpflichtung zum Zeitpunkt der Übernahme dar, und somit sind diese auch bei der Verteilung des Kaufpreises zu berücksichtigen. Sie sind im Regelfall schon beim Zielunternehmen als Rückstellung zu erfassen, sofern sich die Akquisition mit einer hinreichenden Wahrscheinlichkeit abzeichnet, da auch das Kriterium des Vergangenheitsbezuges durch die vertragliche Manifestierung des Sachverhalts erfüllt ist.[57]

▶ **Praxistipp** Sollte eine übernahmebedingte Zahlung an die Mitarbeiter vertraglich zugesichert worden sein, führt dies durch den Ansatz einer Rückstellung zu einer Verminderung des Nettoreinvermögens und damit zu einer Erhöhung eines evtl. entstehenden Goodwills. Dies kann aus Käufersicht negativ gewertet werden, womit sich auch der häufige Einsatz einer so gearteten vertraglichen Absprache zur Abwehr einer feindlichen Übernahme erklären lässt (Poison Pill).

Latente Steuern aus Verlustvorträgen
Der Unternehmenserwerb ermöglicht den Ansatz aktiver latenter Steuern auf steuerliche Verlustvorträge des Tochterunternehmens.

Beispiel

Das in den Konzernabschluss einzubeziehende Tochterunternehmen verfügt über steuerliche Verlustvorträge. Bisher wurden diese nicht berücksichtigt, da für die Zukunft keine ausgleichsfähigen Gewinne erwartet wurden. Die Konzernzugehörigkeit verschafft bessere Prognosen, und es kommt bei der Erstkonsolidierung zum Ansatz aktiver latenter Steuern aus Verlustvorträgen.[58]

Erlangt man neue Erkenntnisse am Erwerbszeitpunkt, gilt eine einjährige Zugangsfrist, und es kommt eine Anpassung der Erstkonsolidierung in Betracht.[59]

5.2.2.3 Bewertung der identifizierten Posten zum Fair Value

Nach Identifikation sämtlicher anzusetzender Vermögenswerte und Schulden erfolgt die Neubewertung dieser Posten mit ihrem Fair Value zum Erwerbszeitpunkt.[60] Zudem sind alle nicht beherrschenden Anteile an dem erworbenen Unternehmen anzusetzen.[61] Zur Umsetzung ist auch hier die Sicht des hypothetischen Erwerbers maßgebend.

---

[57] Vgl. IFRS 3.26 i. V. m. IAS 37.14 f.
[58] Vgl. Heuser und Theile (2012), Rz. 5605.
[59] Vgl. IAS 12.68.
[60] Vgl. IFRS 3.18.
[61] Vgl. IFRS 3.10.

IFRS 3 formuliert für diese Bewertung genaue Vorgaben, welche Wertmaßstäbe bei einzelnen Vermögenswerten, Schulden und Eventualverbindlichkeiten als Fair Value anzusehen sind. Aus praktischen Gründen hat das IASB einige Ausnahmen definiert. Von der Fair-Value-Bewertung sind bspw. latente und laufende Steuern[62] sowie Ansprüche und Verbindlichkeiten an Arbeitnehmer ausgenommen.[63]

Generell werden marktpreis-, kapitalwert- und kostenorientierte Methoden der Fair-Value-Ermittlung eingesetzt, wobei Marktpreisen, sofern diese auf aktiven Märkten vorhanden sind, die höchste Priorität zugesprochen wird.

5.2.2.4 Latente Steuern aus der Bewertung

Bei einem Unternehmenszusammenschluss können temporäre Differenzen durch die Fair-Value-Bewertung aller identifizierten Vermögenswerte, Schulden und Eventualverbindlichkeiten in der IFRS-Bilanz zum Akquisitionszeitpunkt entstehen. Diese sind erfolgsneutral beim Ansatz der Neubewertungsrücklage zu berücksichtigen. Auf einen entstehenden Goodwill wird hingegen keine Steuerlatenz gebildet.[64]

Die Steuerabgrenzung erfolgt gemäß den IFRS generell anhand einer bilanzorientierten Sichtweise. Das bedeutet, dass auf die zum Bilanzstichtag bestehenden temporären Differenzen zwischen dem Wertansatz von Vermögenswerten und Schulden in der IFRS-Bilanz und dem Wert in der Steuerbilanz latente Steueransprüche und -schulden gebildet werden.[65] Ein Ansatz erfolgt definitionsgemäß nur auf Wertdifferenzen, die sich in Zukunft steuerwirksam umkehren werden.[66]

5.2.3 Aus der Aufrechnung resultierende Posten

Nach der Ermittlung des Kaufpreises und der Neubewertung sämtlicher Posten werden anteiliges Nettoreinvermögen und Kaufpreis gegeneinander aufgerechnet. Ein Unterschiedsbetrag ergibt sich gemäß IFRS 3.32 aus[67]

- der Summe der zum Fair Value bewerteten Gegenleistung, des Anteils der nicht beherrschenden Anteile sowie dem beizulegenden Zeitwert einer ggf. bestehenden Beteiligung und
- den Wertansätzen der im Einklang mit IFRS 3 neubewerteten Vermögenswerte abzüglich der Schulden.

---

[62] Vgl. IFRS 3.24.
[63] Vgl. IFRS 3.26.
[64] Vgl. IAS 12.15; IAS 12.19; IAS 12.24; IAS 12.66.
[65] Vgl. IAS 12.5 i. V. m. IAS 12.15 sowie IAS 12.24.
[66] Vgl. IAS 12.27.
[67] Vgl. IFRS 3.32.

5.2 Erstkonsolidierung

Aus dieser Verrechnung entsteht neben einem möglichen Minderheitenposten innerhalb des Eigenkapitals im Regelfall auch ein positiver bzw. ein negativer Unterschiedsbetrag.

5.2.3.1 Nicht beherrschende Anteile

Der Posten „Nicht beherrschende Anteile" (Non-Controlling-Interests) kann nur entstehen, wenn ein Unternehmen **weniger als 100 %** eines anderen Unternehmens erwirbt. Er **korrigiert in der Konzernbilanz das vollständig bilanzierte Nettoreinvermögen** des erworbenen Unternehmens und wird gemäß IFRS dem Eigenkapital zugerechnet.

▶ **Praxistipp** Das Mutterunternehmen bezieht die neubewerteten Vermögensgegenstände, Schulden und Eventualverbindlichkeiten vollständig, d. h. zu 100 % in den Konzernabschluss ein, da es über 100 % verfügt, obwohl es bspw. nur 80 % erworben hat. Für die Differenz ist ein Ausgleichsposten für Minderheiten zu bilden, da das Eigenkapital nur anteilig in die Aufrechnung einfließt.

Die Ursache für das Entstehen von nicht beherrschenden Anteilen liegt in der Anwendung des **Einheitsgrundsatzes**, der durch die Anwendung der **vollständigen Neubewertungsmethode** (Abschaffung der quotalen Aufdeckung stiller Reserven) im Hinblick auf die Höhe der Minderheitsanteile noch verstärkt wird.

Buchhalterisch liegt durch den Ausweis der Fremdanteile im Konzernabschluss zum Zeitpunkt der Erstkonsolidierung im Grunde eine Sacheinlage der Minderheitsgesellschafter im Konzern vor. Es wird unterstellt, dass die Minderheiten ihren Anteil an den Vermögenswerten, Schulden und Eventualverbindlichkeiten mit Anschaffungskosten erworben haben, die den vom Mutterunternehmen gezahlten entsprechen.[68]

5.2.3.2 Aktivischer Unterschiedsbetrag

Von großer Praxisrelevanz ist die Entstehung eines positiven Unterschiedsbetrages, der zum Erwerbszeitpunkt als Geschäfts- oder Firmenwert **Goodwill** aktiviert wird. Dieser wird seitens des IASB als **immaterieller Vermögenswert** mit unbestimmbarer Nutzungsdauer interpretiert und stellt per Definition die Erwartung von künftigem wirtschaftlichen Nutzen aus Vermögenswerten, die nicht einzeln im Rahmen der Kaufpreisverteilung identifiziert oder getrennt angesetzt werden können, dar. Der Höhe nach entspricht er der Differenz zwischen Kaufpreis und neubewertetem Eigenkapital des erworbenen Unternehmens.[69]

5.2.3.3 Passivischer Unterschiedsbetrag

Entsteht ein passivischer Unterschiedsbetrag (Bargain Purchase), wird im ersten Schritt von einer fehlerhaften Kaufpreisverteilung bzw. falsch ermittelten Anschaffungskosten ausgegangen, und beide Prozesse müssen erneut validiert und auf ihre wertmäßige Gültigkeit geprüft werden.[70] Sollte weiterhin ein negativer Unterschiedsbetrag (auch Badwill)

---

[68] Vgl. Pawelzik (2004, S. 678); Küting und Leinen (2002, S. 1203).
[69] Vgl. IFRS 3.32 i. V. m. IFRS 3.B63(a).
[70] Vgl. IFRS 3.36.

bestehen bleiben, ist dieser sofort erfolgswirksam als Ertrag zu vereinnahmen.[71] Dies ist in dem Sinne sachgemäß, dass ein derartiger **Lucky Buy** (Kaufpreis, der unter dem Wert der Vermögenswerte liegt) als Performance und damit Erfolg des derzeitigen Managements angesehen werden kann. Das IASB geht hingegen davon aus, dass ein solcher Fall bspw. bei einem Unternehmenszusammenschluss auftritt, wenn ein Zwangsverkauf vorliegt.[72] Der Standard vernachlässigt an dieser Stelle andere Gründe, die zu einem passivischen Unterschiedsbetrag führen können.

▶ **Praxistipp** In der Praxis ist häufig anzutreffen, dass im Kaufpreis negative Ertragsaussichten eines restrukturierungsbedürftigen Unternehmens berücksichtigt wurden. Hier wäre eine Auflösung des passivischen Unterschiedsbetrages in denjenigen Jahren angemessen, in denen die Verluste tatsächlich eintreten. Diese Vorgehensweise ist jedoch durch die sofortige erfolgswirksame Vereinnahmung ausgeschlossen.

Kaufpreiszahlungen weit unter Wert stellen Ausnahmen dar, da mit Dritten abgeschlossene Transaktionen zu marktüblichen Konditionen abgewickelt werden.

5.2.3.4 Wahlrecht zur Goodwill-Ermittlung

IFRS 3.19 sieht ein Wahlrecht bezüglich der Bewertung von nicht beherrschenden Anteilen bei Unternehmenszusammenschlüssen vor.[73] Wird der Anteil nicht beherrschender Anteilseigner mit dem Fair Value angesetzt, wendet der Erwerber die **Full-Goodwill-Methode** an. Demnach steht den nicht beherrschenden Anteilseignern ebenfalls ein Goodwill zu, der bereits im Fair Value enthalten sein muss. Werden die nicht beherrschenden Anteile an dem erworbenen Unternehmen dagegen in Höhe des den nicht beherrschenden Anteilseignern zustehenden Anteils am identifizierbaren Nettovermögen bewertet (**Purchased Goodwill**), entspricht dieses Vorgehen der **Neubewertungsmethode**.[74]

▶ **Praxistipp** Die Methoden unterscheiden sich nur dann, wenn beim Unternehmenserwerb Minderheiten (Non-Controlling-Interests) beteiligt bleiben.

Ein horizontales Stetigkeitsgebot besteht nicht, demnach kann bei jedem Unternehmenszusammenschluss das Wahlrecht zur Goodwill-Ermittlung neu ausgeübt werden.[75] Dadurch „ist der nach IFRS 3 ausgewiesene Goodwill potenziell ein Wertkonglomerat aus verschiedenen Methoden der Kapitalkonsolidierung".[76] Die unterschiedliche Goodwill-Ermittlung wird anhand der Abb. 5.3 graphisch dargestellt.

---

[71] Vgl. IFRS 3.34.
[72] Vgl. IFRS 3.35.
[73] Vgl. IFRS 3.19.
[74] Vgl. Pellens et al. (2011, S. 759).
[75] Vgl. IFRS 3.19.
[76] Pellens et al. (2011, S. 760).

5.2 Erstkonsolidierung

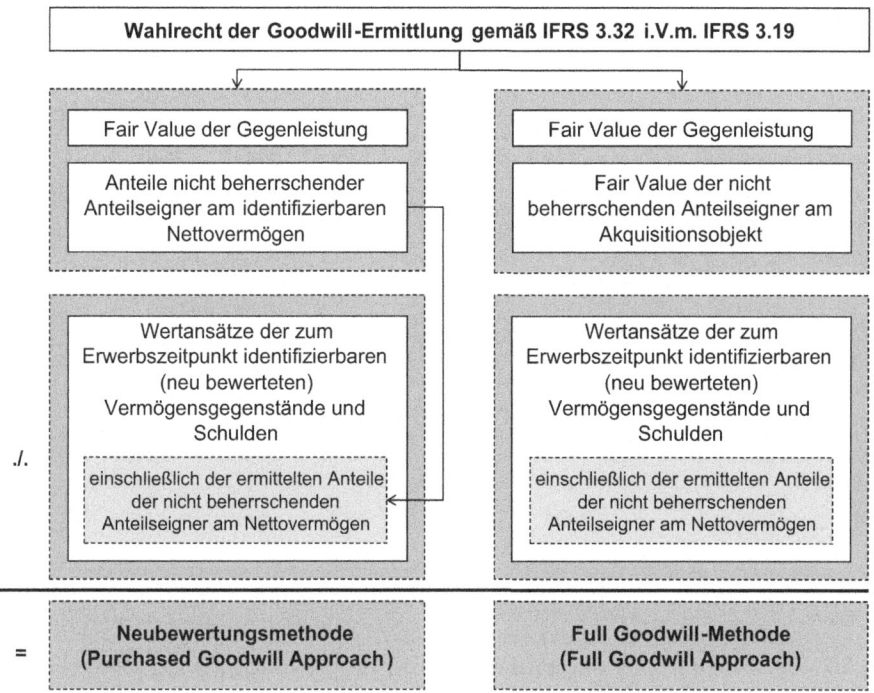

Abb. 5.3 Wahlrecht zur Goodwill-Ermittlung. (Quelle: In Anlehnung an Küting et al. (2008), S. 142)

Ermittlung nach der Neubewertungsmethode

Nachfolgend wird zunächst ein Schema zur Berechnung des aktiven und des passiven Unterschiedsbetrages nach der Neubewertungsmethode angeführt.

Das Mutterunternehmen A erwirbt 80 % der Anteile am Unternehmen B. Im ersten Fall beträgt die Gegenleistung T€ 1.000, im zweiten Fall T€ 500. Das Nettovermögen von B bemisst sich auf T€ 750. Auf A entfallen 80 % (T€ 600), somit verbleiben Minderheiten M i. H. v. T€ 150 (20 %) (siehe auch Tab. 5.1).

Die Spalte „Total" gibt die in IFRS 3.32 definierten Rechenschritte wieder. Der Unterschiedsbetrag (Goodwill: T€ 400 bzw. Bargain Purchase: T€ −100) errechnet sich aus der Summe der zum Fair Value bewerteten Gegenleistung (Fall 1: T€ 1.000; Fall 2: T€ 500), den nicht beherrschenden Anteilen (Fall 1: T€ 1.000; Fall 2: T€ 500) und jeweils dem Nettovermögen T€ 750 (100 %) von B. Spalte „M" zeigt, dass die Gegenleistung im Fall 1 (T€ 1.000) das anteilige auf die Muttergesellschaft entfallende Nettovermögen des B (T€ 600) übersteigt. Es entsteht ein positiver Unterschiedsbetrag i. H. v. T€ 400. Im zweiten Fall entsteht entsprechend ein negativer Wert.[77]

---

[77] Beispiel in Anlehnung an Heuser und Theile (2012), Rz. 5710.

Tab. 5.1 Ermittlung des Unterschiedsbetrages nach der Neubewertungsmethode. (Quelle: In Anlehnung an Heuser und Theile (2012), Rz. 5710)

Neubewertungsmethode	Fall 1: Goodwill in T€			Fall 2: Bargain Purchase in T€		
	Total	A	M	Total	A	M
Gegenleistung von A	1.000	1.000	0	500	500	0
Minderheitenanteil (20 % vom Nettovermögen des B)	150		150	150		150
Total	1.150	1.000	150	650	500	150
Neubewertetes Vermögen des B	1.200					
Neubewertete Schulden des B	−450					
Nettovermögen des B (100 %)	750	−750	−600	−150	−750	−600	−150
Unterschiedsbetrag		400	400	0	−100	−100	0

Tab. 5.2 Ermittlung des Unterschiedsbetrages nach der Full-Goodwill-Methode. (Quelle: In Anlehnung an Heuser und Theile (2012), Rz. 5720)

Full-Goodwill-Methode	Total (100 %) in T€	A (80 %) in T€	M (20 %) in T€
Gegenleistung von A	1.000	1.000	0
Fair Value des Minderheitenanteils	250	0	250
Total	1.250	1.000	250
Nettovermögen des B	−750	−600	−150
Goodwill	500	400	100

Ermittlung nach der Full-Goodwill-Methode

IFRS 3.19 gestattet es, Minderheiten mit ihrem anteiligen Goodwill zu bewerten und somit die Full-Goodwill-Methode anzuwenden.[78] Tab. 5.2 nimmt Bezug zum vorausgegangenen Beispiel (Fall 1) und stellt die Ermittlung anhand der Full-Goodwill-Methode dar.

Für den Goodwill hat ein entsprechender Börsenkurs einen Wert von T€ 250 ergeben. Der Goodwill des Mutterunternehmens errechnet sich aus der Gegenleistung (T€ 1.000) und dem anteiligen Fair Value des Nettovermögens von B.[79]

---

[78] Vgl. IFRS 3.19.
[79] In Anlehnung an Heuser und Theile (2012), Rz. 5720.

5.2 Erstkonsolidierung

▶ **Hinweis** Generell ist für die Ermittlung des Minderheiten-Fair-Values der Börsenkurs heranzuziehen. Liegt kein Börsenkurs vor, sind Unternehmensbewertungsverfahren anzuwenden.[80]

5.2.4 Aufteilung des Goodwill auf Cash Generating Units

Eine **Cash Generating Unit** (CGU) ist gemäß IAS 36.6 die kleinste identifizierbare Gruppe von Vermögenswerten, die Mittelzuflüsse erzeugt, die weitestgehend unabhängig von den Mittelzuflüssen anderer Vermögenswerte oder anderer Gruppen von Vermögenswerten sind.[81] Eine Cash Generating Unit stellt somit die **kleinstmögliche zahlungsmittelgenerierende Einheit** von Vermögenswerten innerhalb eines Unternehmens dar.

▶ **Praxistipp** In einer Warenhauskette kann bspw. ein einzelnes Warenhaus die kleinstmögliche zahlungsmittelgenerierende Einheit darstellen. Die einzelnen Fachabteilungen des Warenhauses, z. B. die Sportabteilung oder die Haushaltsabteilung, stellen normalerweise keine zahlungsmittelgenerierenden Einheiten dar. Deren Umsätze stehen mit dem allgemeinen Besuch des Kaufhauses im Zusammenhang.
Eine zahlungsmittelgenerierende Einheit innerhalb der Metro Group ist z. B. ein einzelner Standort.[82]

Im Rahmen der Kaufpreisallokationen nach IFRS 3 ist regelmäßig eine Verteilung des erworbenen Goodwill auf die zahlungsmittelgenerierenden Einheiten des erwerbenden Unternehmens vorzunehmen. Die Notwendigkeit dieser Verteilung ergibt sich aus IAS 36.80. Demnach ist der Goodwill durch **Niederstwerttests auf Ebene der zahlungsmittelgenerierenden Einheiten fortzuführen**.[83] Niederstwerttests sind grundsätzlich auf der Ebene einzelner Vermögenswerte durchzuführen. Dabei wird der Buchwert dem erzielbaren Betrag (Recoverable Amount) gegenübergestellt. Ist der erzielbare Betrag nicht für einen einzelnen Vermögensgegenstand bestimmbar, werden mehrere Vermögensgegenstände zu einer zahlungsmittelgenerierenden Einheit zusammengefasst. Im Anschluss wird diese dem Niederstwerttest unterzogen. Da für den Goodwill insgesamt kein erzielbarer Betrag bestimmbar ist, wird er auf der Ebene der zahlungsmittelgenerierenden Einheit, der er zuzurechnen ist, einem Niederstwerttest unterzogen.

Gemäß IAS 36.80 ist der erworbene Goodwill auf die zahlungsmittelgenerierenden Einheiten aufzuteilen, die voraussichtlich von den Synergieeffekten des Zusammenschlusses profitieren. Um eine möglichst präzise Folgebewertung des Goodwills durchführen zu können, sollte die Verteilung auf eng voneinander abgegrenzte Einheiten erfolgen.[84]

---

[80] Vgl. IFRS 3.B44.
[81] Vgl. IAS 36.6.
[82] Vgl. Metrogroup (2011, S. 162).
[83] Siehe hierzu auch das Kap. 5.3.2 zur Folgebehandlung des Goodwills.
[84] Vgl. Pellens et al. (2011, S. 762 f.).

Tab. 5.3 Verteilung des Goodwills

	CGU 1	CGU 2	CGU 3	CGU 4
Goodwill in T€	40	0	80	280

Beispiel

Die Warenhaus AG erwirbt die Handelsgesellschaft mbH zu 100 % mit einem Kaufpreis i. H. v. T€ 1.500 (neubewertetes Eigenkapital T€ 1.000). Keine der übrigen drei vorhandenen zahlungsmittelgenerierenden Einheiten des Konzerns profitiert von den Synergieeffekten dieses Zusammenschlusses. Folglich wird der Goodwill (T€ 500) in voller Höhe der zahlungsmittelgenerierenden Einheit 4 (ehemals Handelsgesellschaft mbH) zugeordnet. Sollte jedoch nicht nur die übernommene Gesellschaft, sondern auch die zahlungsmittelgenerierenden Einheiten des Konzerns von Synergieeffekten des Zusammenschlusses profitieren, würde sich der aus dem Erwerb resultierende Goodwill bspw. wie folgt verteilen: CGU 1: 10 %, CGU 2: 0 %, CGU 3: 20 % und CGU 4: 70 % (siehe auch Tab. 5.3).

5.2.5 Vorläufige Feststellung der Erstkonsolidierung

Aufgrund der Vielzahl von Bewertungsvorgängen sind oftmals die genauen Wertverhältnisse der Vermögenswerte und Schulden des Tochterunternehmens zum Erwerbszeitpunkt noch nicht bekannt. Durch solche Informationsdefizite ist die Kaufpreisverteilung mit erheblichen Unsicherheiten verbunden. Die Erstkonsolidierung muss schließlich anhand vorläufig ermittelter Werte vorgenommen werden. IFRS 3 lässt an dieser Stelle eine vorläufige Feststellung der Erstkonsolidierung zu, um diesen zwangsläufig auftretenden Ungewissheiten Rechnung zu tragen.[85]

Nachträgliche Änderungen von vorläufigen Werten der erstmaligen Bilanzierung sind **innerhalb von zwölf Monaten(Measurement Period)** nach dem Erwerbszeitpunkt als Anpassung der Erstkonsolidierung rückwirkend auf den Erwerbszeitpunkt vorzunehmen.[86] Demnach kann sich neben dem Wert von Vermögenswerten und Schulden auch der Goodwill erfolgsneutral verändern. **Nach endgültiger Feststellung** der erstmaligen Bilanzierung, aber spätestens nach Ablauf der Frist von zwölf Monaten, dürfen Anpassungen der Erstkonsolidierung – mit Ausnahme bedingter nachträglicher Kaufpreisänderungen und der nachträglichen Erfüllung der Aktivierungskriterien für steuerliche Verlustvorträge oder sonstiger latenter Steueransprüche – nur dann vorgenommen werden, wenn sie auf **Fehler i. S. v. IAS 8** zurückzuführen sind. Anpassungen sind entsprechend IAS 8 in den laufenden und künftigen Berichtsperioden erfolgswirksam vorzunehmen. Zudem sind die vergangenen Abschlüsse rückwirkend so darzustellen, als wäre der Fehler nie entstanden.[87]

---

[85] Vgl. IFRS 3.45.
[86] Vgl. IFRS 3.46.
[87] Vgl. IFRS 3.50 i. V. m. IAS 8.41 f.

Erfüllt ein aktivischer Abgrenzungsposten für einen steuerlichen Verlustvortrag oder ein sonstiger latenter Steueranspruch im Zeitpunkt des Unternehmenszusammenschlusses nicht die Ansatzkriterien, sind diese Voraussetzungen aber zu einem späteren Zeitpunkt gegeben, dann ist der latente Steueranspruch erfolgswirksam als Ertrag in der Gewinn- und Verlustrechnung zu erfassen. Mit dieser erfolgswirksamen Erfassung geht gleichzeitig eine aufwandswirksame Minderung des Goodwill einher, und zwar um den Betrag, der sich ergeben hätte, wenn der latente Steueranspruch zum Zeitpunkt des Unternehmenserwerbes aktiviert worden wäre. Diese Minderung darf jedoch nicht zur Entstehung oder Erhöhung eines negativen Unterschiedsbetrages führen.[88]

Hinsichtlich der Verteilung eines Goodwills auf zahlungsmittelgenerierende Einheiten sollen im Falle einer vorläufigen Erstkonsolidierung der ermittelte Goodwill als Grundlage herangezogen und eventuelle Anpassungen zu den entsprechenden Zeitpunkten erfasst werden. Sollte aus diesen Gründen ein Goodwill teilweise noch nicht verteilt werden können, sind die Höhe des Goodwills und der explizite Grund für die unterbliebene Verteilung anzugeben.[89]

5.3 Folgekonsolidierung

5.3.1 Technik der Folgekonsolidierung

Technisch entspricht die Folgekonsolidierung einer Wiederholung der Erstkonsolidierung in den auf den Zusammenschluss folgenden Berichtsperioden. Das bedeutet, es werden – mit Ausnahme von Anpassungen der vorläufigen Erstkonsolidierung – stets die Wertverhältnisse des Erwerbszeitpunktes herangezogen. Zusätzlich hat die Folgekonsolidierung die Fortführung der im Rahmen der Erstkonsolidierung aufgedeckten stillen Reserven bzw. Lasten, erstmals bilanzierte immaterielle Vermögenswerte und Eventualschulden sowie einen evtl. entstandenen Goodwill zum Gegenstand. Auch der Anteil der nicht beherrschenden Anteilseigner am Eigenkapital ist in den Folgeperioden anzupassen.[90]

5.3.1.1 Folgebehandlung aufgedeckter stiller Reserven und Lasten

Aus Sicht des Konzerns sind erworbene Vermögenswerte und Schulden ausgehend von ihren Konzernanschaffungskosten zum Zeitpunkt der Erstkonsolidierung fortzuschreiben. Diese weichen bei Aufdeckung stiller Reserven und Lasten von den Einzelabschlusswerten des erworbenen Unternehmens ab. Um die Abschreibungsbeträge auf Basis der Konzernbuchwerte nach Erwerb des Tochterunternehmens zu bemessen, müssen neben den originären Abschreibungen des Tochterunternehmens auf Konzernebene zusätzlich noch weitere Abschreibungen bzw. Minderabschreibungen auf die aufgedeckten stillen Reserven bzw. Lasten vorgenommen werden.[91] Durch die Wertänderung der aufgedeckten stillen

---

[88] Vgl. IFRS 3.65; IAS 12.68.
[89] Vgl. IAS 36.85 i. V. m. IAS 36.133.
[90] Vgl. Pellens et al. (2011, S. 764 f.).
[91] Vgl. IFRS 3.15, IFRS 3.54, IFRS 3.B63.

Reserven und Lasten verändern sich ebenfalls die steuerrelevanten temporären Differenzen, d. h., die entsprechenden Steuerlatenzen sind wertmäßig fortzuführen.

Durch ein Push-Down der stillen Reserven und Lasten auf die entsprechend erworbene Einheit werden Zusatzbuchungen auf Konzernebene überflüssig, da die Berichterstattung des Tochterunternehmens bereits die (Minder-)Abschreibungen auf die stillen Reserven bzw. Lasten beinhaltet.

5.3.1.2 Folgebehandlung nicht beherrschender Anteilseigner

Im Rahmen der Folgekonsolidierung wirken zwei Faktoren auf die nicht beherrschenden Anteilseigner: einerseits die **Konsolidierungseffekte** und andererseits die beim Tochterunternehmen entstandenen **Eigenkapitalveränderungen** (erwirtschaftete Ergebnisse bzw. Ausschüttungen).

Konsolidierungseffekte entstehen vornehmlich durch die Abschreibung stiller Reserven bzw. die Auflösung/Veränderung stiller Lasten, die die nicht beherrschenden Anteile in der Höhe des auf sie entfallenden Anteils modifizieren.[92] **Eigenkapitalveränderungen** ergeben sich insb. durch die Zu- bzw. Abnahme der Gewinnrücklagen über das Ergebnis des aktuellen Geschäftsjahres sowie durch vorgenommene Ausschüttungen. Der Ergebnisanteil, der den fremden Gesellschaftern zuzuordnen ist, stellt aufgrund der Klassifizierung der Fremdanteile als Eigenkapital nach IFRS weder Aufwand noch Ertrag dar, ist jedoch in der GuV separat anzugeben.[93] Der Gewinn oder Verlust und jeder Bestandteil des sonstigen Ergebnisses werden dem Mutterunternehmen und den nicht beherrschenden Anteilen zugeordnet. Das Gesamtergebnis wird selbst dann zugeordnet, wenn dies dazu führt, dass die Minderheitenanteile einen **Negativsaldo** aufweisen.[94]

5.3.1.3 Folgebehandlung finanzieller Vermögenswerte und Verbindlichkeiten

Die Fair-Value-Bewertung im Rahmen der Erstkonsolidierung führt bei ehemals zu fortgeführten Anschaffungskosten bewerteten finanziellen Vermögenswerten und Verbindlichkeiten im Normalfall zu einer Neubestimmung der effektiven Zinssätze.[95]

5.3.1.4 Folgebehandlung immaterieller Vermögenswerte

Immaterielle Vermögenswerte mit bestimmbarer Nutzungsdauer unterliegen der planmäßigen Abschreibung. Besitzt ein immaterieller Vermögenswert eine unbestimmbare Nutzungsdauer, ist er nicht planmäßig abzuschreiben.[96] Wurden im Rahmen der Erstkon-

---

[92] Vgl. IFRS 10.B94; IAS 27.18c (2008).
[93] Vgl. Küting und Weber (2003, S. 209).
[94] Vgl. IFRS 10.B94; IAS 27.28 (2008).
[95] Vgl. Heuser und Theile (2012), Rz. 5762.
[96] Vgl. IAS 38.107 f. sowie hinsichtlich des Goodwill IAS 36.7 ff.

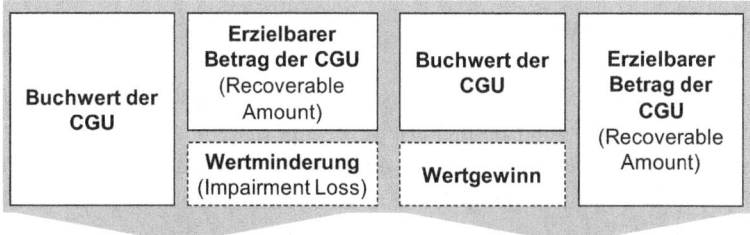

Abb. 5.4 Impairment-Test

solidierung Forschungs- und Entwicklungskosten angesetzt, sind die damit verbundenen Folgeausgaben nach den einschlägigen Regelungen für interne Forschungs- und Entwicklungskosten anzuwenden.[97]

5.3.1.5 Folgebehandlung des Goodwills

Der Goodwill stellt einen immateriellen Vermögenswert mit **unbestimmbarer Nutzungsdauer** dar. Aus diesem Grund sieht IFRS 3 **keine planmäßige Abschreibung** vor. Stattdessen wird er entsprechend seinem tatsächlichen Wertverlauf bemessen. In einem jährlich veranlassten oder einem durch besondere Anzeichen hervorgerufenen Niederstwerttest wird im Falle einer Wertminderung (Impairment) eine außerplanmäßige Abschreibung vorgenommen. Diese Vorgehensweise wird als **Impairment-Only Approach** bezeichnet. Hierbei wird der Buchwert dem erzielbaren Betrag (Recoverable Amount) gegenübergestellt. Übersteigt der Buchwert den erzielbaren Betrag, liegt eine Wertminderung vor (**Impairment Loss**). Diese wird dann ergebniswirksam erfasst. Der im Rahmen der Erstkonsolidierung aktivierte Wertansatz des Goodwills wird demnach so lange beibehalten, bis der Niederstwerttest eine Wertminderung anzeigt (siehe auch Abb. 5.4).

Zahlungsmittelgenerierende Einheiten, denen zuvor ein Goodwill zugeteilt wurde, sind jährlich dem Niederstwerttest zu unterziehen. Zahlungsmittelgenerierende Einheiten, denen kein Goodwill zugerechnet wurde, sind ebenfalls einem Niederstwerttest zu unterziehen, wenn Hinweise einer Wertminderung vorliegen. Übersteigt der Buchwert den erzielbaren Betrag der Cash Generating Unit (CGU), liegt gemäß IAS 36.90 eine Wertminderung vor.[98]

Eine **Wertaufholung** des Goodwills ist gemäß IAS 36.124 nicht gestattet. Dies bedeutet, dass Wertminderungen nicht durch Zuschreibungen in den Folgeperioden aufgehoben werden dürfen.[99]

---

[97] Vgl. IAS 38.42 f.
[98] Vgl. IAS 39.90.
[99] Vgl. IAS 36.124.

5.4 Entkonsolidierung

Die Vorgehensweise der Entkonsolidierung, d. h. die Abgangsbilanzierung von bislang vollkonsolidierten Tochterunternehmen, ist in IFRS 10 bzw. in IAS 27 (2008) geregelt. Ab dem Zeitpunkt, an dem die **Beherrschung über ein Tochterunternehmen endet**, ist das Tochterunternehmen nicht mehr in den Konzernabschluss einzubeziehen (**Entkonsolidierungszeitpunkt**).[100] Für Zwecke der Entkonsolidierung ist ein Zwischenabschluss aufzustellen, sofern der Erwerbszeitpunkt nicht dem Bilanzstichtag entspricht.[101]

Wenn ein Mutterunternehmen die Beherrschung über ein Tochterunternehmen verliert, schreibt IFRS 10 bzw. IAS 27 (2008) vor,[102]

- die Vermögenswerte, Schulden und alle nicht beherrschenden Anteile an dem ehemaligen Tochterunternehmen zum Zeitpunkt des Kontrollverlustes zum Buchwert auszubuchen,
- den Zugang der eventuell erhaltenen Gegenleistung aus der Transaktion zum Fair Value zu buchen,
- eine Berücksichtigung der ggf. zurückbehaltenen Beteiligung am ehemaligen Tochterunternehmen zum Fair Value durchzuführen sowie
- die erfolgswirksame Erfassung der ggf. entstehenden Residualgröße vorzunehmen.

▶ **Hinweis** Die Minderheitenanteile (Non-Controlling-Interests) sind insgesamt erfolgsneutral auszubuchen.

Sind bestimmte – in IFRS 5 formulierte – Kriterien erfüllt, erfolgen schon vor dem Entkonsolidierungszeitpunkt eine abweichende Bewertung und ein besonderer Ausweis des Tochterunternehmens.

5.4.1 Vorbereitende Maßnahmen im Rahmen des IFRS 5

IFRS 5 regelt die Bilanzierung von zum Verkauf vorgesehenen **langfristigen Vermögenswerten** (Non-Current Assets Held for Sale), zur Veräußerung anstehenden **Sachgesamtheiten** (Disposal Groups) sowie den speziellen Ausweis von aufzugebenden bzw. bereits **aufgegebenen Geschäftsbereichen** (Discontinued Operations).

Um eine Bilanzierung gemäß IFRS 5 zu gewährleisten, sind die genannten Einheiten als Held for Sale zu qualifizieren.[103] Die Voraussetzung hierfür ist gegeben, wenn die Veräuße-

---

[100] Vgl. IFRS 10.B25; IAS 27.26 (2008).
[101] Vgl. Küting et al. (2004, S. 876).
[102] Vgl. IFRS 10.98; IAS 27.34 (2008).
[103] Ein separater Ausweis in der GuV für <Emphasis Type=cQuotecItaliccQuotec><Emphasis Type=cQuotecItaliccQuotec>Discontinued Operations</Emphasis></Emphasis> kann auch erfolgen, wenn die Einheit stillgelegt werden soll oder schon verkauft worden ist.

rung in hohem Maße wahrscheinlich ist und weitere Kriterien, wie z. B. das Vorliegen eines verpflichtenden Veräußerungsplanes, der Abschluss der Veräußerung innerhalb eines Jahres und eine begonnene aktive Käufersuche kumulativ erfüllt sind.[104]

Im Falle einer Entkonsolidierung muss die betreffende Einheit **zum niedrigeren Wert aus Buchwert und beizulegendem Zeitwert abzüglich Veräußerungskosten** abgebildet werden.[105] Dies impliziert, dass ein potenzieller Entkonsolidierungsverlust schon zum Zeitpunkt der Klassifizierung als Held for Sale realisiert wird. Liegt der Nettoveräußerungspreis unter dem derzeitigen Buchwert, ist eine außerplanmäßige Wertminderung (Impairment Loss) als Aufwand zu erfassen.[106] Die Vorwegnahme eines Entkonsolidierungserfolges ist hingegen nicht möglich, da eine Zuschreibung über den derzeitigen Buchwert hinaus untersagt ist. Planmäßige Abschreibungen auf Vermögenswerte einer zu veräußernden Einheit sind ab dem Umklassifizierungszeitpunkt nicht mehr vorzunehmen.[107]

Der Bilanzausweis eines zur Veräußerung vorgesehenen Tochterunternehmens erfolgt in Form einer sog. **One-Line-Presentation**, d. h. in aggregierter Form auf der Aktiv- und Passivseite der Bilanz. Sämtliche Vermögenswerte sind innerhalb eines Aktivpostens, sämtliche Schulden innerhalb eines Passivpostens auszuweisen. Eine Aufteilung in die Hauptkategorien muss jedoch zumindest im Anhang oder wahlweise schon in der Bilanz erfolgen.[108] Das während der Konzernzugehörigkeit erwirtschaftete Eigenkapital einschließlich der Minderheiten wird nicht umgegliedert, da das Unternehmen trotz des Held-for-Sale-Status materiell auch weiterhin konsolidiert wird. Diese Konsolidierungspflicht gilt für alle Konsolidierungsmaßnahmen.

5.4.2 Ermittlung des Entkonsolidierungserfolges

Im Rahmen der Entkonsolidierung gehen das Nettoreinvermögen des Tochterunternehmens sowie ein evtl. vorhandener Ausgleichsposten für nicht beherrschende Anteile aus dem Konzernabschluss buchhalterisch ab.[109] Hierbei ist aufgrund der vollständigen oder teilweisen Veräußerung bzw. des Kontrollverlustes über ein bisher vollkonsolidiertes Unternehmen der Veräußerungsgewinn oder -verlust aus Konzernsicht grundsätzlich wie in Tab. 5.4 zu ermitteln.

Hinsichtlich des zu berücksichtigenden Goodwills sieht IAS 36 bestimmte Regelungen vor.[110] Wird eine gesamte Cash Generating Unit veräußert, so ist zum Entkonsolidierungszeitpunkt auch der volle, dieser CGU zugeordnete Goodwill zu berücksichtigen. Wird le-

---

[104] Vgl. IFRS 5.8.
[105] Vgl. IFRS 5.15.
[106] Vgl. IFRS 5.20.
[107] Vgl. IFRS 5.25.
[108] Vgl. IFRS 5.38.
[109] Vgl. IFRS 10.98; IAS 27.34 (2008).
[110] Vgl. IAS 36.86.

Tab. 5.4 Ermittlung des Entkonsolidierungserfolges

	Berechnungsverfahren
	Verkaufspreis
−	Konzernanteil des Nettoreinvermögens
+	Fair Value des zurückbehaltenen Anteils
+/−	Konzernanteil der direkt im Eigenkapital erfassten Gewinne/Verluste
=	*Entkonsolidierungserfolg*

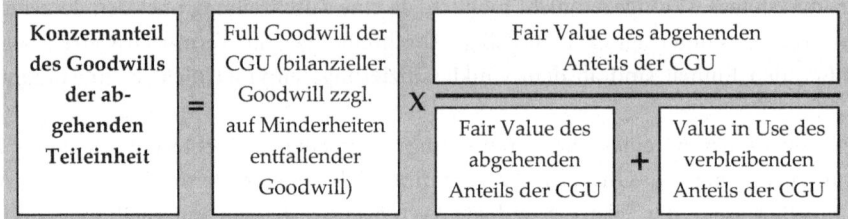

Abb. 5.5 Ermittlung des abgehenden Goodwill bei Entkonsolidierung. (Quelle: In Anlehnung an Küting et al. (2004), S. 878 f.)

diglich ein Teil einer CGU veräußert, kommt es zu einer relativen Betrachtung, bei der auf Grundlage des gesamten Goodwills ein relativer Anteil ermittelt wird (vgl. Abb. 5.5).

Durch die dargelegte Ausgestaltung dieser Berechnung und die partielle Vermischung von originärem und derivativem Goodwill ergeben sich bilanzpolitische Spielräume. Ordnet der Erwerber die abzugebende Einheit einer CGU mit großem originärem und damit nicht ansetzbarem Goodwill zu, wird der Value in Use des verbleibenden Anteils der CGU verhältnismäßig hoch ausfallen. Im Umkehrschluss führt dies zu einem verminderten abgehenden Goodwill und damit zu einem höheren Abgangserfolg.[111]

5.5 Übergangskonsolidierung

Die Übergangskonsolidierung wird angewendet, wenn eine Statusänderung bzw. eine Änderung der Einbeziehung des Unternehmens in den Konzernabschluss stattfindet. Dabei wird unterschieden in eine

- **Aufstockung der Beteiligungsquote**, so dass eine Beherrschung möglich ist (**sukzessiver Erwerb** bzw. **Aufwärtskonsolidierung**) und eine
- **Reduzierung der Beteiligungsquote** an einem Tochterunternehmen mit Verlust der Beherrschungsmöglichkeit (**Abwärtskonsolidierung**).

---

[111] Vgl. Küting et al. (2004, S. 878 f.).

5.5 Übergangskonsolidierung

Tab. 5.5 Regelungsübersicht zur Übergangskonsolidierung

	Ausgangslage	Übergang auf	Regelungen
Sukzessiver Erwerb, Aufwärtskonsolidierung	Beteiligung	Vollkonsolidierung	IFRS 3.41
	Equity-Bewertung		
	Beteiligung	Equity-Bewertung	N/A
Reduzierung der Beteiligungsquote, Abwärtskonsolidierung	Vollkonsolidierung	Equity-Bewertung	IFRS 10.25; IAS 27.32 ff. (2008)
		Beteiligung	
	Equity-Bewertung	Beteiligung	IAS 28.19
Anteilsveränderungen ohne Statuswechsel	Aufstockung		IFRS 10.23 f.; IAS 27.30 f. (2008)
	Abstockung		

Im zweiten Fall wird je nach Umfang des Kontrollverlustes in den Übergang zur Equity-Bewertung und zur Bilanzierung als übrige Beteiligung unterschieden (siehe auch Tab. 5.5).

Anteilsveränderungen bei vollkonsolidierten Unternehmen **ohne Statuswechsel**, z. B. die Aufstockung der Mehrheitsbeteiligung von 70 % auf 100 % oder die Abstockung von 90 % auf 80 %, gehören nicht zur Übergangskonsolidierung. Aus methodischer Sicht werden sie aber hierunter aufgeführt. Die relevanten Vorschriften zur Übergangskonsolidierung sind sowohl in IFRS 3 als auch in IFRS 10 verankert. Die in IFRS 10 aufgeführten Regelungen wurden im Rahmen der konzeptionellen Neugestaltung der Konzernrechnungslegung unverändert aus IAS 27 (2008) übernommen.

5.5.1 Aufwärtskonsolidierung

5.5.1.1 Sukzessiver Anteilserwerb

Ein sukzessiver Anteilserwerb liegt vor, wenn ein Tochterunternehmen in mehreren Teilerwerbsschritten erworben wird. Regelfall ist der schrittweise Anteilserwerb durch Kauf mehrerer Aktienpakete eines Tochterunternehmens zu verschiedenen Zeitpunkten bis zur Kontrollmehrheit.[112]

Bei einem sukzessiven Anteilserwerb hat der Erwerber die bereits zuvor an dem erworbenen Unternehmen gehaltenen Anteile zum Erwerbszeitpunkt mit dem geltenden **Fair Value neu zu bewerten** und den daraus resultierenden Gewinn bzw. Verlust erfolgswirksam zu erfassen. Sind Wertänderungen der bereits gehaltenen Anteile zuvor GuV-neutral behandelt worden, so sind diese auf derselben Grundlage zu erfassen, als hätte der Erwerber diese unmittelbar veräußert.[113]

Der Unterschiedsbetrag wird auf Grundlage des beizulegenden Zeitwerts der Anteile ermittelt. Die Regelungen sehen vor, dass die nach Erlangung der Beherrschung erworbe-

---

[112] Vgl. IFRS 3.41.
[113] Vgl. IFRS 3.42.

nen Anteile als Eigenkapitaltransaktionen bilanziert werden.[114] Jede Differenz zwischen dem Betrag, um den die nicht beherrschenden Anteile angepasst werden, und dem Fair Value des Kaufpreises ist unmittelbar im Eigenkapital zu erfassen.[115]

▶ **Praxistipp** Neben der konsequenten Einführung der Einheitstheorie hat dieser Ansatz den Reiz, dass es bei Kontrollerlangung nicht notwendig ist, auf evtl. schon weit zurückliegende Anteilserwerbe eine separate Kaufpreisverteilung mit Ermittlung eines anteiligen Goodwill durchzuführen.

5.5.1.2 Erlangung der Kontrollmehrheit ohne zusätzliche Anteile

Wird ohne den Erwerb zusätzlicher Anteile die Kontrolle über das Tochterunternehmen erstmalig erlangt, ist gemäß IFRS 3.33 die Grundstruktur des sukzessiven Beteiligungserwerbes ebenfalls anzuwenden.[116] Die Kontrollerlangung kann erstmals bspw.

- durch Stimmrechtsvereinbarungen oder Gremienmehrheiten,[117]
- durch den Wegfall potenzieller Stimmrechte konkurrierender Parteien,
- durch Anteilsveränderungen anderer Gesellschafter oder
- durch Erfüllung der Wesentlichkeitskriterien einer bisher unwesentliche Beteiligung begründet sein.

Hierbei hat der Erwerber die Konsolidierung auf Basis des Fair Values der bereits zuvor an dem Unternehmen gehaltenen Anteilen durchzuführen.[118]

5.5.1.3 Sukzessiver Erwerb bis zur Equity-Bewertung

Für den sukzessiven Erwerb bis zum Übergang auf die Equity-Bewertung enthält das IFRS-Regelwerk keine Vorschriften. Gemäß IAS 8.10 ff. sind im Falle von Regelungslücken adäquate Rechnungslegungsvorschriften heranzuziehen.[119] Konzeptionell entspricht die Equity-Methode der Vorgehensweise der Vollkonsolidierung gemäß IFRS 3. Daher kann für diesen Fall der entsprechende Regelumfang angewendet werden. Die Anteile sind somit erfolgswirksam zum Fair Value zu bewerten, maßgeblich auf Basis des letzten Erwerbes.[120]

---

[114] Vgl. IFRS 10.23; IAS 27.30 (2008).
[115] Vgl. IFRS 10.24; IAS 27.31 (2008).
[116] Vgl. IFRS 3.33.
[117] Vgl. IFRS 10.B15; IAS 27.13 (2008).
[118] Vgl. Heuser und Theile (2012), Rz. 6236.
[119] Vgl. IAS 8.10 ff.
[120] Vgl. Heuser und Theile (2012), Rz. 6238.

5.5.2 Abwärtskonsolidierung

5.5.2.1 Übergang von Vollkonsolidierung auf Equity-Bewertung

Reduziert sich die Beteiligungsquote derart, dass ein Ausscheiden aus dem Vollkonsolidierungskreis unumgänglich ist, ein maßgeblicher Einfluss aber erhalten bleibt, dann werden die verbleibenden Anteile im Konzernabschluss über die Anwendung der Equity-Methode einbezogen.

Nicht immer findet ein vollständiger Abgang statt, vielfach kommt es zu einem Teilverkauf, dann ist eine Übergangskonsolidierung durchzuführen. Die bisher im Konzernabschluss ausgewiesenen Vermögenswerte und Schulden sind zu ihren bisherigen Buchwerten auszubuchen.[121] Für den an Dritte verkauften Anteil kommt es zu einer Entkonsolidierung, und der durch den Abgang der Anteile entstehende Veräußerungsgewinn ist dabei im Konzernabschluss auszuweisen.[122] Der Buchwert aller nicht beherrschenden Anteile an dem ehemaligen Tochterunternehmen ist zum Zeitpunkt des Verlustes der Beherrschung erfolgsneutral auszubuchen.[123]

Der Buchwert der verbliebenen Anteile zum Übergangskonsolidierungszeitpunkt besteht aus dem anteiligen Eigenkapital des Tochterunternehmens vor Neubewertung (einschließlich erfolgsneutral im Eigenkapital erfasster Komponenten wie Währungsumrechnungsdifferenzen) zuzüglich/abzüglich der noch nicht abgeschriebenen/aufgelösten anteiligen stillen Reserven/Lasten und dem zugeordneten anteiligen Goodwill.

Die im Konzern verbleibenden Anteile werden erfolgswirksam zum Fair Value neubewertet und als assoziiertes Unternehmen bilanziert.[124] Die dabei entstehende Fair-Value-Aufwertung ist zusammen mit dem Veräußerungsgewinn im Anhang anzugeben.[125] Zudem hat eine Umbuchung des auf das Mutterunternehmen entfallende Other Comprehensive Income zu erfolgen.[126]

5.5.2.2 Fallstudie zur Übergangskonsolidierung von Vollkonsolidierung auf Equity-Bewertung

Das Mutterunternehmen MU hält 100 % der Anteile an dem Tochterunternehmen TU. Am 1. Januar 2012 veräußert das Mutterunternehmen M 60 % der Anteile des Tochterunternehmens TU zu einem Verkaufspreis i. H. v. T€ 4.000. Für die Restbeteiligung i. H. v. 40 % wurde ein Fair Value von T€ 1.000 ermittelt. Stille Reserven und Lasten wurden nicht identifiziert (siehe auch Tab. 5.6).[127]

---

[121] Vgl. IFRS 10.B98ai; IAS 27.34a (2008).
[122] Vgl. IFRS 10.B98b/d; IAS 27.34ci (2008).
[123] Vgl. IAS 21.48B, IFRS 10.B98aii; IAS 27.34b (2008).
[124] Vgl. IFRS 10.B98bii/d; IAS 27.34 (2008).
[125] Vgl. IFRS 12.19; IAS 27.41fi (2008).
[126] Vgl. IFRS 10.B99; IAS 27.35 (2008).
[127] In Anlehnung an Hoehne (2009, S. 220 ff.).

Tab. 5.6 Konsolidierungsbilanz vor Übergangskonsolidierung. (Quelle: In Anlehnung an Hoehne (2009), S. 220 ff)

Bilanz in T€ 31.12.2011	MU	TU	Summen-bilanz	Konsolidierung Soll	Haben	Konzern-bilanz
Goodwill				500		500
Beteiligung	2.000		2.000		2.000	0
Vorräte	0	1.250	1.250			1.250
Sonstige Aktiva	10.000	4.250	14.250			14.250
Aktiva	*12.000*	*5.500*	*17.500*			*16.000*
Gez. Kapital	1.500	250	1.750	250		1.500
Jahresergebnis	3.000	1.250	4.250	1.250		3.000
Schulden	7.500	4.000	11.500			11.500
Passiva	*12.000*	*5.500*	*17.500*			*16.000*

Im ersten Schritt werden die Vermögensgegenstände, Schulden und der Goodwill anteilig entkonsolidiert. Zudem wird das Ergebnis aus der Fair-Value-Bewertung der verliebenden Beteiligung ermittelt (siehe Tab. 5.7).

Es folgt die Ermittlung des Übergangskonsolidierungserfolges (siehe Tab. 5.8).

Tab. 5.7 Anteilige Entkonsolidierung. (Quelle: In Anlehnung an Hoehne (2009), S. 220 ff.)

	T€
Fair Value der Restbeteiligung	1.000
Anteilige, auf die Restbeteiligung entfallende Vorräte des Tochterunternehmens zu Buchwerten (40 %)	−500
Anteilige, auf die Restbeteiligung entfallende sonstige Aktiva des Tochterunternehmens zu Buchwerten (40 %)	−1.700
Anteiliger Goodwill, der der Restbeteiligung zuzuordnen ist (40 %)	−200
Anteilige, auf die Restbeteiligung entfallende Schulden des Tochterunternehmens zu Buchwerten (40 %)	+1.600
Ergebnis aus der Fair-Value-Bewertung der verliebenden Beteiligung	=200

5.5 Übergangskonsolidierung

Tab. 5.8 Ermittlung des Übergangskonsolidierungserfolges. (Quelle: In Anlehnung an Hoehne (2009), S. 220 ff.)

	T€
Veräußerungserlös	4.000
Abgehende Vorräte des Tochterunternehmens zu Buchwerten (60 %)	−750
Abgehende sonstige Aktiva des Tochterunternehmens zu Buchwerten (60 %)	−2.550
Abgehender Goodwill (60 %)	−300
Abgehende Schulden des Tochterunternehmens zu Buchwerten (60 %)	+2.400
Ergebnis aus der Fair-Value-Bewertung der verliebenden Beteiligung	+200
Übergangskonsolidierungserfolg	=3.000

Tab. 5.9 Konsolidierungsbilanz nach der Übergangskonsolidierung. (Quelle: In Anlehnung an Hoehne (2009), S. 220 ff.)

Bilanz in T€ 31.12.2011	MU	TU	Summenbilanz	Konsolidierung Soll	Konsolidierung Haben	Konzernbilanz
Goodwill				500	300(2) 200(3)	0
Beteiligung	800(1)		800	1.200	2.000 1.000(3)	1.000
Vorräte	0	1.250	1.250		750(2) 500(3)	0
Sonstige Aktiva	14.000	4.250	18.250		2.550(2) 1.700(3)	14.000
Aktiva	*14.800*	*5.500*	*20.300*			*15.000*
Gez. Kapital	1.500	250	1.750	250		1.500
Jahresergebnis	5.800(4)	1.250	7.050	1.250	200	6.000
Schulden	7.500	4.000	11.500	2.400(2) 1.600(3)		7.500
Passiva	*14.800*	*5.500*	*20.300*			*15.000*

Die Auswirkungen der Übergangskonsolidierung ergeben sich wie in Tab. 5.9 dargestellt.

1. Verringerung der Beteiligung um:
   T€ 800 = T€ 2.000 − T€ 1.200 (60 % von T€ 2.000)
2. Entkonsolidierungsbuchung: Anteilige Eliminierung der Vermögenswerte, Schulden und Goodwill (60 %)
3. Buchung bzw. Übergang der Restbeteiligung auf die Equity-Beteiligung, dabei werden die anteiligen Vermögenswerte, Schulden und Goodwill dem Fair Value der Restbeteiligung gegenübergestellt.

4. T€ 4.000 (Veräußerungserlös) − T€ 1.200 (60 % von T€ 2.000) = T€ 2.800
T€ 5.800 = T€ 3.000 (Jahresüberschuss 2011) + T€ 2.800

5.5.2.3 Übergang von Vollkonsolidierung zum Ausweis als Beteiligung

Werden die Anteile an einem bislang vollkonsolidierten Tochterunternehmen in dem Maße reduziert, dass weder ein Beherrschungsverhältnis noch ein maßgeblicher Einfluss besteht, so werden die verbleibenden Anteile lediglich als Beteiligung bilanziert und i. d. R. gemäß IAS 39/IFRS 9 zum Fair Value bewertet. Folgende Schritte sind durchzuführen: [128]

- Das auf die abgehenden Anteile entfallende Veräußerungsergebnis ist erfolgswirksam in der Gewinn- und Verlustrechnung des Konzerns zu berücksichtigen.
- Die Bewertung der verbleibenden Anteile erfolgt zum Fair Value.
- Die Folgebehandlung findet gemäß IAS 39/IFRS 9 statt.

▶ **Praxistipp** Diese Vorgehensweise entspricht prinzipiell einer vollständigen Ausbuchung der alten Anteile zum Fair Value bei einer gleichzeitigen Einbuchung des neuen geringeren Anteils zum Fair Value.

5.5.3 Anteilsveränderungen bei vollkonsolidierten Unternehmen ohne Statuswechsel

Das Regelwerk beinhaltet Vorschriften zur Vorgehensweise bei dem Erwerb und der Veräußerung von Anteilen an bereits vollkonsolidierten Tochterunternehmen. Wird die Beteiligungshöhe an einem Tochterunternehmen verändert, ohne dass der kontrollierende Einfluss aufgegeben wird (Auf- bzw. Abstockung der Anteile), sind die Wertansätze der Vermögensgegenstände und Schulden aus der Erstkonsolidierung des Tochterunternehmens bilanziell nicht anzupassen. Anteilsveränderungen an Tochterunternehmen sind stattdessen als erfolgsneutrale Eigenkapitaltransaktionen zwischen Mehrheitsgesellschaftern und den nicht beherrschenden Anteilseignern zu bilanzieren.[129] Jede Differenz zwischen dem Betrag, um den die nicht beherrschenden Anteile angepasst werden, und dem Fair Value der Gegenleistung ist unmittelbar im Eigenkapital zu erfassen und dem Mutterunternehmen zuzuordnen.[130]

---

[128] Vgl. IAS 28.22b/c; IAS 28.19 (2008).
[129] Vgl. Pellens et al. (2011, S. 761).
[130] Vgl. IFRS 10.23 f.; IAS 27.30 f. (2008).

5.6 Keep in Mind

Dieses Kapitel zeigt die Konsolidierung eines Tochterunternehmens während seiner gesamten Konzernzugehörigkeit, von der Erstkonsolidierung über Anteilsveränderungen zur Folgekonsolidierung und schließlich zur Entkonsolidierung.

5.6.1 Kontrollkonzept nach der Akquisitionsmethode

- Der bisher verwendete Begriff Purchase Method (Erwerbsmethode) wurde durch **Acquisition Method (Akquisitionsmethode)** ersetzt.
- Sämtliche Unternehmenserwerbe werden mittels der Erwerbsmethode bilanziert. Die Methode bedient sich der vollständigen Neubewertungsmethode (100-prozentige Aufdeckung stiller Reserven – auch über Anschaffungskosten hinaus) und teilt sich in vier Schritte:
  1. Ermittlung der Anschaffungskosten.
  2. Identifizierung von bislang nicht angesetzten Vermögenswerten.
  3. Bewertung sämtlicher Vermögenswerte.
  4. Ermittlung von Unterschiedsbeträgen und Minderheitenposten.
- Es kann grundsätzlich ein Käufer ermittelt werden (auch bei Fusion etwa gleich großer Unternehmen). Dieser ist nicht nach der rechtlichen Ausgestaltung der Akquisition auszumachen, sondern anhand wirtschaftlicher Indikatoren zu definieren.
- Das Auseinanderfallen von rechtlichem und wirtschaftlichem Erwerber nennt man Reverse Acquisition.
- Nach IFRS 3 ist neben der Neubewertungsmethode auch die sog. Full-Goodwill-Methode anwendbar.
- Wird der Anteil nicht beherrschender Anteilseigner mit dem Fair Value angesetzt, wendet der Erwerber die sog. Full-Goodwill-Methode an. Werden die nicht beherrschenden Anteile an dem erworbenen Unternehmen dagegen in Höhe des den nicht beherrschenden Anteilseignern zustehenden Anteils am identifizierbaren Nettovermögen bewertet (Purchased Goodwill), entspricht dieses Vorgehen der Neubewertungsmethode.

5.6.2 Erstkonsolidierung

- Ermittlung der Anschaffungskosten.
- Identifikation und Neubewertung der anzusetzenden Posten des Tochterunternehmens (Einjahresfenster zur Anpassung der Kaufpreisverteilung).
- Aufrechnung von Anschaffungskosten und neubewerteten Nettoreinvermögen => Unterschiedsbetrag (Goodwill) und evtl. ein Minderheitenposten.
- Im Rahmen der Kaufpreisallokationen nach IFRS 3 ist regelmäßig eine Verteilung des erworbenen Goodwills auf die zahlungsmittelgenerierenden Einheiten des erwerben-

den Unternehmens vorzunehmen. Gemäß IAS 36.80 ist der erworbene Goodwill dabei auf die zahlungsmittelgenerierenden Einheiten aufzuteilen, die voraussichtlich von den Synergieeffekten des Zusammenschlusses profitieren.

5.6.3 Anteilsveränderungen ohne Änderung der Einbeziehungsform

- Ist generell als Transaktion mit den Minderheiten anzusehen.
- Erfassung eines nach Anpassung des Goodwills verbleibenden Unterschiedbetrages in der Kapitalrücklage, wie beim Kauf/Verkauf eigener Aktien.

5.6.4 Folgekonsolidierung

- Abschreibung der stillen Reserven bzw. immaterieller Vermögenswerte mit bestimmbarer Nutzungsdauer, die im Rahmen der Business Combination erstmalig angesetzt wurden.
- Impairment-Test für Goodwill und immaterielle Vermögenswerte mit unbestimmbarer Nutzungsdauer. Da für den Goodwill insgesamt kein erzielbarer Betrag bestimmbar ist, wird er auf der Ebene der zahlungsmittelgenerierenden Einheit, der er zuzurechnen ist, einem Niederwertstest unterzogen.
- Minderheiten verändern sich anteilig aufgrund der ins Eigenkapital einfließenden Ergebnisse, der vorgenommenen Ausschüttungen sowie der anteiligen Abschreibungen der stillen Reserven. Weiterhin können Minderheiten derzeit keinen negativen Wert annehmen.

5.6.5 Entkonsolidierung

- Vorbereitende Maßnahmen im Rahmen von IFRS 5/One-Line-Presentation in Bilanz und bei Klassifizierung als Discontinued Operation Separierung auch in GuV und Kapitalflussrechnung.
- Ermittlung des Abgangserfolges.

5.6.6 Übergangskonsolidierung

- Übergang von Vollkonsolidierung auf Equity-Bewertung: Ein sukzessiver Anteilserwerb liegt vor, wenn ein Tochterunternehmen in mehreren Teilerwerbsschritten erworben wird. Regelfall ist der schrittweise Anteilserwerb durch Kauf mehrerer Aktienpakete eines Tochterunternehmens zu verschiedenen Zeitpunkten bis zur Kontrollmehrheit.

- Wird ohne den Erwerb zusätzlicher Anteile die Kontrolle über das Tochterunternehmen erstmals erlangt, ist gemäß IFRS 3.33 die Grundstruktur des sukzessiven Beteiligungserwerbes ebenfalls anzuwenden.
- Reduziert sich die Beteiligungsquote derart, dass ein Ausscheiden aus dem Vollkonsolidierungskreis unumgänglich ist, ein maßgeblicher Einfluss aber erhalten bleibt, so werden die verbleibenden Anteile im Konzernabschluss über die Anwendung der Equity-Methode einbezogen.
- Werden die Anteile an einem bislang vollkonsolidierten Tochterunter-nehmen in dem Maße reduziert, dass weder ein Beherrschungsverhältnis noch ein maßgeblicher Einfluss besteht, so werden die verbleibenden Anteile lediglich als Beteiligung bilanziert und i. d. R. gemäß IAS 39/IFRS 9 zum Fair Value bewertet.
- Durchführen einer Entkonsolidierung für den abgehenden Anteil und Verbuchung eines Abgangserfolges

5.6.7 Besonderheiten bei der Bilanzierung eines Unternehmenserwerbes

In diesem Kapitel haben Sie auch die Besonderheiten bei der Bilanzierung eines Unternehmenserwerbes, der in mehreren Einzeltransaktionen erfolgt, kennengelernt. Insbesondere ist zu beachten:

- Der Erwerber hat die bereits zuvor an dem erworbenen Unternehmen gehaltenen Anteile zum Erwerbszeitpunkt mit dem Fair Value neu zu bewerten und den daraus resultierenden Gewinn bzw. Verlust erfolgswirksam zu erfassen.
- Sind Wertänderungen der bereits gehaltenen Anteile zuvor GuV-neutral behandelt worden, so sind diese so zu erfassen, als hätte der Erwerber diese unmittelbar veräußert.
- Die Behandlung des Unterschiedsbetrages.

5.7 Übungsaufgaben zum Kapitel

Aufgabe 1 Welche Hauptschritte sind bei einem Unternehmenszusammenschluss nach IFRS 3 unter Anwendung der Erwerbsmethode durchzuführen?

Aufgabe 2 Welche wesentlichen Kriterien können bei einem Unternehmenszusammenschluss herangezogen werden können, um den wirtschaftlichen Erwerber zu bestimmen?

Aufgabe 3 Was unterscheidet die Erwerbsmethode nach IFRS methodisch im Wesentlichen von der Buchwertmethode oder der begrenzten Neubewertungsmethode?

Aufgabe 4 Was ist grundsätzlich unter der Full-Goodwill-Methode zu verstehen? Welchen Verpflichtungsgrad weist diese Methode auf?

Aufgabe 5 Unternehmen A erwirbt das Unternehmen B und verpflichtet sich im Kaufvertrag, dem Verkäufer nach Ablauf eines Jahres einen nachträglichen Kaufpreis von T€ 500 zu zahlen, wenn das EBIT des Erworbenen innerhalb dieses Jahres um 10 % ansteigt. Wie stellt sich die Berücksichtigung der bedingten Kaufpreisbestandteile in den beiden folgenden Szenarien dar, und wie ist zu verfahren, wenn sich die Wahrscheinlichkeit im ersten Szenario zu „wahrscheinlich" und im zweiten zu „nicht wahrscheinlich" wendet?

Szenario 1 Der Eintritt der EBIT-Steigerung ist zum Akquisitionszeitpunkt nicht wahrscheinlich (die Schätzbarkeit ist aufgrund der vertraglichen Regelung gegeben).

Szenario 2 Der Eintritt der EBIT-Steigerung ist zum Zeitpunkt der Akquisition aufgrund der bisherigen Entwicklung und der Prognosen durchaus wahrscheinlich.

Aufgabe 6 Unternehmen A erwirbt Unternehmen B, indem die Altaktionäre von B Aktien von A erhalten (Anteilstausch). A garantiert diesen vertraglich, dass der Kurs der A-Aktien in zwölf Monate bei € 100 liegen wird. Einen evtl. Differenzbetrag würde A durch eine Barzahlung ausgleichen. Handelt es sich hierbei um eine bedingte Kaufpreiszahlung, und wie sehen die Auswirkungen auf die Anschaffungskosten aus?

Aufgabe 7 Unternehmen A erwirbt Unternehmen B. Einen Monat nach Erwerb wird Unternehmen B aufgrund eines Rechtsstreites zu T€ 1.000 Schadenersatz verklagt. Eine Rückstellungsbildung bzw. der Ansatz einer Eventualverbindlichkeit erfolgt aufgrund der Unwahrscheinlichkeit einer Zahlung zum Erwerbszeitpunkt nicht. Nach sechs Monaten wird Unternehmen B wider Erwarten in erster Instanz zu einer Zahlung von T€ 1.000 angewiesen. Wie wirkt sich dies auf die Kaufpreisverteilung aus? Die Steuerquote beträgt 40 %.

Aufgabe 8 Unternehmen A erwirbt Unternehmen B. Aus einem zum Erwerbszeitpunkt noch laufenden Prozess, in dem Unternehmen B der Angeklagte ist, ergeben sich folgende Zahlungswahrscheinlichkeiten:

- 95 %: Keine Zahlung wird angewiesen.
- 1 %: Eine Zahlung von T€ 50 wird angewiesen.
- 4 %: Es muss eine Schadenersatzzahlung von T€ 1.000 geleistet werden.

Muss eine Schuld im Rahmen der Business Combination angesetzt werden, und wenn ja, mit welchem Wert?
    Was wäre, wenn B als Kläger auftreten würde – müsste ein Vermögenswert (Eventualforderung) aktiviert werden?

Aufgabe 9 In welchem Fall kann im Rahmen einer Business Combination nach IFRS 3 eine Restrukturierungsrückstellung angesetzt werden? Wann ist dies ausdrücklich untersagt?

Aufgabe 10 Mit welchem Wert werden die Minderheiten zum Zeitpunkt der Erstkonsolidierung nach IFRS 3 angesetzt, und durch welche Faktoren wird dieser in der Folgekonsolidierung beeinflusst?

Aufgabe 11 Was ist die Besonderheit eines sukzessiven Erwerbes, und welche Vorgehensweise sieht IFRS 3 zur Bilanzierung vor?

5.8 Lösungshinweise

Lösung 1 Im ersten Schritt müssen die Anschaffungskosten, also die gegebenen Werte zur Erlangung der Beherrschung, ermittelt werden. Dies geschieht auf Seiten des Erwerbers.

Anschließend müssen die zum Erwerbszeitpunkt erworbenen Vermögenswerte und Schulden identifiziert werden, d. h., sie müssen als Teil des Unternehmenszusammenschlusses identifizierbar sein.

Nach der Identifikation erfolgt die Neubewertung aller nun ansatzfähigen Vermögenswerte durch die Aufdeckung stiller Reserven und Lasten.

Im letzten Schritt werden die ermittelten Anschaffungskosten dem neubewerteten, anteiligen Nettoreinvermögen des erworbenen Unternehmens gegenübergestellt. Es ergibt sich im Normalfall ein positiver oder negativer Unterschiedsbetrag sowie im Falle eines Anteilserwerbes von weniger als 100 % ein Minderheitenposten innerhalb des Eigenkapitals.

Lösung 2
- Der Zeitwert der Unternehmen
  Das Unternehmen mit dem höheren Zeitwert wird im Zweifelsfall den wirtschaftlichen Erwerber darstellen.
- Erwerb von stimmberechtigten Aktien gegen Geld-/Sachleistungen
  Als Erwerber gilt i. d. R. das Unternehmen, welches die Gegenleistung in Form von Geld- und/oder Sachleistungen erbringt.
- Zusammensetzung des Leitungsorgans
  Das Unternehmen, welches die Mehrheit der Leitungsorgane des aus dem Unternehmenszusammenschluss hervorgehenden Unternehmens stellt, gilt als Erwerber.
  Bei der Bestimmung des Erwerbers muss stets die Möglichkeit einer Reverse Acquisition berücksichtigt werden. Hier gilt der rechtlich Erworbene als wirtschaftlicher Erwerber, da aufgrund der Transaktionsgestaltung die vorigen Aktionäre der rechtlich erworbenen Einheit einen größeren Anteil an dem neuen Unternehmen halten.

Lösung 3 Einen signifikanten Unterschied zur Buchwertmethode bildet die Aufdeckung stiller Reserven. Bei der Erwerbsmethode nach IFRS werden sämtliche (auch auf Minderheiten entfallenden) stillen Reserven aufgedeckt. Die Buchwertmethode beschränkt die Aufdeckung auf die anteilig dem Mutterunternehmen zuzurechnenden Werte.

Der wesentliche Unterschied zur begrenzten Neubewertungsmethode ist das Zulassen eines negativen Unterschiedsbetrages. Dieser entsteht, wenn das neubewertete Nettoreinvermögen die Anschaffungskosten übersteigt. Die begrenzte Neubewertungsmethode untersagt die Aufdeckung stiller Reserven über die Anschaffungskosten hinaus. Ein derartiger Unterschiedsbetrag ist nach erneuter wertmäßiger Überprüfung des neubewerteten Nettoreinvermögens des Erworbenen ergebniswirksam aufzulösen.

Lösung 4 IFRS 3 beinhaltet ein Wahlrecht zur Anwendung der Full-Goodwill-Methode. Grundsätzlich kann diese als Erweiterung der Neubewertungsmethode verstanden werden. Sie sieht neben der vollständigen Aufdeckung von stillen Reserven und Lasten auch den Ansatz eines Goodwills, der sich bei einem Erwerb von 100 % der Anteile ergäbe, vor. Folglich ist der im Rahmen einer Akquisition entstandene Goodwill auch auf die Minderheitenanteile hochzurechnen.

Lösung 5
Szenario 1 Die bedingte Kaufpreiszahlung stellt zum Akquisitionszeitpunkt keinen Bestandteil der Anschaffungskosten dar. Sobald der Eintritt im Laufe des Jahres wahrscheinlich wird, erfolgt eine Berücksichtigung im Rahmen nachträglicher Anschaffungskosten. Diese verändern die Höhe des Goodwills um den Wert, der angesetzt worden wäre, wenn die Anschaffungskosten bereits zum Erwerbszeitpunkt angesetzt worden wären (Abzinsung).

Szenario 2 Die Berücksichtigung der bedingten Kaufpreiszahlung erfolgt zum Barwert (bspw. T€ 470) durch Erhöhung der Anschaffungskosten und Einbuchung einer Verbindlichkeit. Der Differenzbetrag von T€ 30 stellt einen Zinsaufwand dar. Sollte die Bedingung wider Erwarten nicht eintreten, wird die Verbindlichkeit gegen den Goodwill ausgebucht und der Zinsaufwand neutralisiert.

Lösung 6 Es handelt sich in diesem Fall um keine bedingte Kaufpreiszahlung, da die ursprünglich vereinbarten Anschaffungskosten nicht berührt sind. Die nachträgliche Ausgleichszahlung stellt lediglich einen Abschlag auf den ursprünglichen Fair Value der Aktien dar. Er bestätigt vielmehr den damals als Fair Value angesehenen Kurs, denn genau bis zu diesem Wert stockt er die Anschaffungskosten wieder auf. Dementsprechend erfolgt keine Anpassung des Goodwills, sondern der Ansatz einer Verbindlichkeit.

Lösung 7 Da dieser Sachverhalt innerhalb von zwölf Monaten nach dem Erwerb stattfindet, kann die Kaufpreisverteilung angepasst werden. Unternehmen B passiviert in seinem Einzelabschluss erfolgswirksam eine Rückstellung i. H. v. T€ 1.000 und aktiviert eben-

5.8 Lösungshinweise

falls erfolgswirksam eine Steuerforderung von T€ 400 (Steuerquote 40 %). Im Konzernabschluss sind dieser Aufwand sowie die damit verbundene Steuerentlastung zu eliminieren und die Erstkonsolidierung unter Einbezug dieser Rückstellung sowie der Steuerforderung vorzunehmen. Der Goodwill erhöht sich aus diesem Sachverhalt um T€ 600.

Lösung 8 Ist Unternehmen B der Angeklagte, muss eine Eventualverbindlichkeit angesetzt werden. Diese vermindert das Nettoreinvermögen und erhöht einen evtl. sich ergebenden Goodwill. Die Höhe der Eventualverbindlichkeit ergibt sich aus dem Erwartungswert:

$$(95\% \times T€\ 0) + (1\% \times T€\ 50) + (4\% \times T€\ 1.000) = T€\ 400{,}5$$

Wenn eine Abzinsung einen wesentlichen Effekt hätte, wäre diese Rückstellung auf den Barwert abzuzinsen. Tritt Unternehmen B als Kläger auf, darf keine Eventualforderung angesetzt werden, da dies grundsätzlich untersagt ist (Vorsichtsprinzip i. w. S.).

Lösung 9 Da für den Ansatz einer Restrukturierungsrückstellung eine gegenwärtige Verpflichtung bestehen muss, ist ein Ansatz für geplante Restrukturierungsmaßnahmen des Erwerbers in Bezug auf den Erworbenen nicht möglich, da diese gegenwärtige Verpflichtung unmittelbar vor dem Akquisitionszeitpunkt nicht gegeben ist. Eine Restrukturierungsrückstellung ist anzusetzen, wenn sie schon vor dem Erwerb bei dem Akquisitionsobjekt angesetzt war.

Die Ansatzmöglichkeit einer durch die Übernahme veranlassten Restrukturierungsrückstellung besteht, wenn an die Mitarbeiter des Erworbenen im Falle einer Übernahme die vertraglich zugesicherten Zahlungen zu leisten sind. Die Rückstellung ist bereits vor der Übernahme beim Erworbenen anzusetzen, wenn die Wahrscheinlichkeit einer Übernahme auf über 50 % anwächst.

Lösung 10 Der Minderheitenposten entspricht zum Zeitpunkt der Erstkonsolidierung dem anteiligen Nettoreinvermögen des Erworbenen. Er bildet den passiven Ausgleichsposten zu den zu 100 % in den Konzern einfließenden Vermögenswerten und Schulden. Das bedeutet, er beinhaltet auch die anteiligen stillen Reserven und Lasten. IFRS 3 sieht ein Wahlrecht bezüglich der Bewertung von nicht beherrschenden Anteilen bei Unternehmenszusammenschlüssen vor. Wird der Anteil nicht beherrschender Anteilseigner mit dem Fair Value angesetzt, wird die Full-Goodwill-Methode angewendet. Demnach steht den nicht beherrschenden Anteilseignern ebenfalls ein Goodwill zu, der bereits im Fair Value enthalten sein muss. Werden die nicht beherrschenden Anteile an dem erworbenen Unternehmen dagegen in Höhe des den nicht beherrschenden Anteilseignern zustehenden Anteils am identifizierbaren Nettovermögen bewertet, entspricht dieses Vorgehen der Neubewertungsmethode. Bei der Folgekonsolidierung wird dieser Posten zum einen durch die Abschreibung der stillen Reserven und zum anderen durch Veränderung der Gewinnrücklagen vermindert. So wird der Konzernanteil des Ergebnisses in die originären Gewinnrücklagen eingestellt, und der Fremdanteil erhöht den Minderheitenposten.

Vorgenommene Ausschüttungen vermindern den Minderheitenposten hingegen anteilig. Anhaltende Verluste können den Minderheitenposten nicht negativ werden lassen. Vielmehr ist hier eine Nebenbuchhaltung zu führen, um einen evtl. wieder positiv werdenden Minderheitenposten erneut anzusetzen.

Lösung 11 Bei einem sukzessiven Anteilserwerb müssen die zuvor an dem erworbenen Unternehmen gehaltenen Anteile zum Erwerbszeitpunkt mit dem Fair Value neu bewertet werden. Daraus resultierende Gewinne bzw. Verluste sind ergebniswirksam zu erfassen. Wertänderungen der bereits gehaltenen Anteile sind i. d. R. so zu erfassen, als hätte der Erwerber diese unmittelbar veräußert. Die nach Erlangung der Beherrschung erworbenen Anteile werden als Eigenkapitaltransaktionen bilanziert. Jede Differenz zwischen dem Betrag, um den die nicht beherrschenden Anteile angepasst werden, und dem Fair Value des Kaufpreises ist unmittelbar im Eigenkapital zu erfassen.

Weitere Konsolidierungsmaßnahmen 6

IFRS 10 ersetzt die bisherigen Regelungen zur Konzernrechnungslegung nach IAS 27 (2008) Consolidated Financial Statements. Die Regelungen zur Schuldenkonsolidierung, Zwischenergebniseliminierung und Aufwands- und Ertragskonsolidierung befinden sich seit dem 1. Januar 2013 in IFRS 10. Änderungen wurden nicht vorgenommen, so dass die Regelungen nach IAS 27 (2008) und IFRS 10 parallel genannt werden können.

6.1 Schuldenkonsolidierung

Forderungen und Verbindlichkeiten zwischen den einbezogenen Unternehmen im jeweiligen Konzern sind nach dem Einheitsgrundsatz in voller Höhe zu eliminieren.[1] Bei der sog. Schuldenkonsolidierung sind alle Posten, die ihrem Charakter nach Forderungen/Verbindlichkeiten zwischen einbezogenen Konzernunternehmen darstellen, erfolgsneutral gegeneinander aufzurechnen. Hierzu zählen

- Forderungen und Verbindlichkeiten,
- Rückstellungen aufgrund konzerninterner Lieferungs- und Leistungsbeziehungen,
- geleistete/erhaltene Anzahlungen, Ausleihungen sowie
- Rechnungsabgrenzungsposten und Eventualverbindlichkeiten.

▶ **Praxistipp** Generell können solche Konsolidierungsmaßnahmen unberücksichtigt bleiben, die dem allgemeinen Wesentlichkeitsgrundsatz unterliegen und dem Abschlussadressaten keinen weiteren Nutzen stiften.

---

[1] Vgl. IFRS 10.B86c; IAS 27.20 f. (2008).

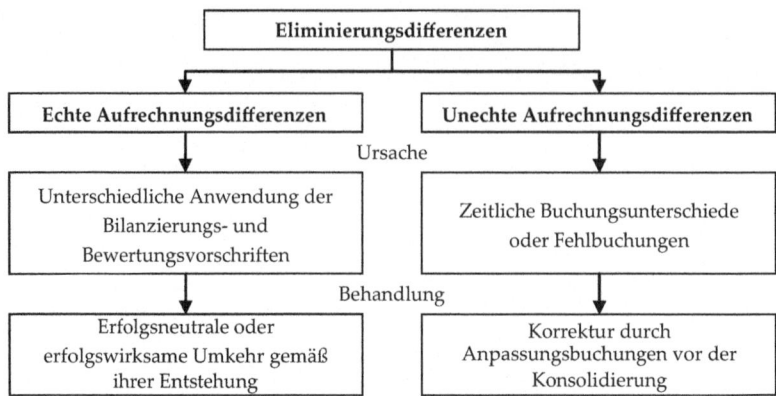

Abb. 6.1 Ursache und Behandlung von Eliminierungsdifferenzen

Das Auftreten von Eliminierungsdifferenzen, die ggf. z. B. daraus entstehen können, dass schuldenseitig eine konzerninterne Rückstellung eingebucht wurde, jedoch kein korrespondierender Aktivposten besteht, wird im IFRS-Regelwerk nicht thematisiert.

Die **echten Aufrechnungsdifferenzen** sind gemäß der Art ihrer Entstehung – erfolgsneutral oder erfolgswirksam – umzukehren. Eine erfolgswirksame Umkehr darf nur in der Periode der Entstehung und der Auflösung erfolgen. In den Zwischenperioden ist eine Eliminierung der Aufrechnungsdifferenz gegen die Gewinnrücklagen (das Ergebnis aus der Entstehungsperiode) vorzunehmen (siehe auch Abb. 6.1). **Unechte Aufrechnungsdifferenzen** (zeitliche Buchungsunterschiede oder Fehlbuchungen) treten nach erfolgter Detailabstimmung im Normalfall nicht auf.

▶ **Praxistipp** Unechte Aufrechnungsdifferenzen sollten in einer entsprechenden Bilanzierungsrichtlinie ausgeschlossen werden.

Entstehen dennoch unechte Aufrechnungsdifferenzen, dann sollten vor der eigentlichen Schuldenkonsolidierung Anpassungsbuchungen, die den Fehler bereinigen, durchgeführt werden.

6.2 Zwischenergebniseliminierung

Im Rahmen der Zwischenergebniseliminierung werden Gewinne und Verluste, die aus konzerninternen Transaktionen stammen, unabhängig von der Anteilsquote in voller Höhe eliminiert. Konzerninterne Verluste können auf eine Wertminderung hinweisen, die im Konzernabschluss berücksichtigt werden muss.[2]

---

[2] Vgl. IFRS 10.B86c; 27.20 f. (2008).

6.2 Zwischenergebniseliminierung

Ferner ergeben sich unterschiedliche Eliminierungsmaßnahmen in Abhängigkeit von der Konsolidierungsebene der an der Transaktion beteiligten Konzernunternehmen:

- Auf Ebene des übergeordneten Konzernabschlusses dürfen aus konzerninternen Transaktionen keine Ergebnisauswirkungen verbleiben.
- In IFRS-Einzelabschlüssen sind die erforderlichen Eliminierungsmaßnahmen in Abhängigkeit von der Art des übertragenen Vermögenswerts vorzunehmen.

6.2.1 Zwischenergebniseliminierung bei konzerninternen Übertragungen im Zusammenhang mit Unternehmenszusammenschlüssen

Die Behandlung konzerninterner Übertragungen im Zusammenhang mit Unternehmenszusammenschlüssen (Transactions Under Common Control – TUCC) ist in IFRS nicht geregelt. IFRS 3 schließt Business Combinations involving Entities or Businesses under common control explizit aus dem Anwendungsbereich aus.[3] Da weder auf andere IFRS zurückgegriffen werden kann, die vergleichbare Sachverhalte regeln, noch das Framework eine Hilfestellung zur Schließung der **Regelungslücke** bietet, wird auf die Regelungen der US-GAAP zurückgegriffen.[4] Im jeweiligen Konzern sind daher konzerninterne Übertragungen im Zusammenhang mit Unternehmenszusammenschlüssen nach der sog. **Predecessor-Accounting-Methode** abzubilden.

Die Predecessor-Accounting-Methode hat nur Bedeutung für die Behandlung der Zwischenergebnisse im IFRS-Einzelabschluss des aufnehmenden bzw. abgebenden Tochterunternehmens. Im Konzernabschluss des übergeordneten Mutterunternehmens müssen die Zwischenergebnisse konzerninterner Übertragungen im Zusammenhang mit Unternehmenszusammenschlüssen stets in voller Höhe eliminiert sein. Die konzernintern übertragenen Vermögenswerte und Schulden sind im IFRS-Einzelabschluss des aufnehmenden Unternehmens unabhängig von den beizulegenden Zeitwerten der vereinbarten Gegenleistung mit den Konzernbuchwerten des übergeordneten Mutterunternehmens zum Zeitpunkt der Transaktion zu bewerten. Der Differenzbetrag zwischen der gewährten Gegenleistung und den Konzernbuchwerten der Vermögenswerte und Schulden ist **mit dem Eigenkapital zu verrechnen**.

▶ **Praxistipp** In der Praxis sollte eine separate Position innerhalb des Eigenkapitals angelegt werden, um leichter überprüfen zu können, ob sich die Werte auf Konzernebene wieder ausgleichen.

---

[3] Vgl. IFRS 3.2(c).
[4] In Übereinstimmung mit IAS 8.10 ff.

Das abgebende Unternehmen weist in seinem Abschluss die Abgänge der im Rahmen von Unternehmenszusammenschlüssen übertragenen Vermögenswerte und Schulden aus. Die bei der Transaktion realisierten Gewinne bzw. Verluste sind erfolgsneutral auf demselben Konto wie bei dem aufnehmenden Unternehmen mit dem Eigenkapital zu verrechnen.

6.2.2 Zwischenergebniseliminierung konzerninterner Übertragungen von Sachanlagevermögen oder immateriellen Vermögenswerten

Bei der Bilanzierung der konzerninternen Übertragungen von Gegenständen des Sachanlagevermögens (IAS 16) und immateriellen Vermögenswerten (IAS 38) besteht keine Regelungslücke in den IFRS-Standards.

Im Konzernabschluss des übergeordneten Mutterunternehmens sind die Gewinne und Verluste aus den konzerninternen Transaktionen von Gegenständen des Sachanlagevermögens und immateriellen Vermögenswerten **in voller Höhe zu eliminieren**. Zwischenverluste sind zusätzlich als Impairment-Indikator im Konzernabschluss zu beurteilen.

Der ursprüngliche, vor der konzerninternen Transaktion bestehende Buchwert ist durch die Zwischenergebniseliminierung wiederherzustellen. Unterschiedliche Abschreibungsbeträge bei abnutzbarem Anlagevermögen, die sich in Folgeperioden aufgrund verschiedener Wertansätze in der HB I auf den Konsolidierungsebenen ergeben, sind durch HB-II-Buchungen oder Buchungen auf Konzernstufe erfolgswirksam anzupassen.

> **Beispiel**
> Wenn ein Gebäude, das eine verbleibende Abschreibungsdauer von zehn Jahren aufweist, konzernintern übertragen wird und der Buchwert bei dem Veräußerer T€ 100 und der Verkaufspreis T€ 200 beträgt, dann kommt es aus Einzelabschlusssicht zu unterschiedlichen Abschreibungsbeträgen. Im ersten Schritt wird der Buchwert beim Erwerber per Konzernbuchung auf den ursprünglichen Konzernbuchwert von T€ 100 herabgesetzt, und im zweiten Schritt müssen die beim Erwerber im Einzelabschluss vorgenommenen Abschreibungen von T€ 20 p. a. reduziert werden auf den Abschreibungsbetrag, der auf dem Konzernbuchwert von T€ 100 basiert (→ Abschreibungen p. a. von T€ 10). Die Buchung würde daher lauten:
> Gebäude an Abschreibungen T€ 10.

Der konzerninterne Veräußerungsvorgang ist sowohl im Abschluss des abgebenden Unternehmens als auch im Abschluss des aufnehmenden Unternehmens wie eine Transaktion mit Konzernfremden abzubilden. Das bedeutet, im Abschluss des aufnehmenden Unternehmens erfolgt der Wertansatz des übertragenen Vermögenswerts zu Anschaffungskosten bzw. zu beizulegenden Zeitwerten. Im Abschluss des abgebenden Unternehmens erfolgen der Ausweis des Abgangs des übertragenen Vermögenswertes und die Erfassung der Veräußerungsgewinne bzw. -verluste in der Gewinn- und Verlustrechnung unter Angabe der entsprechenden Partnergesellschaften.

6.2.3 Zwischenergebniseliminierung konzerninterner Verkäufe von Gegenständen des Umlaufvermögens

Vorschriften zur Zwischenergebniseliminierung konzerninterner Verkäufe von Gegenständen des Umlaufvermögens sind im IFRS-Regelwerk festgelegt. Gewinne und Verluste bei konzerninternen Lieferungen von Vorräten werden im Konzernabschluss in voller Höhe eliminiert, wenn sich die gelieferten Vorräte am Bilanzstichtag noch im Vorratsvermögen des empfangenen Unternehmens befinden. Sowohl im Abschluss des abgebenden Unternehmens als auch im Abschluss des aufnehmenden Unternehmens werden solche Vorgänge wie konzerninterne Übertragungen von Gegenständen des Sachanlagevermögens und immateriellen Vermögenswerten abgebildet.

6.3 Aufwands- und Ertragskonsolidierung

Sämtliche Auswirkungen konzerninterner Transaktionen sind zu eliminieren. Hierzu gehören insb. die Innenumsätze, die Materialaufwendungen, die sonstigen betrieblichen Aufwendungen und Erträge sowie die entsprechenden Posten des Finanzergebnisses. Das Regelwerk beinhaltet keine expliziten Vorschriften zum Vorgehen bzw. zum Umgang mit Aufrechnungsdifferenzen.

Beispiel

Die Unternehmen A und B gehören beide zum Konzern K. Das Unternehmen A produziert Bauteile und liefert diese an das Unternehmen B zu einem Preis von T€ 100. Unternehmen B verarbeitet diese weiter und bucht diese Bauteile als Materialeinkauf. Unter der Annahme, dass keine Zwischengewinne entstehen, bilanziert Unternehmen A einen Umsatzerlös und Unternehmen B einen Materialaufwand von T€ 100. Aus Konzernsicht sind Umsatzerlöse erst dann zu realisieren, wenn die Konzerngrenze überschritten wird. Dieser Sachverhalt stellt lediglich eine Verlängerung der GuV dar und ist demnach wie folgt zu eliminieren:
Umsatzerlöse an Materialaufwand T€ 100.

6.4 Keep in Mind

In diesem Abschnitt wird gezeigt, welche Konzernverrechnungen neben der Kapitalkonsolidierung zusätzlich vorzunehmen sind.

Während es sich bei der Schuldenkonsolidierung und der Aufwands- und Ertragskonsolidierung um eine einfache Aufrechnung der Posten gegeneinander handelt, gibt es bei der Zwischenergebniseliminierung Besonderheiten zu beachten:

- Bei der Zwischenergebniseliminierung im Rahmen eines Unternehmenszusammenschlusses finden die US-GAAP-Vorschriften Anwendung. Das Eigenkapital dient als Ausgleichsposten für Zwischengewinne und Zwischenverluste beim abgebenden und beim aufnehmenden Unternehmen.
- Sonstige Zwischengewinne werden in der GuV gezeigt und auf Konzernebene eliminiert.

6.5 Übungsaufgaben zum Kapitel

Aufgabe Ein Vermögenswert wird im Rahmen einer Business Combination nach IFRS 3 an ein anderes Konzernunternehmen übertragen (Anwendung der Predecessor-Accounting-Methode). Stellen Sie bitte die Zwischenergebniseliminierungsbuchungen bei abgebender und aufnehmender Gesellschaft sowie evtl. Konsolidierungsbuchungen auf Konzernstufe dar.

Annahmen

- Abgebendes und aufnehmendes Unternehmen befinden sich under common control.
- Es handelt sich bei dem übertragenen Vermögenswert um eine abnutzbare Sachanlage mit einem Brutto-Buchwert von T€ 300 und kumulierten Abschreibungen von T€ 150. Die Sachanlage wird konzernintern zum Brutto-Buchwert verkauft.
- Der Konzern hält 60 % am abgebenden Unternehmen (40 % Minderheitenanteile), und das aufnehmende Unternehmen ist eine 100-prozentige Tochter.

6.6 Lösungshinweise

Lösung Das abgebende Unternehmen erhält den Kaufpreis und lässt den Brutto-Buchwert sowie die zugehörigen Abschreibungen abgehen. Der Unterschiedsbetrag (der eigentliche Gewinn) wird nicht in der GuV, sondern in der Kapitalrücklage erfasst.

Buchungssatz

Soll		Haben	
Bank	300	Sachanlage (brutto)	300
Sachanlage (kumulierte Afa.)	150	Eigenkapital – TUCC	150

Das aufnehmende Unternehmen zahlt den Kaufpreis und übernimmt die Sachanlage zu Konzernbuchwerten. Der Unterschiedsbetrag (der eigentliche Verlust) wird nicht in der

6.6 Lösungshinweise

GuV, sondern in der Kapitalrücklage erfasst. Der Effekt in der Kapitalrücklage auf Konzernebene ist null.

Buchungssatz

Soll		Haben	
Sachanlage (brutto)	300	Bank	300
Eigenkapital – TUCC	150	Sachanlage (kumulierte Afa.)	150

Da das abgebende Unternehmen nur zu 60 % dem Konzern zuzurechnen ist, muss auch das eigentlich zu vereinnahmende Ergebnis aus dieser Transaktion im Minderheitenergebnis und den Minderheiten der Bilanz anteilig erfasst werden (T€ 150 × 40 % = T€ 60)

Buchungssatz

Soll		Haben	
Minderheiten am Jahresüberschuss (GuV)	60	Minderheiten (Bilanz)	60

7 Behandlung von Gemeinschaftsunternehmen, gemeinschaftlichen Vereinbarungen und assoziierten Unternehmen

7.1 Standards und Anwendungsbereich

Das gemeinsame Projekt des Standardsetters IASB und des US-amerikanischen FASB (Financial Accounting Standards Board) hinsichtlich einer stärkeren Vereinheitlichung der Bilanzierung (Convergence) betrifft auch die Regelungen zu Gemeinschaftsunternehmen und assoziierten Unternehmen (s. Tab. 7.1).

Im Zuge der Neudefinition des Beherrschungsbegriffes in IFRS 10 wurden die Regelungen zur gemeinsamen Beherrschung angepasst. Im Mai 2011 wurde der Standard IFRS 11 Joint Arrangements veröffentlicht. IFRS 11 ersetzt IAS 31 und SIC-13. Die wesentlichen Änderungen betreffen die verwendete Terminologie, die Abschaffung des Wahlrechts zur quotalen Einbeziehung gemeinsam geführter Unternehmen (Joint Ventures) und die erhebliche Ausweitung der Angabepflichten. Die Regelungen zur Bestimmung assoziierter Unternehmen und ergänzende Bilanzierungsvorschriften zur Equity-Methode wurden in IAS 28 (2011) „Investments in Associates and Joint Ventures" zusammengefasst. Die aktualisierten Vorschriften erfordern neben der Bilanzierung assoziierter Unternehmen nach der Equity-Methode nun auch, dass die nach IFRS 11 definierten Gemeinschaftsunternehmen (Joint Ventures) zwingend at equity bilanziert werden. Zudem wurde die Bilanzierung von Sacheinlagen gemäß SIC-13 in IAS 28 (2011) integriert und der Anwendungsbereich auf assoziierte Unternehmen erweitert.

Mit Beginn des Jahres 2011 wurde auch IFRS 12 „Disclosure of Interests in Other Entities" veröffentlicht. Die Anhangangaben zu Unternehmensverbindungen im Konzernabschluss und Joint Arrangements ergeben sich seitdem aus diesem Standard.

Die neuen Standards sind verpflichtend für Geschäftsjahre anzuwenden, die am oder nach dem 1. Januar 2013 beginnen. Eine vorzeitige Anwendung ist zulässig.

Tab. 7.1 Relevante Standards

Anwendungsbereich	Bisher	Neu
Anteile an Joint Ventures	IAS 31	
Joint Arrangements		IFRS 11
Assoziierte Unternehmen	IAS 28 (2008)	IAS 28 (2011)
Bilanzierung von Sacheinlagen	SIC-13	IAS 28 (2011)
Gemeinschaftlich geführte Einheiten	SIC-13	IFRS 11
Anhangangaben	IAS 28.37, IAS 31.54-57 IFRIC 5.11-13	IFRS 12

7.2 Gemeinschaftsunternehmen und gemeinschaftliche Vereinbarungen

7.2.1 Voraussetzungen der gemeinschaftlichen Führung

Bei der gemeinschaftlichen Führung handelt es sich gemäß IFRS 11 und IAS 31 um eine **vertraglich vereinbarte** Teilhabe an der Führung bzw. **Beherrschung** einer wirtschaftlichen Aktivität.[1] Die Definitionskriterien für das Vorliegen der gemeinschaftlichen Führung (vertragliche Vereinbarung, gemeinsame Beherrschung) sind unverändert aus IAS 31 in IFRS 11 übernommen worden. Jedoch stellt IAS 31 auf den Beherrschungsbegriff gemäß IAS 27 (2008) ab, wonach Beherrschung als die Möglichkeit definiert wird, die Finanz- und Geschäftspolitik zu bestimmen, um daraus Nutzen zu ziehen.[2] Dagegen definiert IFRS 11 Beherrschung im Sinne von IFRS 10 als **Bestimmungsmacht zur Erzielung variabler Rückflüsse**, wobei die Möglichkeit zur Ausübung der Bestimmungsmacht ausreichend ist.[3] Daher können an dieser Stelle wesentliche Unterschiede entstehen.

7.2.1.1 Vertragliche Vereinbarung

Die **Vertragsbeziehungen** können auf unterschiedliche Weise belegt werden und unterliegen dabei keinen Formvorschriften. Eine Schriftform ist bspw. nicht notwendig, oftmals aber in Form von ausformulierten Verträgen oder Besprechungsprotokollen anzutreffen.[4] Vertragliche Vereinbarungen liegen gewöhnlich schriftlich vor und beinhalten z. B.[5]

- Regelungen zum Gegenstand und zur Bestandsdauer des Gemeinschaftsunternehmens,
- Führungsdetails, bspw. die Ernennung von Organmitgliedern,

---

[1] Vgl. IFRS 11.5; IAS 31.9.
[2] Vgl. IAS 31.3.
[3] Vgl. IFRS 11.B5 i.V.m. IFRS 10.6–7.
[4] Vgl. IFRS 11.B2; IAS 31.10.
[5] Vgl. IFRS 11.B4, IAS 31.10 f.

- Informationen zur Festlegung des Entscheidungsprozesses (Decision-Making Process) sowie
- die Kapitaleinlagen der Partnerunternehmen.

Grundsätzlich können schuldrechtliche oder gesellschaftsrechtliche Vereinbarungen geschlossen werden. Liegt keine Vertragsbeziehung vor, ist das Vorliegen einer gemeinschaftlich geführten Aktivität (Joint Operation) oder eines Gemeinschaftsunternehmens (Joint Venture) gemäß IFRS 11 ausgeschlossen.[6] Auch nach IAS 31 begründen Tätigkeiten, die ohne vertragliche Grundlage zur Begründung einer gemeinschaftlichen Führung geschlossen wurden, nicht das Bestehen eines Gemeinschaftsunternehmens.[7]

7.2.1.2 Gemeinschaftliche Beherrschung über die Vereinbarung

Die gemeinschaftliche Vereinbarung ist **vertraglich zu begründen**. Die Vertragsbeziehung verschafft den Beteiligten die gemeinschaftliche Beherrschung über die Vereinbarung.[8] Das bedeutet gemäß IFRS 11, dass zwei oder mehr Partnerunternehmen das Unternehmen dann gemeinschaftlich beherrschen, wenn alle Entscheidungen zur **Steuerung der relevanten Aktivitäten gemeinsam** getroffen und dadurch die Rückflüsse aus dem Gemeinschaftsunternehmen beeinflusst (significantly affected) werden.[9]

> **Beispiel**
> Die Partnerunternehmen A und B sind mit jeweils 50 % am Unternehmen C beteiligt. Eine vertragliche Vereinbarung sieht vor, dass 51 % der Stimmrechte notwendig sind, um die relevanten Aktivitäten zu steuern.
> Liegt keine weitere Vereinbarung vor, kann ein neutraler Schiedsrichter die Entscheidung fällen, es sei denn, einer Partei wurde ein einseitiges Entscheidungsrecht zugesprochen.[10]

Der vertraglichen Vereinbarung kommt auch nach IAS 31 eine besondere Bedeutung zu, weil sie das Unterscheidungsmerkmal zwischen einem assoziierten Unternehmen und einem Joint Venture bildet.[11] Sie stellt auch hier sicher, dass kein Unternehmen die uneingeschränkte Beherrschung ausüben kann. Im Vordergrund steht jedoch gemäß IAS 27 (2008) die Möglichkeit, die Finanz- und Geschäftspolitik der wirtschaftlichen Tätigkeit zu bestimmten. Besitzt eine Partei alleine diese Möglichkeit, liegt Beherrschung vor, und das Unternehmen ist ein zu konsolidierendes Tochterunternehmen.[12]

---

[6] Vgl. Heuser und Theile (2012), Rz. 5221.
[7] Vgl. IAS 31.9.
[8] Vgl. IFRS 11.7; IAS 31.11.
[9] Vgl. IFRS 11.8; IFRS 11.B5 f.
[10] Vgl. IFRS 11.B7; IFRS 11.B10.
[11] Vgl. IAS 31.9.
[12] Vgl. IAS 31.12.

Die Möglichkeit, einen **Betreiber** zu bestimmen, steht einer gemeinschaftlichen Führung nach IFRS 11 und IAS 31 meist nicht entgegen. Hierbei werden bestimmte Verantwortungsbereiche (z. B. die Produktion oder das Finanzwesen) vertraglich an das Partnerunternehmen delegiert, ohne dass dieses Beherrschung über das gemeinsame Unternehmen erlangt.[13] Spezielle Bestandteile einer solchen vertraglichen Vereinbarung sind bspw. konkret definierte Verfahrensweisen für Konfliktsituationen zwischen den Anteilseignern. Aufgrund der gemeinschaftlichen Führung sind vorab determinierte Richtlinien für Streitfälle von Bedeutung.

Ein gemeinschaftlich geführtes Unternehmen kann z. B. eine Gesellschaft sein, bei der zwei Partnerunternehmen 50 % der Anteile besitzen und bei dem durch eine vertragliche Vereinbarung die gemeinschaftliche Führung gesichert wird. Es können aber auch **nicht beherrschende Partner** am Gemeinschaftsunternehmen beteiligt sein. Damit eine gemeinschaftliche Beherrschung begründet ist, muss jedoch feststehen, welche Konstellation die Beherrschung ausübt.

> **Beispiel**
>
> Die Partner A, B und C sind am Gemeinschaftsunternehmen D beteiligt. A verfügt über 50 %, B über 30 % und C über 20 % der Anteile. Eine gemeinschaftliche Vereinbarung sieht vor, dass eine 75-prozentige Mehrheit notwendig ist, um die relevanten Aktivitäten zu steuern. Sodann ist eine beherrschende Konstellation nur mit A und B möglich.
>
> Angenommen, die Partner B und C verfügen jeweils über 25 % der Anteile. Eine 75-prozentige Mehrheit entsteht einerseits durch A und B, andererseits auch durch A und C. Solange nicht feststeht, welche Kombination maßgebend ist, liegt kein Gemeinschaftsunternehmen vor.[14]

Paritätische Beteiligungsverhältnisse sind keine zwingende Voraussetzung. Die für die gemeinschaftliche Führung notwendigen Mitwirkungs-rechte können sich auch aus der Satzung oder sonstigen Vereinbarungen ergeben.[15]

7.2.2 Joint Venture und Joint Arrangement

Während IAS 31 Gemeinschaftsunternehmen (Joint Ventures) anhand der rechtlichen Struktur in gemeinschaftlich geführte Tätigkeiten (Jointly Controlled Operations),[16] Vermögenswerte (Jointly Controlled Assets)[17] und Unternehmen (Jointly Controlled Entities)[18] unterscheidet, differenziert IFRS 11 Joint Arrangements entweder als gemein-

---

[13] Vgl. IFRS 11.IE46; IAS 31.12.
[14] Vgl. IFRS 11.B8 Beispiel 1 und 2.
[15] Vgl. IFRS 11 B9
[16] Vgl. IAS 31.13 ff.
[17] Vgl. IAS 31.18 ff.
[18] Vgl. IAS 31.24 ff.

7.2 Gemeinschaftsunternehmen und gemeinschaftliche Vereinbarungen

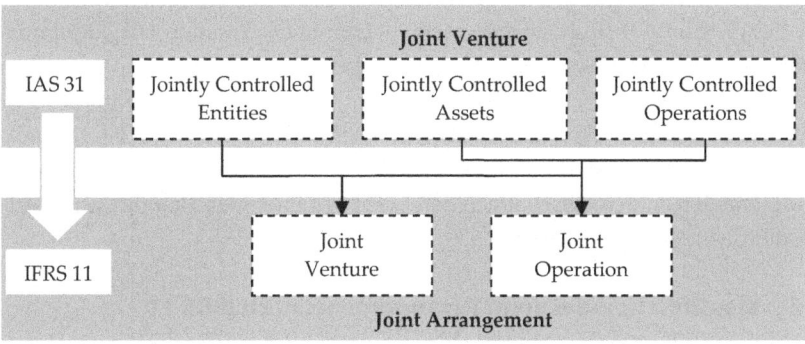

Abb. 7.1 Joint Venture und Joint Arrangement. (Quelle: Heuser und Theile (2012), Rz. 5250)

schaftlich geführte Aktivität (Joint Operation) oder als Gemeinschaftsunternehmen (Joint Venture) (s. Abb. 7.1).[19]

7.2.2.1 Klassifikation des Joint Ventures nach IAS 31

Die nach IAS 31 dargestellten gemeinsamen wirtschaftlichen Aktivitäten lassen sich folgendermaßen klassifizieren:

- An das Vorliegen eines **Gemeinschaftsunternehmens** (Jointly Controlled Entity) sind folgende Voraussetzungen geknüpft:
  - Es besteht eine rechtliche Einheit (z. B. Personen- oder Kapitalgesellschaft) unter der Beteiligung von zwei oder mehr Partnern.[20]
  - Die Gesellschaft selbst ist unternehmerisch tätig. Das Gemeinschaftsunternehmen verfügt über die Vermögenswerte und Schulden, erzielt Erträge und tätigt die Aufwendungen.[21]
  - Mit einer vertraglichen Vereinbarung wird eine gemeinschaftliche Führung begründet.[22] Die gemeinschaftliche Führung bezieht sich dabei auf Entscheidungen, die für die Ziele maßgebend sind.
- **Vermögenswerte unter gemeinschaftlicher Führung** (Jointly Controlled Assets) umfassen die gemeinschaftliche Führung von Vermögenswerten, die an das Gemeinschaftsunternehmen überlassen werden, z. B. gemeinsam genutzte Vermögenswerte bei der Öl- und Gasexploration (**echte Arbeitsgemeinschaft**).[23]
- Bei **gemeinschaftlich geführten Aktivitäten** (Jointly Controlled Operations) existiert kein gemeinschaftliches Vermögen. Die Partner weisen in ihren Abschlüssen die jeweils eigenen Vermögenswerte und Schulden sowie Aufwendungen und Erträge aus. Typi-

---

[19] Vgl. IFRS 11.6.
[20] Vgl. IAS 31.24.
[21] Vgl. IAS 31.25.
[22] Vgl. IAS 31.7, IAS 31.24.
[23] Vgl. IAS 31.18 ff.

sche Beispiele hierfür sind Arbeitsgemeinschaften in der Bauindustrie oder Emissionskonsortien im Bankensektor (**unechte Arbeitsgemeinschaft**).[24]

▶ **Hinweis** Die Methode der Quotenkonsolidierung durfte bis zum 31. Dezember 2012 noch gemäß IAS 31 im konsolidierten Abschluss für die Bilanzierung von Anteilen an gemeinschaftlich geführten Unternehmen (Jointly Controlled Entities) angewendet werden.

7.2.2.2 Klassifikation des Joint Arrangements nach IFRS 11

IFRS 11 unterteilt Joint Arrangements als gemeinschaftlich geführte Aktivität (Joint Operation) oder als Gemeinschaftsunternehmen (Joint Venture). Dabei ist

- für den Fall einer **Joint Operation** zu überprüfen, ob die Partnerunternehmen einen anteiligen **Anspruch an den Vermögenswerten und Schulden** aufweisen, d. h. ob sie **Rechte an Vermögenswerten** oder **Verpflichtungen aus Schulden** besitzen,[25] oder
- im Falle eines **Joint Ventures** zu unterscheiden, ob den Partnerunternehmen ein anteiliger **Eigenkapitalanspruch** eingeräumt ist, d. h. eine Beteiligung am Eigenkapital und Unternehmenserfolg besteht.[26]

Das einer Gesamthandsgemeinschaft (z. B. BGB-Gesellschaft) zustehende Vermögen stellt kein Recht an Vermögenswerten im Sinne von IFRS 11 dar[27] und führt genau wie die alleinige Übernahme von Schulden nicht zur Klassifikation einer Joint Operation.[28]

Die Joint Operation umfasst die gemeinschaftlich geführten Aktivitäten (Jointly Controlled Operations) sowie die unter der gemeinschaftlichen Führung stehenden Vermögenswerte (Jointly Controlled Assets) nach IAS 31.[29]

▶ **Praxistipp** Die Abschaffung des Wahlrechts zur quotalen Einbeziehung gemäß IFRS 11 bezieht sich auf Joint Ventures. Die Konsolidierung einer Joint Operation wird anteilig vorgenommen.

Ist ein Joint Arrangement nicht unter Bezugnahme einer **separaten rechtlichen Einheit** (Separate Vehicle) strukturiert, liegt stets eine Joint Operation vor.[30] Wird hingegen eine Verbindung zu einer Separate Vehicle hergestellt, d. h., die entsprechenden Vermögenswerte und Schulden werden in eine rechtlich separate Einheit ausgelagert, dann handelt es

---

[24] Vgl. IAS 31.13 ff.
[25] Vgl. IFRS 11.14 i. V. m. IFRS 11.15.
[26] Vgl. IFRS 11.14 i. V. m. IFRS 11.16.
[27] Vgl. Lüdenbach und Schubert (2012), S. 1.
[28] Vgl. Heuser und Theile (2012), Rz. 5226.
[29] Vgl. Heuser und Theile (2012), Rz. 5205.
[30] Vgl. IFRS 11.B16.

7.2 Gemeinschaftsunternehmen und gemeinschaftliche Vereinbarungen

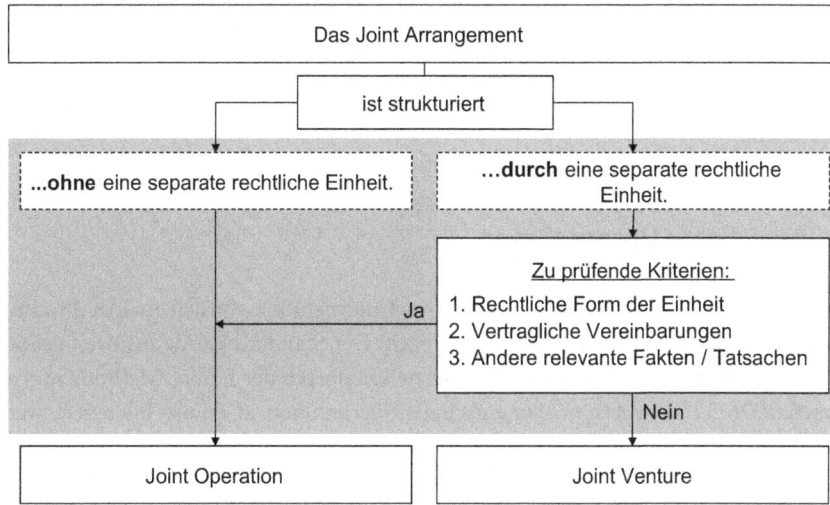

Abb. 7.2 Joint Arrangements und Separate Vehicles – Prüfschema. (Quelle: In Anlehnung an IFRS 11.B21)

sich bei dem Joint Arrangement entweder um ein Joint Venture oder um eine Joint Operation („can be either a joint venture or a joint operation") (s. auch Abb. 7.2).[31]

Beispiele: Rechtliche Form der Einheit

Die Unternehmen A und B beschließen die Ölexploration gemeinsam mit zwei Pipelines zu betreiben. Dabei setzt jedes Partnerunternehmen seine eigenen Vermögenswerte ein. Gemäß IFRS 11.B21 ist diese Arbeitsgemeinschaft als eine Joint Operation zu deklarieren. Nach IAS 31 würden Jointly Controlled Assets vorliegen. Würden die Partner hingegen die C-GmbH als Separate Vehicle gründen und das Joint Arrangement entsprechend strukturieren, würde ein Joint Venture entstehen.

Vertragliche Vereinbarungen

Die Partnerunternehmen A und B vereinbaren, dass die Aufwendungen und Erträge jeweils einer Pipeline einer Partei zugeordnet werden und im Fall von Defiziten von dem jeweiligen Partner auszugleichen sind. Da die Partner jeweils auf bestimmte Vermögenswerte und Schulden Zugriff haben, liegt im Sinne von IFRS 11 kein Joint Venture sondern eine Joint Operation vor. Folglich ist nicht alleine die rechtliche Form ausschlaggebend, sondern auch die Vertragsbeziehung.

Andere relevante Fakten/Tatsachen

Angenommen, die Partnerunternehmen A und B fördern gemeinsam Öl und Gas, und aus der Prüfung der rechtlichen und vertraglichen Kriterien resultiert ein Joint Venture. Die Partner haben zusätzlich vereinbart, dass die gesamte Fördermenge von ihnen zum

---

[31] Vgl. IFRS 11.B19.

Selbstkostenpreis der C-GmbH abgenommen und schließlich verbraucht wird. Der aus den Vermögenswerten entstehende Nutzen geht den beiden Parteien zu. Dem IASB zur Folge liegen hiernach eine Joint Operation gemäß IFRS 11 und eine Joint Venture nach IAS 31 vor.[32]

7.3 Assoziierte Unternehmen

Die Regelungen zur Bestimmung assoziierter Unternehmen werden in IAS 28 „Investments in Associates and Joint Ventures" geregelt. Der Standard wurde insoweit geändert, als neben der Bilanzierung assoziierter Unternehmen nach der Equity-Methode nun auch die nach IFRS 11 definierten Gemeinschaftsunternehmen at equity bilanziert werden müssen.

7.3.1 Abgrenzung assoziierter Unternehmen

Ein assoziiertes Unternehmen ist ein Unternehmen, bei dem der Eigentümer über **maßgeblichen Einfluss** verfügt und das weder die Merkmale eines Tochterunternehmens noch die eines gemeinschaftlich geführten Unternehmens aufweist. Ein maßgeblicher Einfluss besteht, wenn die **Möglichkeit vorliegt, an den finanz- und geschäftspolitischen Entscheidungen des Beteiligungsunternehmens mitzuwirken**, ohne das Unternehmen jedoch zu beherrschen.[33]

7.3.2 Assoziierungsvermutung

Im Regelfall wird ein maßgeblicher Einfluss vermutet, sobald das Mutterunternehmen mehr als **20 % der Stimmrechte** innehat.[34] Jedoch ist diese Regelung nur unter Berücksichtigung sämtlicher Einflussfaktoren anzuwenden und bietet folglich einen ersten widerlegbaren Abgrenzungsrahmen. Bei der Beurteilung sind parallel zu den Regelungen des Vollkonsolidierungskreises **potenzielle Stimmrechte** in Form von bspw. unmittelbar ausführbaren Aktienoptionen oder Wandelanleihen zu berücksichtigen.[35]

Weitere Indizien für einen maßgeblichen Einfluss können sich trotz geringerer Stimmrechte **durch personelle Verflechtungen** oder **sachliche Verflechtungen** ergeben. Indikatoren wie die Einflussnahme in Leitungsgremien, z. B. eine Vertretung in der Geschäftsführung oder in einem Aufsichtsorgan, können einen maßgeblichen Einfluss hervorrufen. Auch geschäftspolitische Entscheidungen, wesentliche Geschäftsbeziehungen zwischen

---

[32] Zu den Beispielen vgl. IFRS 11.B19 ff.
[33] Vgl. IAS 28.3; IAS 28.2 (2008).
[34] Vgl. IAS 28.5; IAS 28.6 (2008).
[35] Vgl. IAS 28.7f; IAS 28.8f. (2008).

Tab. 7.2 Grundsätzliche Bilanzierungsübersicht

Bilanzierungsübersicht gemeinschaftlich geführter und assoziierter Unternehmen				
Gemeinschafts-unternehmen	IFRS 11	Joint Arrangement	Joint Operation	Anteilige Konsolidierung
			Joint Venture	Equity-Methode
	IAS 31	Joint Venture	Jointly Controlled Operations	Gesonderte Bilanzierungs-regeln gemäß IAS 31
			Jointly Controlled Assets	
			Jointly Controlled Entity	Equity-Methode/ Quoten-konsolidierung
Asso-ziierte Unter-nehmen	IAS 28	Maßgeblicher Einfluss		Equity-Methode
	IAS 28 (2008)			

Anteilseignern und dem Beteiligungsunternehmen oder der Einfluss auf die Besetzung von Führungspositionen und die Bereitstellung technischer Informationen begründen oftmals das Vorliegen eines maßgeblichen Einflusses.[36]

▶ **Praxistipp** In Abgrenzung zur handelsrechtlichen Regelung ist nach IFRS die Möglichkeit der Ausübung eines maßgeblichen Einflusses zur Qualifikation als assoziiertes Unternehmen bereits ausreichend. Darüber hinaus ist das Vorliegen einer Beteiligung keine zwingende Voraussetzung (dies betrifft z. B. Anteile an Genossenschaften).

7.4 Rechnungslegungsverfahren

Durch Neuschaffung des IFRS 11 ist das **Wahlrecht zur quotalen Einbeziehung** gemeinschaftlich geführter Unternehmen abgeschafft worden (bzw. war es noch bis 31. Dezember 2012 nach IAS 31 anwendbar). Sie sind nun ebenfalls nach den in IAS 28 aufgeführten Regelungen **at equity** zu bilanzieren. Die Bilanzierung von Jointly Controlled Operations und Jointly Controlled Assets richtet sich nach **abweichenden Bilanzierungsregelungen** gemäß IAS 31. Die nach IFRS 11 definierten Joint Operations **sind künftig anteilig in den Konzernabschluss einzubeziehen**. Die Anwendung der Bilanzierungsmethoden ergibt sich wie in Tab. 7.2 dargestellt.

Die Einbeziehung von Anteilen an assoziierten Unternehmen ist **unverändert nach der Equity-Methode** vorzunehmen. Der neue IAS 28 enthält neben der Bilanzierung assoziierter Unternehmen nun auch die **zwingende Bilanzierung von Gemeinschaftsunter-**

---

[36] Vgl. IAS 28.6f; IAS 28.7f. (2008).

nehmen nach der **Equity-Methode** im Konzernabschluss für Geschäftsjahre seit dem 1. Januar 2013.

Neben den **Konsolidierungsmethoden** und **gesonderten Bilanzierungsregelungen** gelten besondere Vorschriften, insofern eine **Veräußerungsabsicht** besteht. Hierbei sind ergänzend einzelne **Einbeziehungsausnahmen** zu beachten.

7.4.1 Gesonderte Bilanzierungsregeln gemäß IAS 31

Die durch IAS 31 klassifizierten Organisationsformen Jointly Controlled Operations und Jointly Controlled Assets werden anhand **gesonderter Bilanzierungsregelungen** behandelt, während Jointly Controlled Entities entweder nach der Equity-Methode oder quotal im Konzernabschluss konsolidiert werden.

IAS 31 fordert für Jointly Controlled Operations **keine eigenständige Rechnungslegung** bzw. Buchhaltung,[37] da ein rechtlich selbständiges Gemeinschaftsunternehmen nicht vorliegt. Vielmehr sind die Vermögenswerte und Schulden bei den beteiligten Partnerunternehmen im Einzel- und Konzernabschluss zu bilanzieren. Die getätigten Aufwendungen und resultierenden Erträge sind entsprechend zu buchen. Dabei sind die Erträge nur anteilig zu erfassen.[38] Eine entsprechende Verteilung kann z. B. anhand eines Betriebsabrechnungsbogens ermittelt werden.[39] **Konsolidierungsmaßnahmen sind demnach nicht notwendig**.

Für die Rechnungslegung von Jointly Controlled Assets sind in IAS 31 hingegen **spezielle Anforderungen** formuliert. Hiernach sind im Einzel- und Konzernabschluss der Partnerunternehmen die Vermögenswerte und Schulden anteilig zu bemessen. Dabei ist gemäß IAS 31.21 der Anteil an dem Gemeinschaftsvermögen, aufgegliedert nach Art der Vermögenswerte, anzusetzen. Zudem sind die im eigenen Namen verursachten Schulden, der Anteil der Gemeinschaftsschulden, die anteiligen Erträge aus der Nutzung der erbrachten Leistungen des Gemeinschaftsunternehmens bzw. aus Verkäufen sowie die anteilig zuzurechnenden Aufwendungen zu berücksichtigen. Daneben sind die Aufwendungen anteilsbezogen in Bezug auf das Gemeinschaftsunternehmen anzusetzen.[40] Durch diese Ansatzpflicht wird auch beim Bestehen von Jointly Controlled Assets kein eigenständiger Abschluss benötigt, und daher bedarf es **keiner weiteren Konsolidierungsmaßnahmen**.[41]

---

[37] Vgl. IAS 31.17.
[38] Vgl. IAS 31.15; IAS 31.16.
[39] Vgl. IAS 31.17.
[40] Vgl. IAS 31.21.
[41] Vgl. IAS 31.23.

7.4.2 Bilanzierung bei Veräußerungsabsicht

Im Falle einer **Veräußerungsabsicht** gelten sowohl für Joint Ventures, Joint Arrangements als auch für assoziierte Unternehmen abweichende Regelungen gemäß IFRS 5 „non-current Assets Held for Sale and Discontinued Operations". Dazu sind folgende Besonderheiten zu berücksichtigen: [42]

- Werden Anteile innerhalb von zwölf Monaten mit einer Veräußerungsabsicht erworben, ist gemäß IFRS 5 zu bilanzieren. Die Bilanzierung erfolgt als Held for Sale, d. h., der Bilanzansatz ist das Minimum aus Buchwert und Fair Value abzüglich Veräußerungskosten.
- Wird lediglich ein Teil mit Veräußerungsabsicht erworben, ist der andere Teil entsprechend der Equity-Methode (oder bis 31. Dezember 2012 noch quotal) zu bilanzieren. Nach Veräußerung der Held-for-Sale-Anteile ist der verbleibende Teil bei Erfüllung der Beherrschungskriterien analog zu bilanzieren. Werden die Kriterien zur Beherrschung hingegen nicht mehr erfüllt, richtet sich die Bilanzierung nach IAS 39/IFRS 9.
- Werden die Kriterien, die zur Einstufung als Held for Sale führen, nicht erfüllt, ist ab dem Zeitpunkt, ab dem die Einstufung erfolgt ist, unter Anpassung der Vorjahresperiode rückwirkend at equity (bzw. bis 31. Dezember 2012 noch quotal) zu bilanzieren.
- Eine Veräußerungsabsicht gilt als widerlegt, wenn die Beteiligung nicht innerhalb von zwölf Monaten veräußert wird. Verlängerungen dieser Frist sind nur unter bestimmten Ausnahmen zulässig (z. B. bei fehlenden Genehmigungen durch Kartellbehörden). Besteht die Veräußerungsabsicht nicht mehr, ist rückwirkend eine anteilige Konsolidierung bzw. Quotenkonsolidierung oder eine Bilanzierung at equity vorzunehmen.

7.4.3 Einbeziehungsausnahmen

Ausnahmen von der Verpflichtung zur Einbeziehung von Anteilen an assoziierten Unternehmen, Joint Ventures und Joint Arrangements können dann entstehen, wenn das beteiligte Unternehmen von der Verpflichtung zur Aufstellung eines Konzernabschlusses befreit ist.[43] Ein weiterer Sonderfall entsteht, wenn das beteiligte Unternehmen selbst ein Tochterunternehmen ist, dessen Titel nicht an einer Börse gehandelt werden und dessen Mutterunternehmen bzw. oberste Konzerngesellschaft einen Konzernabschluss nach IFRS veröffentlicht. Außerdem müssen das jeweilige Mutterunternehmen sowie die sonstigen Anteilseigner dem Verzicht auf eine Einbeziehung der Beteiligung zustimmen.[44]

▶ **Hinweis** Die Konzernrechnungslegungspflicht richtet sich innerhalb der Europäischen Union nach den EU-Vorschriften (IAS-Verordnung).

---

[42] Vgl. IAS 28.20; IAS 28.21; IAS 28.13a (2008); IAS 31.2c.
[43] Vgl. IAS 28.17; IAS 28.13b (2008); IAS 31.2b.
[44] Vgl. IAS 28.17; IAS 28.13c (2008); IAS 31.2c.

Gesellschafter von gemeinschaftlich geführten Aktivitäten, die **nicht an der gemeinschaftlichen Führung beteiligt sind**, müssen ihre Anteile – sofern ein maßgeblicher Einfluss besteht – nach der Equity-Methode oder anderenfalls nach den Regelungen des IAS 39/IFRS 9 bilanzieren.[45]

Von **Venture-Capital-Unternehmen, Investmentfonds o. ä. Gesellschaften** gehaltene Beteiligungen an gemeinschaftlich geführten bzw. assoziierten Unternehmen unterliegen daneben einem Wahlrecht. Anteile sind nicht zwingend nach der Equity-Methode bzw. Quotenkonsolidierung einzubeziehen, sondern sie können beim erstmaligen Ansatz auch nach den Regelungen des IAS 39/IFRS 9 erfasst werden und der Kategorie „At Fair Value through profit or loss" zugeordnet oder als Held for Trading klassifiziert werden.[46] IFRS 11 setzt diese Ausnahme für Joint Operations fort.

7.5 Konsolidierungsmethoden

7.5.1 Equity-Methode

Gemäß IAS 28 sind Anteile an assoziierten Unternehmen und Gemeinschaftsunternehmen (seit 2013 verpflichtend) nach der Equity-Methode im Konzernabschluss zu berücksichtigen.

> **Hinweis** Ein assoziiertes Unternehmen ist definitionsgemäß eine Gesellschaft, bei der die Anteilseigner über einen maßgeblichen Einfluss verfügen und bei der es sich nicht um ein Tochterunternehmen oder um ein gemeinschaftlich geführtes Unternehmen oder Aktivität handelt.

Eine Anwendung der Equity-Methode im Einzelabschluss ist nicht zulässig. Anteile an assoziierten Unternehmen sind im Einzelabschluss entweder zu Anschaffungskosten oder nach den Regelungen des IAS 39/IFRS 9 zu bilanzieren.[47]

> **Hinweis** Bei der Equity-Methode werden nicht die Vermögensgegenstände und Schulden im Einzelnen übernommen, sondern es wird ein zu Anschaffungskosten bewerteter Beteiligungsbuchwert angesetzt, der in einer Nebenrechnung in seine Bestandteile aufzuspalten ist. Zu den jeweiligen Folgestichtagen wird der Buchwert unter Berücksichtigung von Abschreibungen und stillen Reserven und Lasten fortgeschrieben. Der Goodwill wird dabei auf seine Werthaltigkeit geprüft.

---

[45] Vgl. IFRS 11.27; IAS 31.51.
[46] Vgl. IAS 28.1; IAS 28.1 (2008); IAS 31.1.
[47] Vgl. IAS 27.10; IAS 27.38-43 (2008).

7.5.1.1 Vorbereitende Maßnahmen

Sind die notwendigen Kriterien für das Vorliegen eines assoziierten Unternehmens oder eines Gemeinschaftsunternehmens erfüllt, ist die Equity-Methode ab diesem Zeitpunkt anzuwenden.[48]

Der zugrunde zu legende Abschlussstichtag des nach der Equity-Methode einbezogenen Unternehmens richtet sich, sofern identisch, nach dem Konzernabschlussstichtag. Weichen die Abschlussstichtage voneinander ab, dann sind für den Zwischenzeitraum angemessene Fortschreibungen vorzunehmen.[49] Liegen zwischen den Abschlussstichtagen mehr als drei Monate, hat das einbezogene Unternehmen zwingend einen Zwischenabschluss aufzustellen.[50] Daneben sind die Bilanzierungs- und Bewertungsmethoden des assoziierten Unternehmens an die konzerneinheitlichen Methoden anzupassen.[51] Ferner kann dabei auch eine Währungsumrechnung erforderlich werden.

▶ **Praxistipp** Vor der erstmaligen Einbeziehung empfiehlt sich eine umfassende Analyse der vom einbezogenen Unternehmen angewandten Bilanzierungs- und Bewertungsmethoden. Bestehen erhebliche Unterschiede, kann hinsichtlich der Vermeidung der Aufstellung eines Parallelabschlusses durch das einbezogene Unternehmen eine vom Wirtschaftsprüfer testierte Überleitungsrechnung für Ergebnis und Eigenkapital ausreichend sein. Ist eine Überleitungsrechnung nicht realisierbar, sind eigene nachvollziehbare Annahmen unumgänglich. Für Zwecke der Quartalsberichterstattung können Schätzzahlen oder unterjährige Fortschreibungen zugrunde gelegt werden.

7.5.1.2 Erstkonsolidierung

Zum Anschaffungszeitpunkt werden die Anteile am einbezogenen Unternehmen mit ihren Anschaffungskosten unter Beachtung von Nebenkosten bilanziert.[52] Bedingte Anschaffungskosten in Form von Earn-out-Klauseln werden nicht separat in IAS 28 aufgeführt, unter bestimmten Umständen können diese aber für zulässig deklariert werden.[53] Zusätzlich werden in einer Nebenrechnung der Unterschied zwischen dem anteiligen buchmäßigen Eigenkapital und dem Fair Value bilanzierten Reinvermögen (anteilige stille Reserven oder Lasten) sowie die Differenz zwischen den Anschaffungskosten und dem zum beizulegenden Zeitwert bewerteten anteiligen Reinvermögen ermittelt (Goodwill bzw. Badwill). Der Goodwill ist analog zur Vorgehensweise der Vollkonsolidierung zu behandeln. Er ist ohne Trennung von dem Beteiligungsbuchwert zu aktivieren (On Line Consolidation).

---

[48] Vgl. IAS 28.31; IAS 28.23 (2008).
[49] Vgl. IAS 28.33f; IAS 28.24 f. (2008).
[50] Vgl. IAS 28.BCZ19; IAS 28.BC16 (2008).
[51] Vgl. IAS 28.35; IAS 28.26 (2008).
[52] Vgl. IAS 28.10; IAS 28.11 (2008).
[53] Hierzu insb. IFRS 3.58.

Tab. 7.3 Ermittlungsschema für den Equity-Buchwert und das Equity-Ergebnis

Equity-Buchwert	Anwendung der Equity-Methode
Buchwert der Beteiligung zum Beginn des Geschäftsjahres	
+/− Anteil am Jahresüberschuss/-fehlbetrag	+/− Anteil am Jahresüberschuss/-fehlbetrag
− Vereinnahmte Dividenden	
+/− Effekte aus der Anpassung an konzerneinheitliche Bilanzierungs- und Bewertungsmethoden unter Berücksichtigung latenter Steuern	+/− Effekte aus der Anpassung an konzerneinheitliche Bilanzierungs- und Bewertungsmethoden unter Berücksichtigung latenter Steuern
− Abschreibung anteiliger stiller Reserven/Auflösung stiller Lasten unter Berücksichtigung latenter Steuern	− Abschreibung anteiliger stiller Reserven/Auflösung stiller Lasten unter Berücksichtigung latenter Steuern
+/− Eigenkapitalveränderung aus der Umrechnung des Fremdwährungsabschlusses des assoziierten Unternehmens nach der Stichtagskursmethode	+/− Gewinn/Verlust aus der Umrechnung des Fremdwährungsabschlusses des assoziierten Unternehmens nach der Zeitbezugsmethode
+/− Kapitalerhöhungen/-herabsetzungen	
+/− sonstige erfolgsneutrale Eigenkapitalveränderungen (Other Comprehensive Income)	
Buchwert der Beteiligung zum Ende des Geschäftsjahres	Equity-Ergebnis

Ein sich ergebender negativer Unterschiedsbetrag (in diesem Zusammenhang Excess) ist umgehend ertragswirksam zu erfassen.[54]

7.5.1.3 Folgekonsolidierung

Zu den jeweiligen Folgestichtagen wird der **Equity-Buchwert** um die anteilige Veränderung des Reinvermögens des einbezogenen Unternehmens erhöht oder vermindert. Dadurch werden die Eigenkapitalveränderungen des einbezogenen Unternehmens (anteilig) widergespiegelt.[55] Dabei sind die im Abschluss des einbezogenen Unternehmens erfassten erfolgsneutralen Änderungen des anteiligen Eigenkapitals (z. B. Währungsumrechnungsdifferenzen) beim Beteiligten ebenfalls ergebnisunwirksam zu buchen.[56] Das Equity-Ergebnis beruht nicht auf Dividendenzahlungen, sondern es stellt einen Anteil am Ergebnis des einbezogenen Unternehmens im Konzernabschluss dar.[57] Der Equity-Buchwert sowie das Equity-Ergebnis können nach dem in Tab. 7.3 dargestellten Schema berechnet werden.

---

[54] Vgl. IAS 28.32; IAS 28.23 (2008).
[55] Vgl. IAS 28.3; IAS 28.2 (2008).
[56] Vgl. IAS 28.10; IAS 28.11 (2008).
[57] Vgl. IAS 28.11; IAS 28.17 (2008).

7.5 Konsolidierungsmethoden

Ein Goodwill ist regelmäßig auf seine **Werthaltigkeit** zu überprüfen und nur bei Vorliegen einer Wertminderung außerplanmäßig abzuschreiben.[58] Im Gegensatz zu dem sich aus der Voll- oder Quotenkonsolidierung ergebenden Goodwill ist der im Equity-Buchwert enthaltene Geschäfts- oder Firmenwert **keinem eigenen Werthaltigkeitstest** zu unterziehen. Der Equity-Buchwert ist hingegen als Bewertungseinheit zu behandeln, bei Vorliegen von Wertminderungsindikatoren auf seine Werthaltigkeit zu überprüfen und ggf. abzuschreiben.[59] Ist das einbezogene Unternehmen Bestandteil einer Cash Generating Unit, ist dessen erzielbarer Betrag zu ermitteln und heranzuziehen.[60] Generell sind hierzu in IAS 28 zwei Methoden vorgesehen, die zum selben Ergebnis führen.

Wertaufholungen sind im Rahmen der Equity-Methode im Gegensatz zur Vollkonsolidierung zulässig. Die Wertaufholung ist bis zum erzielbaren Betrag vorzunehmen, die Zuschreibungsobergrenze ist der fortgeschriebene Buchwert der Beteiligung.[61]

Übersteigt der Verlustanteil den Beteiligungsbuchwert, werden diese Verluste nur in dem Maße berücksichtigt und als Schuld angesetzt, in dem der Anteilseigner hierfür eine rechtliche oder faktische Verpflichtung eingegangen ist bzw. Zahlungen geleistet hat.[62]

7.5.1.4 Übergang zur Vollkonsolidierung

Ergibt sich für eine bisher nach der Equity-Methode bilanzierte Beteiligung die **Pflicht zur Vollkonsolidierung**, z. B. durch den **Erwerb von zusätzlichen Anteilen**, erfolgt zu dem entsprechenden Zeitpunkt die zutreffende **Übergangskonsolidierung** (**Aufwärtskonsolidierung**).[63] Wurde die Equity-Methode einwandfrei durchgeführt, darf sich beim Übergang auf die Vollkonsolidierung für die bereits vorhandenen Anteile kein Eigenkapitaleffekt ergeben.

▶ **Praxistipp** In der Praxis kommt dies nur selten vor. Der Grund liegt in der verbesserten Informationsbasis bei vollständiger Einbeziehung des vormals assoziierten Unternehmens in die Berichterstattungsprozesse des Mutterunternehmens.

Bei einer **Statusänderung** eines assoziierten Unternehmens zu einem Gemeinschaftsunternehmen und umgekehrt ergeben sich durch die seit 2013 verpflichtende Anwendung der Equity-Methode keine Änderungen.

7.5.1.5 Entkonsolidierung

Verliert der Anteilseigner seinen Einfluss, z. B. die maßgebliche Einflussnahme durch Verringerung der Beteiligungsquote, dann sind die verbleibenden Anteile gemäß IAS 39/

---

[58] Vgl. IAS 28.40; IAS 28.31 (2008).
[59] Vgl. IAS 28.42; IAS 28.33 (2008).
[60] Vgl. IAS 28.43; IAS 28.34 (2008).
[61] Vgl. IAS 28.42; IAS 28.34 (2008).
[62] Vgl. IAS 28.38f; IAS 28.29f. (2008).
[63] Siehe hierzu das Kap. 5.5.1.

IFRS 9 zu bilanzieren und mit dem beizulegenden Zeitwert zu bewerten.[64] Differenzen zwischen dem Fair Value und dem auf die verbliebenen Anteile entfallenden Equity-Buchwert sind erfolgswirksam zu buchen.

Bei einer **Veräußerungsabsicht** kommt ein Ausweis „als zur Veräußerung vorgesehen" gemäß IFRS 5 in Betracht. Die Equity-Methode wird ab diesem Zeitpunkt nicht fortgeführt. Außerdem ist der Beteiligungsbuchwert zum Zeitpunkt der Umklassifizierung auf eine Wertminderung zu prüfen.

7.5.1.6 Sonstige Konsolidierungsmaßnahmen

Gewinne und Verluste, die aus Transaktionen zwischen einem im Konzern vollkonsolidierten Unternehmen und einem im Konzern at equity einbezogenen Unternehmen stammen, werden **der Anteilsquote entsprechend eliminiert**.[65] Es ist unerheblich, ob es sich dabei um eine Upstream-Transaktion (das at equity bewertete Unternehmen ist Verkäufer) oder eine Downstream-Transaktion (das at equity bewertete Unternehmen ist Käufer) handelt. Jeweiliger Gegenposten der Eliminierung ist bei einer Downstream-Transaktion der Equity-Buchwert und bei einer Upstream-Transaktion entweder der Equity-Buchwert oder der Buchwert der gelieferten Vermögenswerte.

▶ **Praxistipp** Die Zwischengewinneliminierung bei assoziierten Unternehmen stellt in der Praxis eine große Herausforderung dar. Ursache hierfür ist die häufig unzureichende Datengrundlage. Es empfiehlt sich daher, eine Analyse durchzuführen, ob auf eine Zwischengewinneliminierung unter Wesentlichkeitsgesichtspunkten verzichtet oder auf die wesentlichen Transaktionen beschränkt bzw. pauschaliert vorgenommen werden kann.

▶ **Hinweis** In der Konzerngewinn- und -verlustrechnung darf nur der Anteil der Gewinne/Verluste aus solchen Transaktionen realisiert werden, der nicht auf den Anteil der Konzernfremden entfällt.

7.5.1.7 Ausweis und Anhangangaben

Der Ausweis der at equity konsolidierten Beteiligungen in der Bilanz erfolgt zwingend in einem eigenen Posten unter den langfristigen Vermögenswerten. In der Gewinn- und Verlustrechnung ist das anteilige Ergebnis aus dieser Beteiligung (nach Steuern) ebenfalls in einer eigenen Position gesondert auszuweisen.[66] In den Anhang sind für Joint Ventures (IFRS 11) und assoziierte Unternehmen u. a.[67]

---

[64] Vgl. IAS 28.22; IAS 28.18 (2008).
[65] Vgl. IAS 28.28; IAS 28.22 (2008).
[66] Vgl. IAS 1.54e; IAS 1.82c.
[67] Vgl. IFRS 12.20ff; IAS 28.37a – IAS 28.37g (2008).

7.5 Konsolidierungsmethoden

- der beizulegende Zeitwert von Anteilen, sofern hierfür verlässliche Marktpreise (z. B. Börsenkurse) existieren,
- eine verkürzte Bilanz sowie GuV der assoziierten Unternehmen,
- eine Begründung, warum trotz einer Beteiligungsquote von unter 20 % die Equity-Methode angewendet wird bzw. eine Begründung für den umgekehrten Fall,
- Art und Umfang erheblicher Beschränkungen hinsichtlich des Finanzmitteltransfers, z. B. bezüglich der Zahlung von Bardividenden zwischen dem einbezogenen Unternehmen und dem Anteilseigner,
- nicht erfasste Verlustanteile des assoziierten Unternehmens sowie
- Angaben zu anteiligen Eventualverpflichtungen

aufzunehmen.[68]

Ist das Unternehmen zur Aufstellung einer Segmentberichterstattung verpflichtet, ist darüber hinaus gemäß IFRS 8 „Operating Segments" jeweils die Summe der anteiligen Gewinne bzw. Verluste der den Segmenten zuordenbaren einbezogenen Unternehmen gesondert auszuweisen.[69] Daneben sind ggf. die Vorschriften zur Angabe der Liefer- und Leistungsbeziehungen gemäß IAS 24 „Related Party Disclosures" zu beachten.[70]

7.5.1.8 Fallbeispiel
Ausgangslage und Aufgabe

Die Grützmacher AG übernimmt am 1. April 2011 von dem deutschen Finanzinvestor XAVER einen 25-prozentigen Anteil an der japanischen Sund AB für T€ 100. Zum gleichen Zeitpunkt vereinbaren die Grützmacher AG und die Sund AB, bei der Forschung und Entwicklung eng zu kooperieren. Aufgrund des 25-prozentigen Anteils sowie der Forschungspartnerschaft kommt die Grützmacher AG zu dem Ergebnis, dass ein maßgeblicher Einfluss auf die Sund AB ausgeübt wird. Die erstmalige Einbeziehung at equity erfolgt im konsolidierten Abschluss der Grützmacher-Gruppe für das Jahr 2011.

Dabei gelten folgende Annahmen: Zum 31. Dezember 2011 zahlt die Sund AB eine Dividende von T¥ 100 (japanische Yen) an alle Anteilseigner. Im Kaufpreis war neben dem Preis für die Anteile auch die Finanzierung zu Gunsten von XAVER der auf den Veräußerer entfallenden anteiligen Dividende für die ersten drei Monate des Jahres 2011 enthalten (d. h. Abtretung des Dividendenanspruchs von XAVER an die Grützmacher AG). Die Liefer- und Leistungsbeziehungen waren von untergeordneter Bedeutung, so dass auf eine Zwischengewinneliminierung verzichtet wird.

Die Sund AB erstellt ihren Abschluss nach japanischen GAAP und übermittelt der Grützmacher AG zum 1. April 2011 und zum 31. Dezember 2011 lediglich die in der Tab. 7.4 dargestellten Daten (die Grützmacher AG hat die Daten bereits in Euro umgerechnet). Da die funktionale Währung der Sund AB annahmegemäß der japanische Yen

---

[68] Vgl. IFRS 12.B19; IAS 28.40(2008).
[69] Vgl. IFRS 8.23(g).
[70] Vgl. IAS 24.18d; IFRS 12.B20.

Tab. 7.4 Bilanzübersicht der Sund AB

Bilanzübersicht Sund AB	2011 bzw. 01.04.2011		2011 bzw. 31.12.2011	
	in T¥	in T€	in T¥	in T€
Gewinn	30	3,33	120	13,33
Langfristiges Vermögen[1, 2, 3]	600	60	570	57
Kurzfristiges Vermögen	200	20	220	22
Gesamtvermögen	*800*	*80*	*790*	*79*
Eigenkapital[1, 2, 3]	300*	30	310	31
Fremdkapital	500	50	480	48
Gesamtkapital	*800*	*80*	*790*	*79*
1) Effekt aus einer Anpassung an IFRS (erfolgsneutrale Bewertung langfristiger Wertpapiere zum Marktwert)**	+100	+10	+150	+15
2) stille Reserven**	+100	+10	+80	+8
3) davon im Eigenkapital der Sund AB erfasste Differenz aus der Umrechnung ausländischer Tochterunternehmen	50	5	70	7

* Davon Kapitalrücklage und gezeichnetes Kapital T¥ 270.
** Zur Vereinfachung wird auf die Abgrenzung latenter Steuern auf derartige Veränderungen (sog. Inside Basis Differences) verzichtet. Außerdem wird der sich der bei Anwendung der Stichtagskursmethode ergebende Eigenkapitaleffekt aus der Umrechnung dieser Posten in Euro vernachlässigt.

ist, erfolgte die Währungsumrechnung nach der Stichtagskursmethode. Die Bilanzposten werden zu Stichtagskursen, die Aufwendungen und Erträge zu Durchschnittskursen umgerechnet. Die Differenz zwischen dem zu historischen Kursen bei Einzahlung oder Einbehalt und dem zu Stichtagskursen umgerechneten Eigenkapital wird ergebnisunwirksam im Other Comprehensive Income (OCI) erfasst.

Für die Währungsumrechnung gelten als Durchschnittskurs 2011 (€ 1 = ¥ 9) und als Stichtagskurs zum 1. April/31. Dezember 2011 (€ 1 = ¥ 10). Tab. 7.4 stellt die Ausgangslage aus Bilanzierungssicht dar.

> **Praxistipp** Die Annahmen des Fallbeispiels müssen in der Praxis entsprechend IAS 21 „The Effects of Changes in Foreign Exchange Rates" gesondert untersucht werden. Dabei gilt: Die Stichtagskursmethode kann bei Vorliegen eines Abschlusses in Landeswährung weitestgehend ohne Mitwirkung des assoziierten Unternehmens durchgeführt werden. Eine Anwendung der Zeitbezugsmethode ist hingegen ohne die Bereitstellung von Zusatzinformationen durch das assoziierte Unternehmen nur mittels eigener Annahmen durchführbar.

Lösungshinweise
Zum Zeitpunkt des Erwerbes nimmt die Grützmacher AG die nachstehende Buchung vor. Dabei ist zu berücksichtigen, dass in der Kaufpreiszahlung auch ein Kredit in Höhe der auf

7.5 Konsolidierungsmethoden

Tab. 7.5 Nebenrechnung der Grützmacher AG

	Berechnung in T€	Betrag in T€
Kaufpreis für die Anteile		99,37
− Anteiliges Eigenkapital (laut Bilanz)	30,00 × 25 %	7,50
+ Anteilig auf XAVER entfallende Dividende (ist noch aus dem Eigenkapital zu bedienen)	10,00 × 25 % × 0,25 (3/12 Monate)	0,63
+/− Anteiliger Effekt aus der Anpassung an IFRS	10,00 × 25 %	2,50
+/− Anteiliger Effekt aus stillen Reserven	10,00 × 25 %	2,50
Goodwill		*87,50*

XAVER entfallenden Dividende enthalten war (Abtretung des Dividendenanspruchs von XAVER an die Grützmacher AG). Die Berechnung der Werte für den Buchungssatz sind der Tab. 7.5 zu entnehmen.

Buchungssatz:

Soll		Haben	
Forderung gegen XAVER	0,63	Kasse	100
Beteiligung an Sund AB	99,37		

Zusätzlich ermittelt die Grützmacher AG zum Zeitpunkt des Erwerbes in einer Nebenrechnung den Goodwill.

Der Goodwill ist als Teil des Equity-Buchwerts bei Vorliegen einer Indikation auf eine Wertminderung auf seine Werthaltigkeit hin zu prüfen. Der Impairment-Test zum 31. Dezember 2011 hat keinen Wertminderungsbedarf angezeigt.

Die Equity-Methode sowie die notwendigen Berechnungen zum 31. Dezember 2011 ergeben sich wie in Tab. 7.6 dargestellt.

Zum 31. Dezember 2011 nimmt die Grützmacher AG die nachfolgenden Buchungen vor:

- Vereinnahmung der auf XAVER entfallenden anteiligen Dividende:

Buchungssatz:

Soll		Haben	
Kasse	0,63	Forderung gegen XAVER	0,63

- Buchung des Equity-Ergebnisses:

Buchungssatz:

Soll		**Haben**	
Beteiligung an Sund AB	2	Equity-Ergebnis	2

- Buchung sonstiger Veränderungen des Beteiligungsansatzes bzw. des anteiligen Eigenkapitals und der Dividende:

Buchungssatz:

Soll		Haben	
Forderung an Sund AB	1,87	Eigenkapital/OCI	1,5*
		Beteiligung an Sund AB	0,37**

* Hierin sind enthalten: die Effekte aus den annahmegemäß ergebnisunwirksam zu berücksichtigen IFRS-Anpassungen bei der Sund AB (T€ 1,25; Bewertung langfristiger Wertpapiere zu Marktwerten), die Effekte aus der Währungsumrechnung des Abschlusses der Sund AB (T€ − 0,25) sowie die sonstigen erfolgsunwirksamen Eigenkapitalveränderungen (T€ 0,50).

** Die Dividendenausschüttung und die damit einhergehende Wertminderung der Beteiligung (T€ 1,87) überwiegt die Wertsteigerung aus den ergebnisunwirksamen Eigenkapitalveränderungen. Der Saldo beträgt T€ − 0,37.

▶ **Praxistipp** Zur Sicherstellung einer konsistenten Durchführung der Equity-Methode kann die Proberechnung in Tab. 7.7 durchgeführt werden. Bei fehlerfreier Anwendung der Equity-Methode ergeben sich keine Differenzen. Zudem sollte eine Eigenkapitalveränderungsrechnung für den Anteil am Eigenkapital des assoziierten Unternehmens vorgenommen werden. So können Fehler in der Berechnung leichter identifiziert werden.

7.5.2 Quotenkonsolidierung/anteilige Konsolidierung

Die Methode der Quotenkonsolidierung durfte bis zum 31. Dezember 2012 gemäß IAS 31 im konsolidierten Abschluss für die Bilanzierung von Anteilen an gemeinschaftlich geführten Unternehmen (Jointly Controlled Entities) **wahlweise** (jedoch durchgängig) zur Equity-Methode angewendet werden. **IFRS 11 hebt dieses Wahlrecht auf**, so dass eine anteilige Konsolidierung seit 2013 **lediglich auf gemeinschaftlich geführte Tätigkeiten** (Joint Operations) Anwendung findet. Die in IAS 31 verwendete Terminologie „Quotenkonsolidierung" wird in IFRS 11 durch den Begriff „anteilige Konsolidierung" abgelöst.

Eine Anwendung der Quotenkonsolidierung im Einzelabschluss ist nicht zulässig. Entsprechende Anteile sind im Einzelabschluss entweder zu Anschaffungskosten oder zum beizulegenden Zeitwert zu bilanzieren.[71]

▶ **Praxistipp** Das Wahlrecht gemäß IAS 31 entspricht der handelsrechtlichen Regelung nach § 310 HGB. IFRS 11 hebt dieses Wahlrecht auf. Somit entstehen bei Umstellungsprozessen von HGB auf IFRS künftig diesbezüglich Abweichungen.

---

[71] Vgl. IFRS 11.26f; IAS 31.46.

7.5 Konsolidierungsmethoden

Tab. 7.6 Equity-Methode: Berechnungen

	Berechnung in T€	Equity-Buchwert in T€	Equity-Ergebnis in T€
Buchwert der Beteiligung zum Beginn des Geschäftsjahres	–	99,37	–
+/– Anteil am Jahresüberschuss/-fehlbetrag	(13,33– 3,33) × 25 %	2,50	2,50
– Vereinnahmte Dividenden	10,00 × 25 % × 0,75 (9/12 Monate)	1,87	–
+/– Effekte aus der Anpassung an IFRS	(15,00– 10,00) × 25 %	1,25	0,00
– Abschreibung anteiliger stiller Reserven	(8,00– 10,00) × 25 %	0,50	0,50
+/– Effekte aus der Umrechnung des Abschlusses der Sund AB*	(31,00– 32,00) × 25 %	-0,25	–
+/– Kapitalerhöhungen/-herabsetzungen	–	0,00	–
+/– sonstige erfolgsneutrale Eigenkapitalveränderungen (die im Eigenkapital der Sund AB erfassten Umrechnungsdifferenzen)	(7,00– 5,00) × 25 %	0,50	–
Buchwert der Beteiligung zum Ende des Geschäftsjahres/Equity-Ergebnis	–	*101,00*	*2,00*

* Die Umrechnung des Eigenkapitals mit dem Stichtagskurs ergibt T€ 31. Die Fortschreibung mit historischen Kursen führt zu einem Eigenkapital von T€ 32 (Bestand zum 01.04.: T€ 30,00 + anteilig auf den Zeitraum April bis Dezember entfallendes Ergebnis: T€ 10,00 – Dividende: T€ 10,00 + im Eigenkapital erfasste Differenz aus der Umrechnung ausländischer Töchter: T€ 2,00)

Tab. 7.7 Praxistipp: Proberechnung zur Equity-Methode

		in T€
	Anschaffungskosten der Beteiligung	99,37
+/–	kumuliertes Equity-Ergebnis	2,00
+/–	kumulierte sonstige anteilige Veränderungen des Beteiligungsansatzes/Eigenkapitals	−0,37
–	Goodwill	87,50
=	errechnetes anteiliges Eigenkapital nach IFRS zum 31.12	13,50
	Anteiliges Eigenkapital lt. Bilanzansatz/Nebenrechnung	13,50
	Differenz	0,00

7.5.2.1 Vorbereitende Maßnahmen

Für die anteilige Konsolidierung sind die Grundsätze der Konsolidierung von Tochterunternehmen sinngemäß anzuwenden.[72] Dies betrifft insb. die Regelungen des IFRS 10 bzw. IAS 27 (2008) und des IFRS 3.

Weichen die Abschlussstichtage von der gemeinschaftlich geführten Unternehmung (Jointly Controlled Entity – IAS 31)/Tätigkeit (Joint Operation – IFRS 11) und dem beteiligten Unternehmen voneinander ab, sind für den Zwischenzeitraum angemessene Fortschreibungen vorzunehmen. Liegen zwischen den Abschlussstichtagen mehr als drei Monate, ist ein Zwischenabschluss aufzustellen.[73] Daneben sind die Bilanzierungs- und Bewertungsmethoden des Gemeinschaftsunternehmens bzw. der gemeinschaftlich geführten Tätigkeit an die konzerneinheitlichen Methoden anzupassen.[74] Gemeinschaftsunternehmen bzw. Joint Operations stellen regelmäßig selbständige Teileinheiten dar. Eine notwendige Währungsumrechnung wird anhand der modifizierten Stichtagsmethode erfolgen.[75]

▶ **Praxistipp** Bei wesentlichen anteilig einbezogenen Unternehmen und insb. erheblichen Liefer- und Leistungsbeziehungen sollten für Gemeinschaftsunternehmen (IAS 31) bzw. Joint Operations (IFRS 11) die gleichen Berichterstattungsanforderungen gelten wie für Tochterunternehmen. Da bei der Aufstellung größerer konsolidierter Abschlüsse die Konsolidierungsvorgänge automatisiert durchgeführt werden, können sich anderenfalls mögliche Verzögerungen bei der Bereitstellung entsprechender Daten oder Berechnungen nachteilig auswirken.

Ob die Konsolidierung auf der Grundlage des Einzelabschlusses oder des Konzernabschlusses geschieht, ist im Regelfall nur für gemeinschaftlich geführte Unternehmen nach IAS 31 von Relevanz. Für die nach IFRS 11 definierten gemeinschaftlich geführten Tätigkeiten ist diese Frage hingegen unbedeutend. Für die Quotenkonsolidierung gemäß IAS 31 bedeutet dies im Falle eines aufgestellten Konzernabschlusses des Gemeinschaftsunternehmens, dass dieser bei der Konsolidierung zwingend heranzuziehen ist. Enthält der Konzernabschluss bereits Anteile anderer Gesellschafter, sind diese bei der Konsolidierung anteilig zu übernehmen und entsprechend als Minderheiten auszuweisen.[76]

7.5.2.2 Konsolidierungsmethodik

Bei Anwendung der anteiligen Konsolidierung werden in die Abschlüsse der Partnerunternehmen beteiligungsproportional die jeweiligen Vermögenswerte, Schulden, Aufwendungen und Erträge des Gemeinschaftsunternehmens (IAS 31) bzw. der gemeinschaftlich

---

[72] Vgl. IFRS 11.21; IAS 31.33. hierzu insb. das Kap. 4.
[73] Vgl. IFRS 10.B92; IAS 27.22 f.
[74] Vgl. IFRS 10.B87; IAS 27.24 f.
[75] Vgl. IAS 21.39.
[76] Vgl. Heuser und Theile (2012), Rz. 6120.

7.5 Konsolidierungsmethoden

geführten Tätigkeit (IFRS 11) übernommen.[77] Die Konsolidierungen werden ebenfalls beteiligungsproportional vorgenommen und entsprechen im Umfang denen einer Vollkonsolidierung:[78]

- Die Ermittlung der Gegenleistung erfolgt analog zur Vorgehensweise der Vollkonsolidierung.
- Die angesetzten Vermögenswerte und Schulden werden mit dem Fair Value bewertet.
- Im Rahmen der Kapitalkonsolidierung sind stille Reserven aufzudecken und in der Folge abzuschreiben. Ein entstehender Goodwill ist bei Vorliegen einer Wertminderung abzuschreiben. Ein negativer Unterschiedsbetrag ist erfolgswirksam zu erfassen.
- Der Ausweis von nicht beherrschenden Anteilseignern erfolgt lediglich dann, wenn der anteilig zu konsolidierende Konzernabschluss bereits Minderheiten enthält.
- Konzerninterne Forderungen und Schulden sind gegeneinander aufzurechnen.
- Zwischenergebnisse aus konzerninternen Liefer- und Leistungsbeziehungen sind zu eliminieren.[79]
- Die Folgekonsolidierung geschieht analog zur Vollkonsolidierung.

Weichen der Gewinnanteil und der Kapitalanteil voneinander ab, ergeben sich hinsichtlich der Konsolidierungsquote weitere Möglichkeiten. Die Einbeziehung kann dann anhand der Kapital- oder Gewinnanteilsquote durchgeführt werden sowie auf ein gemischtes Modell für die Posten der Gewinn- und Verlustrechnung (Gewinnanteilsquote) und Bilanzposten (Kapitalanteilsquote) abstellen.

▶ **Praxistipp** Eine unterschiedliche Quote für die Konsolidierung von Posten der Bilanz sowie der Gewinn- und Verlustrechnung führt zu dem Ergebnis, dass z. B. die in der GuV erfassten Abschreibungen und die zugrunde liegenden Vermögenswerte mit unterschiedlichen Anteilen in den Abschluss des Beteiligten übernommen werden. Trotzdem ist diese Methode im Vergleich zu einer undifferenzierten Konsolidierung vorteilhaft, da eine undifferenzierte Vorgehensweise Ausgleichsposten in der Gewinn- und Verlustrechnung (bei Verwendung der Kapitalanteilsquote) oder Bilanz (bei Verwendung der Gewinnanteilsquote) erforderlich macht. Zu deren Vermeidung sollte auf unterschiedliche Kapital- und Gewinnanteilsquoten möglichst verzichtet werden.

7.5.2.3 Übergang zur Vollkonsolidierung

Entsteht für eine bisher anteilig konsolidierte Beteiligung die Pflicht zur Vollkonsolidierung, z. B. durch den Erwerb von zusätzlichen Anteilen (**Aufwärtskonsolidierung**), sind für die neu erworbenen Anteile die Unterschiedsbeträge für den Goodwill sowie die stillen

---

[77] Vgl. IFRS 11.21; IAS 31.33.
[78] Hierzu insb. das Kapitel 5.
[79] Hierzu insb. das Kapitel 6.

Reserven oder Lasten zu ermitteln. Für die bestehenden Anteile wird lediglich hinsichtlich der stillen Reserven eine Neubewertung vorgenommen. Eine Anpassung wird erfolgsneutral im Eigenkapital erfasst (Neubewertungsrücklage). Der bestehende Goodwill wird dabei nicht angepasst.[80]

▶ **Praxistipp** Durch die Statusänderung z. B. eines Gemeinschaftsunternehmens zu einem assoziierten Unternehmen und umgekehrt ergeben sich durch die verpflichtende Anwendung der Equity-Methode nach IFRS 11 keine Änderungen.

7.5.2.4 Entkonsolidierung

Bei einer Veräußerungsabsicht kommt ein Ausweis „als zur Veräußerung vorgesehen" gemäß IFRS 5 in Betracht. Die Quotenkonsolidierung bzw. anteilige Konsolidierung wird ab diesem Zeitpunkt nicht fortgeführt. Außerdem ist der Beteiligungsbuchwert zum Zeitpunkt der Umklassifizierung auf eine Wertminderung zu überprüfen.

Ist die gemeinschaftliche Führung nicht mehr gegeben, z. B. durch die **Verringerung der Beteiligungsquote** eines der Anteilseigner, so ist für die verbleibenden Anteile ab diesem Zeitpunkt – sofern weiterhin ein maßgeblicher Einfluss ausgeübt werden kann – eine Bewertung at equity vorzunehmen. Anderenfalls ist die Beteiligung nach den Regelungen des IAS 39/IFRS 9 zu bilanzieren.

Der Entkonsolidierungserfolg wird wie in Tab. 7.8 dargestellt berechnet.

7.5.2.5 Sonstige Konsolidierungsmaßnahmen

Sämtliche Geschäftsvorfälle zwischen einem Mutterunternehmen und einem Gemeinschaftsunternehmen bzw. einer gemeinschaftlich geführten Tätigkeit sind im Rahmen der Schulden-, Aufwands- und Ertragskonsolidierung sowie der Zwischenergebniseliminierung zu neutralisieren. Die Konsolidierungsmaßnahmen entsprechen denen der Vollkonsolidierung und sind quotal durchzuführen.[81]

Es ist zu unterscheiden, ob es sich um eine **Upstream-Transaktion** (Gemeinschaftsunternehmen ist Verkäufer) oder eine **Downstream-Transaktion** (Gemeinschaftsunternehmen ist Käufer) handelt. Bei einer Downstream-Transaktion wird ein ggf. enthaltener Zwischenerfolg des Mutterunternehmens in Höhe der Anteilsquote eliminiert. Entsteht ein Zwischenverlust, ist dieser nicht zu eliminieren, sondern vollständig im Abschluss des Mutterunternehmens zu erfassen.[82] Zwischenergebnisse aus Liefer- und Leistungsbeziehungen von bzw. zu konsolidierten Tochterunternehmen des Gemeinschaftsunternehmens bzw. der gemeinschaftlich geführten Tätigkeit sind ebenfalls anteilig zu eliminieren.[83]

Die Vorschriften zur Gewinnrealisierung in Form von Einlagen nicht-monetärer Vermögenswerte (Sacheinlagen) in Gemeinschaftsunternehmen im Tausch gegen Kapitalan-

---

[80] Siehe hierzu das Kapitel 5.5.1.
[81] Siehe Kapitel 6.
[82] Vgl. IAS 28.28; IAS 28.22 (2008); IAS 31.48.
[83] Vgl. IAS 28.28; IAS 28.22 (2008).

7.5 Konsolidierungsmethoden

Tab. 7.8 Entkonsolidierungserfolg bei einem quotalen Abgang. (Quelle: In Anlehnung an Heuser und Theile (2012), Rz. 6120)

	Verkaufspreis
−	Quotaler Buchwert der im Konzernabschluss erfassten Vermögensgegenstände des Gemeinschaftsunternehmens
+	Quotaler Buchwert der erfassten Schulden des Gemeinschaftsunternehmens
+/−	Im Eigenkapital des Konzerns erfasste Umrechnungsdifferenzen des Gemeinschaftsunternehmens
+/−	Eigenkapital des Konzerns erfasste Neubewertungsrücklage (Finanzinstrumente) des Gemeinschaftsunternehmens
−	Buchwert des dem Gemeinschaftsunternehmen zugeordneten Goodwills
	Minderheiten werden erfolgsneutral entnommen (IAS 31)
=	*Entkonsolidierungserfolg*

teile wurden bisher in SIC-13 „Jointly Controlled Entities – non-monetary contributions by venturers" geregelt. Die entsprechenden Regelungen wurden im Rahmen der Neuordnung der Konzernrechnungslegungsstandards im Wesentlichen in IAS 28 (2011) integriert und sind seit dem 1. Januar 2013 für gemeinschaftlich geführte Tätigkeiten (Joint Operations) gültig.

Die Erfassung von Gewinnen und Verlusten ist anteilig in Höhe des Fremdkapitals des Gemeinschaftsunternehmens bzw. der gemeinschaftlich geführten Tätigkeit zu realisieren, wenn folgende Merkmale kumulativ erfüllt werden: [84]

- Die wesentlichen mit dem Besitz des übertragenden Vermögenswerts verbundenen Chancen und Risiken wurden auf das Gemeinschaftsunternehmen bzw. die gemeinschaftlich geführte Tätigkeit übertragen.
- Der mit der Sacheinlage verbundene Gewinn oder Verlust kann nicht verlässlich bestimmt werden.
- Der Transaktion mangelt es nicht an wirtschaftlicher Substanz.

Wird ein Kriterium nicht erfüllt, sind die mit der Einlage nicht monetärer Vermögenswerte verbundenen unrealisierten Gewinne oder Verluste bei der Quotenkonsolidierung/ anteiligen Konsolidierung gegen die zugrunde liegenden Vermögenswerte oder bei der Equity-Methode gegen die Anteile an dem assoziierten Unternehmen zu eliminieren.[85]

Bei einer Upstream-Transaktion wird ein anteiliger Zwischenerfolg des Mutterunternehmens eliminiert. Dies gilt grundsätzlich auch für den Fall eines entstehenden Zwischenverlustes.

---

[84] Vgl. IAS 28.30; SIC-13.5a-c.
[85] Vgl. IAS 28.30; SIC-13.7.

7.5.2.6 Ausweis und Anhangangaben

Für die Quotenkonsolidierung können unterschiedliche Berichtsformate verwendet werden. Für die Darstellung im Konzernabschluss besteht nach IAS 31 folgendes Wahlrecht:[86]

- Die quotalen Anteile der Vermögenswerte, Schulden, Erträge und Aufwendungen des Gemeinschaftsunternehmens können mit den entsprechenden Posten (line-by-line)des Konzernabschlusses zusammengefasst werden (praxisrelevant).
- Alternativ können die quotalen Anteile des Gemeinschaftsunternehmens in getrennten Posten (separate line) innerhalb des Konzernabschlusses ausgewiesen werden.

IFRS 11 sieht für die anteilige Konsolidierung **kein expliziertes Wahlrecht** vor. In Verbindung mit IFRS 11.20 ist davon auszugehen, dass ein Ausweis line-by-line die Anforderungen erfüllt.[87]

In den Anhang sind für gemeinschaftlich geführte Tätigkeiten nach IAS 31 u. a. aufzunehmen:[88]

- Angaben über die Eventualschulden eines Partnerunternehmens aufgrund gemeinschaftlich eingegangener Verpflichtungen zu Gunsten des Joint Ventures sowie der Anteil an den gemeinsam mit anderen Partnern eingegangenen Eventualverbindlichkeiten,
- der Anteil an den Eventualschulden des Gemeinschaftsunternehmens, für den der Beteiligte ggf. haftet,
- die Eventualverbindlichkeiten, die sich aus der Haftung eines Partners für die Schulden der jeweils anderen Partnerunternehmen ergeben,
- bestehende Kapitalverpflichtungen zu Gunsten des Gemeinschaftsunternehmens, die anteiligen, gemeinsam mit anderen Partnern eingegangen Kapitalverpflichtungen sowie die anteiligen entsprechenden Verpflichtungen des Gemeinschaftsunternehmens,
- eine verkürzte Bilanz sowie Gewinn- und Verlustrechnung der gemeinschaftlich geführten Unternehmen (ist bei separater Darstellung der Positionen in der Bilanz sowie GuV entbehrlich) sowie eine Auflistung wesentlicher Joint Ventures sowie Nennung der Bilanzierungsmethode.

In den Anhang sind für **Joint Operations nach IFRS 11** u. a. aufzunehmen:[89]

- die Darstellung der Geschäftstätigkeit und Beziehung zum Konzern bzw. zur Konzernstrategie,

---

[86] Vgl. IAS 31.34.
[87] Vgl. IFRS 11.20 i. V. m. Heuser und Theile (2012), Rz. 6130.
[88] Vgl. IAS 31.54 ff.
[89] Vgl. IFRS 12.21.

7.5 Konsolidierungsmethoden

Tab. 7.9 Bilanz der Sundmacher

Bilanz der Sundmacher in T€	2012 bzw. 31.12.2012	
	Handelsbilanz I[a]	Handelsbilanz II[b]
Umsatz	100	100
Herstellungskosten	70	80
Sonstige Aufwendungen/ Erträge	-20	-20
Gewinn	10	0
Langfristiges Vermögen	250	290
Kurzfristiges Vermögen	150	150
Gesamtvermögen	*400*	*440*
Eigenkapital	210	240
Fremdkapital	200	200
davon kurzfristige Verbindlichkeit gegen die Grützmacher AG	100	100
Gesamtkapital	*400*	*450*

[a] Nach landesrechtlichen Vorschriften aufgestellter Jahresabschluss.
[b] Jahresabschluss nach Anpassungen an die Bilanzierungs- und Bewertungsrichtlinien der Grützmacher-Gruppe (d. h. annahmegemäß IFRS). Zur Vereinfachung wurden auf die Handelsbilanz II-Anpassungen keine latenten Steuern abgegrenzt.

- die Kapitalquote und, soweit vorhanden, die abweichende Stimmrechtsquote sowie
- der Name und Sitz der Joint Operation.

Daneben sind die Vorschriften zur Angabe des nicht konsolidierten Anteils der Liefer- und Leistungsbeziehungen mit dem Gemeinschaftsunternehmen gemäß IAS 24 zu beachten.[90]

7.5.2.7 Fallbeispiel
Ausgangslage und Aufgabe

Die Grützmacher AG gründet zusammen mit der japanischen Sund AB am 30. Juni 2012 die gemeinschaftlich geführte Tätigkeit Sundmacher. Nach Prüfung der erforderlichen Kriterien hat sich eine Klassifikation als Joint Operation ergeben. Beide Anteilseigner sind zu je 50 % bzw. T€ 100 beteiligt und stellen jeweils einen Geschäftsführer. Diese sollen künftig alle wichtigen geschäftlichen Entscheidungen gemeinsam treffen.

Die Grützmacher AG führt die in IFRS 11 enthaltene Methode zur anteiligen Konsolidierung der Joint Operation durch. Die erstmalige Einbeziehung erfolgt im konsolidierten Abschluss der Grützmacher-Gruppe für das Jahr 2012. Dafür liefert die Sundmacher für das Rumpfgeschäftsjahr 2012 die in Tab. 7.9 dargestellten Daten an die Grützmacher AG.

---

[90] Vgl. IAS 24.18d, IFRS 12.B20.

Tab. 7.10 Abschluss der Grützmacher-Gruppe

Abschluss in T€	Handelsbilanz II der Grützmacher-Gruppe	50 % der Handelsbilanz II der Sundmacher	Konsolidierung	Konsolidierter Abschluss der Grützmacher-Gruppe
Umsatz	500	50		550
Herstellungskosten	350	40		390
Sonstige Aufwendungen/Erträge	−100	−10		−110
Gewinn	50	0		50
Langfristiges Vermögen	1.000	145	−100[a]	1.045
Kurzfristiges Vermögen	800	75	−50[2]	825
Gesamtvermögen	*1.800*	*220*	*−150*	*1.870*
Eigenkapital	500	120	−100[a]	520
Fremdkapital	1.300	100	−50[2]	1.350
Gesamtkapital	*1.800*	*220*	*−150*	*1.870*

[a] Die Grützmacher AG eliminiert ihren Anteil an der Sundmacher (T€ 100) gegen das anteilige Eigenkapital (T€ 100). Da die Anteile eingelegt und nicht erworben wurden, kann hieraus kein Goodwill bzw. Badwill resultieren.

[b] Die internen Finanzierungsbeziehungen sind im Rahmen der Schuldenkonsolidierung zu eliminieren. Dabei ist zu beachten, dass lediglich 50 % eliminiert werden.

Zwischen dem 1. Juli und 31. Dezember 2012 haben keine Liefer- und Leistungsbeziehungen bestanden.

7.5.2.8 Lösungshinweise
Die Einbeziehung der in Tab. 7.9 aufgeführten Daten in den Abschluss der Grützmacher-Gruppe zum 31. Dezember 2012 ist wie in Tab. 7.10 zu sehen darzustellen.

7.5.2.9 Abwandlung: Erweiterte Equity-Methode
Die Streichung des Wahlrechts zur anteiligen Einbeziehung von Joint Ventures (IFRS 11) hat für Unternehmen bestimmter Branchen, aber auch für Gesellschaften, die in Ländern wie z. B. China geschäftlich tätig sind, erhebliche Konsequenzen, da hier zum Teil wesentliche Investitionen in Gemeinschaftsunternehmen geleistet wurden. Als Kompromisslösung bietet sich die sog. erweiterte Equity-Methode an. Die Bewertung der Beteiligung am Gemeinschaftsunternehmen erfolgt grundsätzlich wie bei der Equity-Methode. In die Bilanz sowie die Gewinn- und Verlustrechnung werden jedoch Zusatzangaben aufgenommen, die den Anteil des Partnerunternehmens an den jeweiligen Vermögenswerten und

7.5 Konsolidierungsmethoden

Tab. 7.11 Gewinn- und Verlustrechnung der Grützmacher-Gruppe

	in T€
Umsatz der Grützmacher-Gruppe	100
Anteiliger Umsatz der at equity einbezogenen Gemeinschaftsunternehmen	+50
Aufwendungen	−90
Anteilige Aufwendungen der at equity einbezogenen Gemeinschaftsunternehmen	−40
Gewinn aus Anwendung der Equity-Methode	+10
Gewinn	*=20*

Schulden sowie Erträgen und Aufwendungen widerspiegeln. Eine Gewinn- und Verlustrechnung könnte demnach verkürzt wie in Tab. 7.11 dargestellt aussehen.

Der Vorteil gegenüber einer reinen Equity-Methode liegt im Gewinn zusätzlicher Informationen. Als nachteilig erweist sich jedoch die erhöhte Komplexität der Darstellung.

7.5.3 Erstanwendung von IFRS 11

Die in IAS 28 (2011) aktualisierten Vorschriften erfordern künftig zwingend die Anwendung der Equity-Methode für die nach IFRS 11 definierten Gemeinschaftsunternehmen (Joint Ventures). Die neuen Standards sind verpflichtend für Geschäftsjahre anzuwenden, die am oder nach dem 1. Januar 2013 beginnen. Eine vorzeitige Anwendung ist auch zulässig.

7.5.3.1 Übergang zur Equity-Methode

Für den Übergang von der Quotenkonsolidierung (IAS 31) zur Equity-Methode bezieht sich der von IFRS 11 vorgegebene Umstellungszeitpunkt auf den Anfang der Vorperiode.[91] Als fiktive Anschaffungskosten (Deemed Costs) dient der Equity-Methode der Saldo aus bisher angesetztem Nettovermögen einschließlich Goodwill.[92] Ist dieser Wert negativ, erfolgt der Ansatz mit null, und eine Haftung des Konzerns ist zu überprüfen.[93] Ist der Goodwill anteilig einer Cash Generating Unit zugerechnet, ist der auf das Gemeinschaftsunternehmen entfallende Teil – im Gegensatz zu IAS 36 – nicht nach der Relation der erzielbaren Beträge, sondern nach der Relation der Buchwerte des Gemeinschaftsunternehmens der Cash Generating Unit zuzuweisen.[94] Am Anfang der Vorperiode ist zudem ein Niederstwerttest durchzuführen und eine ggf. entstehende Wertminderung mit den Gewinnrück-

---

[91] Vgl. IFRS 11.C2.
[92] Vgl. IFRS 11.C3.
[93] Vgl. IFRS 11.C4.
[94] Vgl. IFRS 11.C2.

langen zu verrechnen.[95] Der neue Beteiligungsbuchwert ist nach Vermögenswerten und Schulden aufzugliedern.[96] Die Folgebilanzierung ist gemäß IAS 28 durchzuführen.[97]

7.5.3.2 Übergang zur anteiligen Konsolidierung

Durch die Neudefinition von Joint Operations besteht zudem die Möglichkeit, dass ein bisher nach der Equity-Methode bilanziertes Gemeinschaftsunternehmen künftig als Joint Operation eingestuft wird und somit anteilig zu konsolidieren ist. Da für die Beurteilung von Joint Operations gemäß IFRS 11 die Rechte an den Vermögenswerten oder Verpflichtungen aus den Schulden entscheidend sind, ist der Beteiligungsbuchwert einschließlich Goodwill im Umstellungszeitpunkt aufzuspalten und zu analysieren.[98] Weicht das anzusetzende Nettovermögen positiv vom bisherigen Beteiligungsbuchwert ab, ist der Goodwill bis maximal null zu reduzieren und die verbleibende Differenz in die Gewinnrücklagen zu buchen.[99] Für den umgekehrten Fall erfolgt eine Verminderung der Gewinnrücklagen.[100]

▶ **Praxistipp** Sollte der bisherige Beteiligungsbuchwert negativ sein, kann das negative Nettovermögen angesetzt werden und zu Beginn der Vorjahresperiode mit den Gewinnrücklagen verrechnet werden.[101]

7.6 Keep in Mind

Dieses Kapitel hat die Behandlung von Gemeinschaftsunternehmen, gemeinschaftlichen Vereinbarungen und assoziierten Unternehmen veranschaulicht. Vor dem Hintergrund der Neudefinition des Beherrschungsbegriffes in IFRS 10 wurden insb. die Regelungen zur gemeinsamen Beherrschung angepasst. In 2011 wurde der Standard IFRS 11 „Joint Arrangements" veröffentlicht. IFRS 11 ersetzt IAS 31 und SIC-13.

Bei der gemeinschaftlichen Führung handelt es sich gemäß IFRS 11 und IAS 31 um eine vertraglich vereinbarte Teilhabe an der Führung bzw. Beherrschung einer wirtschaftlichen Aktivität. Während IAS 31 Gemeinschaftsunternehmen anhand der rechtlichen Struktur in gemeinschaftlich geführte Tätigkeiten, Vermögenswerte und Unternehmen unterscheidet, differenziert der neu gefasste IFRS 11 zwischen gemeinschaftlich geführten Aktivitäten und Gemeinschaftsunternehmen. Dabei ist für den Fall einer gemeinschaftlich geführten Aktivität zu überprüfen, ob die Partnerunternehmen Rechte an den Vermögenswerten oder Verpflichtungen aus den Schulden besitzen. Im Fall eines Gemeinschafts-

---

[95] Vgl. IFRS 11.C3.
[96] Vgl. IFRS 11.C5.
[97] Vgl. IFRS 11.C6.
[98] Vgl. IFRS 11.C7.
[99] Vgl. IFRS 11.C9a.
[100] Vgl. IFRS 11.C9b.
[101] Vgl. Heuser und Theile (2012), Rz. 5245.

unternehmens ist zu unterscheiden, ob den Partnerunternehmen ein anteiliger Eigenkapitalanspruch eingeräumt ist.

Assoziierte Unternehmen werden in IAS 28 behandelt. Ein assoziiertes Unternehmen ist ein Unternehmen, bei dem der Eigentümer über maßgeblichen Einfluss verfügt und das weder die Merkmale eines Tochterunternehmens noch die eines gemeinschaftlich geführten Unternehmens aufweist. Im Regelfall wird ein maßgeblicher Einfluss vermutet, sobald das Mutterunternehmen mehr als 20 % der Stimmrechte besitzt.

Durch Neuschaffung des IFRS 11 ist das Wahlrecht zur quotalen Einbeziehung gemeinschaftlich geführter Unternehmen abgeschafft worden (bzw. war es noch bis 31. Dezember 2012 nach IAS 31 anwendbar). Diese sind nun ebenfalls nach den in IAS 28 aufgeführten Regelungen at equity zu bilanzieren. Die nach IFRS 11 definierten gemeinschaftlich geführten Aktivitäten sind künftig anteilig in den Konzernabschluss einzubeziehen. Die Einbeziehung von Anteilen an assoziierten Unternehmen ist unverändert nach der Equity-Methode vorzunehmen.

Das Kapitel hat die Systematik und das Prinzip der Equity-Methode sowie der Quotenkonsolidierung/anteiligen Konsolidierung dargestellt. Weiterhin wurde gezeigt, wie Zwischenergebnisse aus einer Transaktion mit einem at equity bewerteten Unternehmen anteilig eliminiert werden und wie diese innerhalb der anteiligen Konsolidierung behandelt werden.

7.7 Übungsaufgaben zum Kapitel

Aufgabe 1 Die folgende Übungsaufgabe basiert auf dem Kap. 7.5.1.8 „Fallbeispiel zur Equity-Methode".

Zum 31. Dezember 2012 liefert Sund AG die in der Tab. 7.12 aufgeführten Informationen (die Grützmacher AG hat die Daten bereits in Euro umgerechnet). Die Anteilseigner haben beteiligungsproportional zum 30. Juni 2012 an einer Kapitalerhöhung über insgesamt T¥ 150 teilgenommen.

Eine Dividende wird nicht ausgeschüttet. Ein für die Beteiligung zum 31. Dezember 2012 durchgeführter Werthaltigkeitstest ergab einen anteiligen Barwert der Zahlungsüberschüsse von T€ 85 (Recoverable Amount).

Außerdem sind die Anteilseigner verpflichtet, der Sund AB Nachforderungen aus einem Rechtsstreit, der bereits einige Jahre zurückliegt, auszugleichen. Sund AB schickt daher der Grützmacher AG am 31. Dezember 2012 eine Rechnung über T¥ 50. Die Grützmacher AG kommt zu dem Schluss, dass aufgrund des Kaufvertrags für die Anteile XAVER zum Ausgleich verpflichtet ist.

Für die Währungsumrechnung gelten als Durchschnittskurs 2012 (€ 1 = ¥ 10) und als Stichtagskurs zum 30. Juni/ 31. Dezember 2012 (€ 1 = ¥ 8).

Der Leiter Rechnungswesen muss den Equity-Buchwert, das Equity-Ergebnis sowie die erforderlichen Buchungen ermitteln.

Tab. 7.12 Bilanz zum 30.06 und 31.12.2012

Bilanz	30.06 bzw. 31.12.2012	
	in T¥	in T€
Gewinn	−100	−10
Langfristiges Vermögen[1,2,3]	460	57,50
Kurzfristiges Vermögen	250	31,25
Gesamtvermögen	*710*	*88,75*
Eigenkapital[1,2,3]	320	40
Fremdkapital	390	48,75
Gesamtkapital	710	88,75
1. Effekt aus einer Anpassung an IFRS (erfolgsneutrale Bewertung langfristiger Wertpapiere zum Marktwert)*	+110	+13,75
2. Stille Reserven*	+60	+7,5
3. Davon im Eigenkapital der Sund AB erfasst Differenz aus der Umrechnung ausländischer Tochterunternehmen	30	3,75

* Zur Vereinfachung ohne Berücksichtigung von latenten Steuern/Umrechnungseffekten

Zusatzfragen
1. Wie ist der Ausgleichsanspruch zu behandeln, wenn die Grützmacher AG die Kosten selbst übernehmen müsste?
2. Angenommen, die Grützmacher AG möchte sich an der Kapitalerhöhung nicht beteiligen, ist jedoch bereit, an Sund AB ein entsprechendes Darlehen bei gleichzeitiger Rangrücktrittserklärung auszureichen. Wie ist dieser Fall zu behandeln?
3. Angenommen, die Kapitalerhöhung wäre einseitig durch die Grützmacher AG erfolgt und es hätten keine sonstigen Veränderungen im stimmberechtigten Kapital stattgefunden. Welche Konsequenzen ergeben sich dadurch?
4. Angenommen die Grützmacher AG hat neben dem eigenen operativen Geschäft lediglich die Beteiligung an der Sund AB. Was ist die Folge?

Aufgabe 2 Vom Mutterunternehmen wird ein Vermögenswert an eine Equity-Beteiligung (Kapitalanteil = 40 %) verkauft. Es entsteht ein Zwischengewinn von T€ 2.500. Der Equity-Buchwert vor dieser Transaktion beträgt T€ 5.000. Wie hoch ist der durch diese Transaktion beeinflusste neue Equity-Buchwert?

Aufgabe 3 Die folgende Übungsaufgabe basiert auf dem Kap. 7.5.2.7 „Fallbeispiel zur Quotenkonsolidierung". Zusätzlich gelten folgende Annahmen:

Die Sundmacher hat ihren gesamten Umsatz des Rumpfgeschäftsjahres 2011 mit Unternehmen der Grützmacher-Gruppe erwirtschaftet. Die gelieferten Vorräte sind zum 31. Dezember noch vollständig in den Beständen der Grützmacher-Gruppe enthalten (latente Steuern bleiben unberücksichtigt).

Die Anteile wurden nicht eingelegt, sondern zum 30. Juni 2011 zum Preis von T€ 320 erworben. Es bestehen keine stillen Reserven oder Lasten. Ein zum 31. Dezember 2011 durchgeführter Impairment-Test ergab keinen Abschreibungsbedarf.

Der verantwortliche Leiter Rechnungswesen muss den konsolidierten Abschluss der Grützmacher-Gruppe einschließlich der Sundmacher darstellen.

Zusatzfragen:
1. Angenommen, die in der Übungsaufgabe angesprochenen Vorräte wären noch vor dem 31. Dezember vollständig an Dritte weiterveräußert worden. Was ist die Folge?
2. Gesetzt den Fall, die Sundmacher ist die einzige Beteiligung der Grützmacher AG. Welche Konsequenzen ergeben sich?
3. Welche Schritte sind zur Erstellung einer Gewinn- und Verlustrechnung der Grützmacher-Gruppe bei Anwendung der erweiterten Equity-Methode notwendig?

7.8 Lösungshinweise

Lösung 1 Die Übungsaufgabe basiert auf dem Kap. 7.5.1.8 „Fallbeispiel zur Equity-Methode". Wie beschrieben empfiehlt sich die Aufstellung einer Eigenkapitalveränderungsrechnung (s. Tab. 7.13).

Die Equity-Methode zum 31. Dezember 2012 ergibt sich wie in Tab. 7.14 dargestellt.

Zum **30. Juni 2012** bucht die Grützmacher AG die Kapitalerhöhung:

Buchungssatz

Soll		Haben	
Beteiligung an Sund AB	4,69	Kasse	4,69

Zum **31. Dezember 2012** nimmt die Grützmacher AG folgende Buchungen vor:

1. Verbuchung des Equity-Ergebnisses:

Buchungssatz

Soll		Haben	
Equity-Ergebnis	20,44	Beteiligung an Sund AB	20,44

2. Buchung sonstiger Veränderungen des Beteiligungsansatzes bzw. des anteiligen Eigenkapitals:

Tab. 7.13 Eigenkapitalveränderungsrechnung

	Berechnung in T€	Betrag in T€
Eigenkapital der Sund AB zum 31.12.2011 (laut Abschluss)		31
+/– Jahresergebnis	–100/10	–10
+/– Kapitalmaßnahmen (Kapitalerhöhung)	150/8	18,75
+/– Veränderung der im Eigenkapital der Sund AB erfassten Differenz aus der Umrechnung ausländischer Töchter	3,75– 7	–3,25
Zwischensumme		36,50
+/– Differenz aus der Umrechnung des Eigenkapitals der Sund AB zu historischen Kursen bzw. zum Stichtagskurs	40– 36,50	3,50
+/– IFRS-Anpassungen		13,75
+/– Stille Reserven		7,50
Eigenkapital der Sund AB zum 31.12.2012		*61,25*
	61,25 × 25 %	15,31

Buchungssatz

Soll		Haben	
Eigenkapital/OCI	0,24*	Beteiligung an Sund AB	0,24*

* Hierin sind enthalten: die Effekte aus den annahmegemäß ergebnisunwirksam zu berücksichtigen IFRS-Anpassungen bei der Sund AB (T€ – 0,31), die Effekte aus der Währungsumrechnung des Abschlusses der Sund AB (T€ 0,88) sowie die sonstigen erfolgsunwirksamen Eigenkapitalveränderungen (T€ – 0,81).

3. Verbuchung der Weitergabe des Ausgleichsanspruchs an XAVER:

Buchungssatz

Soll		Haben	
Forderung gegen XAVER	6,25	Rückstellung	6,25

Die vorgenommenen Buchungen sollen durch eine Proberechnung auf Richtigkeit verifiziert werden (s. Tab. 7.15).

Lösungen der Zusatzfragen:
1. Da durch den Ausgleichsanspruch das Eigenkapital des assoziierten Unternehmens nicht berührt wird, ist die Erfassung im Equity-Ergebnis nicht zulässig. Die Zahlung ist daher bei der Grützmacher AG als sonstiger betrieblicher Aufwand zu erfassen.
2. Darlehen mit Rangrücktritt können im Rahmen der Equity-Methode Eigenkapital substituieren. Allerdings impliziert ein Rangrücktritt noch keine Einlage. Daher wäre das Darlehen zunächst als Forderung auszuweisen. Auswirkungen auf das Equity-Ergebnis ergeben sich lediglich, wenn die Regelungen zur Gewinnverteilung angepasst werden.

7.8 Lösungshinweise

Tab. 7.14 Durchführung der Equity-Methode

	Berechnung in T€	Equity-Buchwert in T€	Equity-Ergebnis in T€
Buchwert der Beteiligung zum Beginn des Geschäftsjahres	–	101	–
+/– Anteil am Jahresüberschuss/-fehlbetrag	–10 × 25 %	–2,50	–2,50
– Vereinnahmte Dividenden	–	0	–
+/– Effekte aus der Anpassung an IFRS	(13,75– 15) × 25 %	–0,31	0
– Abschreibung anteiliger stiller Reserven	(7,50– 8) × 25 %	0,13	0,13
+/– Effekte aus der Umrechnung des Abschlusses der Sund AB*	(40– 36,5) × 25 %	0,88	–
+/– Kapitalerhöhungen/-herabsetzungen	18,75 × 25 %	4,69	–
+/– sonstige erfolgsneutrale Eigenkapitalveränderungen	(3,75– 7) × 25 %	–0,81	–
– Beteiligungs-/Goodwill-Impairment*	85– 15,31– 87,50	–17,81	–17,81
Buchwert der Beteiligung zum Ende des Geschäftsjahres/Equity-Ergebnis		85,01	–20,44

* Das anteilige Eigenkapital beträgt T€ 15,31. Der bestehende Goodwill von T€ 87,50 ist daher lediglich in einer Höhe von T€ 87,50– T€ 15,31 = T€ 69,69 gedeckt. Die Abschreibung des Goodwills beträgt daher T€ 87,50– T€ 69,69 = T€ 17,81. Es sei vereinfachend angenommen, dass sich diesbezüglich keine Umrechnungseffekte ergeben.

Tab. 7.15 Proberechnung

	Betrag in T€
Anschaffungskosten der Beteiligung	99,37
+/– Equity-Ergebnis im Jahr 2011	2
+/– Equity-Ergebnis im Jahr 2012	–20,44
+/– sonstige anteilige Veränderungen des Beteiligungsansatzes/Eigenkapitals im Jahr 2011	–0,37
+/– sonstige anteilige Veränderungen des Beteiligungsansatzes/Eigenkapitals im Jahr 2012	4,45
– Goodwill	69,69
= errechnetes anteiliges Eigenkapital nach IFRS zum 31.12.	15,32
Anteiliges Eigenkapital laut Bilanz/Nebenrechnung	15,31
Differenz (hier: Rundungsdifferenz)	–0,01

Daneben können sich Konsequenzen auf die Verlustverrechnung ergeben, die bei einer reinen Eigenkapitaleinlage auf die Höhe des Buchwerts beschränkt ist. Bei Vorhandensein eigenkapitalsubstituierender Finanzierungen hingegen wäre die Verlustverrechnung anteilig im Buchwert und in bestehenden Forderungen zu berücksichtigen.

3. Durch eine einseitige Kapitalerhöhung der Grützmacher AG i. H. v. T¥ 150 würde sie die Kapital- und vermutlich auch die Stimmrechtsmehrheit erlangen. Ab diesem Zeitpunkt wäre die Beteiligung an der Sund AB voll zu konsolidieren. Beim Übergang auf die Vollkonsolidierung darf sich für die bestehenden Anteile – sofern die Equity-Methode zuvor fehlerfrei durchgeführt wurde – kein Eigenkapitaleffekt ergeben.
4. Die Grützmacher AG ist nicht verpflichtet, einen konsolidierten Abschluss aufzustellen und entsprechend die Sund AB nach der Equity-Methode zu bilanzieren. Die Anforderung zur Aufstellung konsolidierter Abschlüsse ergibt sich, wenn von einem Unternehmen eine Beteiligung an einem Tochter- oder Gemeinschaftsunternehmen, nicht jedoch an einem assoziierten Unternehmen gehalten wird.

Lösung 2

Tab. 7.16 Equity-Wertansatz

	Betrag in T€
Voriger Equity-Buchwert	5.000
Zu eliminierender Zwischengewinn (40 % x T€ 2.500 = T€ 1.000)	−1.000
Equity Wertansatz nach Eliminierung	= 4.000

Lösung 3 Diese Übungsaufgabe basiert auf dem Kap. 7.5.2.7 „Fallbeispiel zur Quotenkonsolidierung". Die Einbeziehung der vorherigen Daten in den Abschluss der Grützmacher-Gruppe kann wie in Tab. 7.17 dargestellt werden.

Lösungen der Zusatzfragen Auf eine Zwischengewinneliminierung kann verzichtet werden, da der Gewinn aus der konzerninternen Lieferung bereits mit Dritten realisiert wurde. Der Gewinn und das Vermögen der Grützmacher-Gruppe würden entsprechend um T€ 10 steigen.

Die Grützmacher AG ist weiterhin grundsätzlich zur Aufstellung eines konsolidierten Abschlusses verpflichtet. Dies gilt auch, wenn sich die Grützmacher AG entscheidet, die Anteile an der Sundmacher nach der Equity-Methode zu bilanzieren. Wenn es sich bei Sundmacher um ein assoziiertes Unternehmen handeln würde, dann würde eine Verpflichtung zur Aufstellung eines Konzernabschlusses nicht vorliegen. Hierbei wäre zu prüfen, ob bei Vorliegen lediglich eines gemeinschaftlich geführten Unternehmens unter Wesentlichkeitsgesichtspunkten auf die Aufstellung eines konsolidierten Abschlusses verzichtet werden kann.

Die Beteiligung an der Sundmacher ist nach der Equity-Methode zu bilanzieren (s. Kap. 7.5.1). Das Ergebnis der Equity-Methode ist gesondert in der Gewinn- und Verlustrechnung auszuweisen. Daneben dürfen die einzelnen Posten der Gewinn- und

7.8 Lösungshinweise

Tab. 7.17 Übungsaufgabe: Abschluss der Grützmacher-Gruppe

Abschluss in T€	Handelsbilanz II der Grützmacher-Gruppe	50 % der Handelsbilanz II der Sundmacher	Konsolidierung	Konsolidierter Abschluss der Grützmacher-Gruppe
Umsatz	500	−50	−50	500
Herstellungskosten	350	−40	−40	350
Sonstige Aufwendungen/Erträge	−100	−10		−110
Gewinn	*50*	*0*	*−10*	*40*
Langfr. Vermögen	1.220	145	−320[a]	1.265
davon Goodwill			220[1]	220
Kurzfr. Vermögen	800	75	−60[b,c]	815
davon Zwischenergebniseliminierung			−10[c]	
Gesamtvermögen	*2.020*	*220*	*−160*	*2.080*
Eigenkapital	500	120	−110[a,c]	510
davon Zwischenergebniseliminierung			−10[c]	
Fremdkapital	1.520	100	−50[b]	1.570
Gesamtkapital	*2.020*	*220*	*−160*	*2.080*

[a] Die Grützmacher AG eliminiert ihren Anteil an der Sundmacher (T€ 320) gegen das anteilige Eigenkapital (T€ 100). Der verbleibende Unterschiedsbetrag entfällt annahmegemäß auf Goodwill (T€ 220) und erhöht das Vermögen der Grützmacher-Gruppe.

[b] Die internen Finanzierungsbeziehungen sind im Rahmen der Schuldenkonsolidierung zu eliminieren. Dabei ist zu beachten, dass lediglich 50 % eliminiert werden.

[c] Im Vermögen sowie korrespondierend im Eigenkapital wurde nun zusätzlich noch die Marge aus den konzernintern gelieferten Vorräten eliminiert (T€ 10).

Tab. 7.18 Abbildung der Equity-Methode

Ausweis	Betrag in T€
Umsatz der Grützmacher-Gruppe	500
Anteiliger Umsatz der at equity einbezogenen Gemeinschaftsunternehmen	50
Aufwendungen	450
Anteilige Aufwendungen der at equity einbezogenen Gemeinschaftsunternehmen	50
Gewinn aus Anwendung der Equity-Methode	−10
Gewinn	*40*

Verlustrechnung um Zusatzinformationen hinsichtlich der sich aus dem Gemeinschaftsunternehmen ergebenden Beiträge ergänzt werden.

Die Gewinn- und Verlustrechnung sieht wie in Tab. 7.18 dargestellt aus.

Abschließende Übungsaufgaben

8.1 Übungsaufgaben

Aufgabe 1 Die M AG kauft zum 31. Dezember 2012 80 % der Anteile der T AG zu einem Kaufpreis von T€ 1.000. Die Bestimmung des Erwerbers ist eindeutig geklärt und es existieren keine bedingten Kaufpreisbestandteile. Etwaige Anpassungsbuchungen zur Sicherstellung einer konzerneinheitlichen Bilanzierung sind nicht notwendig.

Zum Akquisitionszeitpunkt werden bei der T AG stille Reserven auf Grundstücke von T€ 50 und auf Maschinen von T€ 100 aufgedeckt. Weiterhin werden durch die Kaufpreisallokation identifizierte immaterielle Vermögenswerte von T€ 50 angesetzt. Gegenläufig wird im Rahmen des Erwerbes eine Eventualverbindlichkeit von T€ 50 passiviert. Hieraus ergeben sich bei einem angenommenen Steuersatz von 40 % eine Neubewertungsrücklage von T€ 90 und eine latente Steuer für die temporären Differenzen von T€ 60.

Hinsichtlich des Ausweises der latenten Steuern ist zur Vereinfachung eine Saldierung auf der Passivseite vorgenommen worden.

Damit ergeben sich die in Tab. 8.1 genannten Ausgangsdaten für die beiden Unternehmen.

Der Leiter Rechnungswesen soll die Erstkonsolidierung der T AG anhand der Vorschriften des IFRS 3 durchführen.

Aufgabe 2 Basierend auf den Daten aus Aufgabe 1 zur Erstkonsolidierung soll nun die Folgekonsolidierung durchgeführt werden. Aus Vereinfachungsgründen wird von keiner Bilanzveränderung außerhalb der Konsolidierungseffekte ausgegangen. Lediglich der Vorjahresgewinn wurde bei der M AG sowie auch bei der T AG vollständig thesauriert. Der aktuelle Jahresüberschuss findet seinen Gegenposten in den sonstigen Aktiva. Weiterhin wurde kein Push-Down Accounting angewandt, d. h., die Neubewertungsbuchungen sowie die Einstellung des Goodwills erfolgen auf Konzernebene.

Tab. 8.1 Ausgangsdaten für beide Unternehmen

Stichtag 31.12.2012 M AG   T AG
in T€
A = Aktiva
P = Passiva

			Ursprung		Neu-bewertung		Neu-bewertet	
Bilanzposten:	A	P	A	P	A	P	A	P
1. Immat. Vermögenswerte	500	0			50		50	
2. Goodwill	0	0			0			
3. Grundstücke	1.000		200		50		250	
4. Maschinen	2.000		800		100		900	
5. Beteiligung	1.000		0				0	
6. Sonstige Aktiva	3.000		1850				1.850	
7. Gez. Kapital		1.000		400				400
8. Kapitalrücklage		2.000		100				100
9. Gewinnrücklage		2.000		350				350
10. Neubewertungs-rücklage		0		0		90		90
11. Jahresüberschuss		200		50				50
12. Minderheiten		0		0				0
13. Latente Steuern		0		0		60		60
14. Eventualverbindlichkeiten		0		0		50		50
15. Sonstige Passiva		2.300		1.950				1950
Summe	7.500	7.500	2.850	2.850			3.050	3.050

Folgende Nutzungsdauern werden zugrunde gelegt:

- Immaterielle Vermögenswerte: 5 Jahre
- Maschinen: 10 Jahre

Zusätzlich zu den bei der Erstkonsolidierung vorgenommenen Neubewertungen sind weitere Sachverhalte zu berücksichtigen. Die immateriellen Vermögenswerte werden ebenso wie die Maschinen erfolgswirksam linear abgeschrieben. Hinsichtlich der im Rahmen der Erstkonsolidierung passivierten Eventualverbindlichkeit hat sich herausgestellt, dass diese nicht zu begleichen ist. Sie wird dementsprechend erfolgswirksam aufgelöst. Der Goodwill-Impairment-Test hat ergeben, dass der Goodwill nicht mehr werthaltig ist und eine außerplanmäßige Abschreibung von T€ 20 zu erfolgen hat.

8.1 Übungsaufgaben

Die Neubewertungsbilanz ist nach den beschriebenen Veränderungen darzustellen und die Folgekonsolidierung durchzuführen. Zusätzlich ist das Konzernergebnis aus dem Ergebnis der T AG und dem der M AG herzuleiten.

Aufgabe 3 Aufbauend auf den Aufgaben 1 und 2 soll die T AG zum 31. Dezember 2013 wieder veräußert werden. Auf eine vorzeitige Abbildung als Discontinued Operation wird aus Vereinfachungsgründen verzichtet.

Der Veräußerungserlös beträgt T€ 1.500. Zusätzlich fallen T€ 20 Veräußerungskosten durch externe Beratungsleistungen an. Erfolgsneutral im Eigenkapital erfasste Währungsumrechnungsdifferenzen bestehen nicht.

Zu ermitteln ist der Abgangserfolg unter Berücksichtigung der Wertverhältnisse aus Aufgabe 2, und ausgehend von der Konzernbilanz vor Veräußerung ist die Konzernbilanz nach der Entkonsolidierung zu erstellen.

Aufgabe 4 Die M AG erwirbt zum 1. Januar 2012 zum Kaufpreis von T€ 300 eine 10-prozentige Beteiligung an der T AG, die sie als Available for Sale Finanzinstrument gemäß IAS 39/IFRS 9 erfolgsneutral zum Fair Value bewertet. Zum 31. Dezember 2012 steigt der Fair Value der Beteiligung auf T€ 350, T€ 50 werden erfolgsneutral in das sonstige kumulierte Eigenkapital eingestellt.

Am 31. Dezember 2012 erwirbt die M AG eine weitere 60-Prozent-Tranche zu einem Kaufpreis von T€ 2.300. Fortan besitzt die M AG 70 % und hat somit die Beherrschung über die T AG erlangt (die T AG muss vollkonsolidiert werden).

Die Aufstellung in Tab. 8.2 zeigt die nach konzerneinheitlichen Grundsätzen aufgestellten IFRS-Abschlüsse der beiden involvierten Unternehmen zum 1. Januar 2012 und zum 31. Dezember 2012. Zusätzlich werden die Zeitwerte der bei der T AG bilanzierten Vermögenswerte angegeben. Diese Daten bilden die Grundlage für weitere Berechnungen.

Weiterhin sind folgende Annahmen getroffen worden:

- Die Restnutzungsdauer der Maschinen der T AG beträgt zum 1. Januar 2012 zehn Jahre.
- Der Goodwill erfährt keine außerplanmäßige Abschreibung.
- Der Ertragsteuersatz beträgt 40 %.

Der Leiter Rechnungswesen möchte die Erstkonsolidierung mit folgenden Schritten durchführen:

1. Neubewertung des Jahresabschlusses der T AG zum 31. Dezember 2012
2. Ermittlung des Goodwills
3. Erstkonsolidierung
4. Herleitung des Jahresüberschusses

Tab. 8.2 Ausgangsdaten der M AG und T AG

FV = Fair Value JA = Jahresabschluss	01.01.2012 in T€			31.12.2012 in T€		
	M AG	T AG		M AG	T AG	
Bilanzposten:	JA	JA	FV	JA	JA	FV
Goodwill						
Grundstücke	800	400	500	800	400	700
Maschinen	3.000	1.600	1.800	3.000	1.440	1.700
Beteiligung	300	0		2.650	0	
Latente Steuern	0	0		0	0	
Sonstige Aktiva	4.500	3.300		2.300	3.500	
Summe Aktiva	*8.600*	*5.300*		*8.750*	*5.340*	
Gez. Kapital	3.000	800		3.000	800	
Kapitalrücklage	600	300		600	300	
Gewinnrücklage	2.000	700		2.000	700	
Neubewertungsrücklage	0	0		0	0	
Sonstiges kum. Eigenkapital	0	0		50	0	
Jahresüberschuss	0	0		100	40	
Minderheiten	0	0		0	0	
Latente Steuern	0	0		0	0	
Sonstige Passiva	3.000	3.500		3.000	3.500	
Summe Passiva	*8.600*	*5.300*		*8.750*	*5.340*	

8.2 Lösungshinweise

Lösung 1 Nach der erfolgten Kaufpreisallokation und der daraus resultierenden Neubewertungsbilanz erfolgt die Aufrechnung des Beteiligungsbuchwertes der M AG gegen das anteilige neubewertete Eigenkapital der T AG. Dies stellt sich wie in Tab. 8.3 dar.

1. Aufrechnung des Beteiligungsbuchwertes gegen das anteilige Eigenkapital
Der Beteiligungsbuchwert der M AG wird gegen das anteilige Eigenkapital (80 %) der T AG ausgebucht. Der verbleibende Unterschiedsbetrag wird als Goodwill aktiviert.

Exkurs: Wäre in diesem Beispiel nur ein Kaufpreis von T€ 700 gezahlt worden, hätte sich ein negativer Unterschiedsbetrag von T€ 92 ergeben, der sofort erfolgswirksam erfasst werden müsste. Dieser würde dann für den Konzern T€ 292 betragen.

2. Berücksichtigung der Minderheiten
Das restliche Eigenkapital der T AG von T€ 198 wird in den Ausgleichsposten für Minderheitenanteile gebucht. Da die IFRS die vollständige Neubewertungsmethode anwenden, partizipieren die Minderheiten ebenfalls an den aufgedeckten stillen Reserven im Rahmen der Neubewertungsrücklage.

8.2 Lösungshinweise

Tab. 8.3 Konzernbilanz Herleitung

Stichtag 31.12.2012 in T€ A = Aktiva P = Passiva	M AG		T AG Neubewertet		Summenbilanz		Aufrechnung Kapitalkonsolidierung		Konzernbilanz	
Bilanzposten:	A	P	A	P	A	P	Soll	Haben	A	P
1. Immat. Vermögenswerte	500		50		550				550	
2. Goodwill	0		0		0		208 (1)		208	
3. Grundstücke	1.000		250		1.250				1250	
4. Maschinen	2.000		900		2.900				2.900	
5. Beteiligung	1.000		0		1.000			1.000 (1)	0	
6. Sonst. Aktiva	3.000		1.850		4.850				4.850	
7. Gez. Kapital		1.000		400		1.400	320 (1) 80 (2)			1.000
8. Kapitalrücklage		2.000		100		2.100	80 (1) 20 (2)			2.000
9. Gewinnrücklage		2.000		350		2.350	280 (1) 70 (2)			2.000
10. Neubewertungsrücklage		0		90		90	72 (1) 18 (2)			0
11. Jahresüberschuss		200		50		250	40 (1) 10 (2)			200
12. Minderheiten		0		0		0		198 (2)		198
13. Latente Steuern		0		60		60				60
14. Eventualverb.		0		50		50				50
15. Sonst. Passiva		2300		1950		4250				4250
Summe	7.500	7.500	3.050	3.050	10.550	10.550			9.758	9.758

Lösung 2 Die Abschreibungen der Maschinen und der immateriellen Vermögenswerte mindern den Jahresüberschuss um T€ 12 und ziehen im gleichen Schritt die Auflösung latenter Steuern von T€ 8 nach sich. Die Auflösung der Eventualverbindlichkeit erhöht den Jahresüberschuss um T€ 30 und die passiven latenten Steuern um T€ 20. Daraus ergibt sich die in Tab. 8.4 wiedergegebene in den Konzernabschluss einzubeziehende Neubewertungsbilanz.

Tab. 8.4 Neubewertungsbilanz der T AG

Stichtag 31.12.2013 in T€ A = Aktiva P = Passiva	M AG		T AG					
			Ursprung		Neubewertung		Neubewertet	
Bilanzposten:	A	P	A	P	A	P	A	P
1. Immat. Vermögenswerte	500	0			50	10	40	
2. Goodwill	0		0				0	
3. Grundstücke	1.000		200		50		250	
4. Maschinen	2.000		800		100	10	890	
5. Beteiligung	1.000		0				0	
6. Sonstige Aktiva	3.200		1.900				1.900	
7. Gez. Kapital		1.000		400				400
8. Kapitalrücklage		2.000		100				100
9. Gewinnrücklage		2.200		400				400
10. Neubewertungsrücklage		0		0		90		90
11. Jahresüberschuss		200		50	12	30		68
12. Minderheiten		0		0				0
13. Latente Steuern		0		0	8	60 + 20		72
14. Eventualverb.		0		0	50	50		0
15. Sonstige Passiva		2.300		1.950				1.950
Summe	7.700	7.700	2.900	2.900			3.080	3.080

Die Folgekonsolidierung stellt sich wie in Tab. 8.5 aufgezeigt dar.

1. Aufrechnung des Beteiligungsbuchwertes gegen das anteilige Eigenkapital
Die Erstkonsolidierungsbuchung ist vorzutragen, jedoch wird der bei Erstkonsolidierung aus dem Jahresüberschuss eliminierte Betrag von T€ 40 nun, da thesauriert wurde, in den

8.2 Lösungshinweise

Tab. 8.5 Folgekonsolidierung der T AG

Stichtag 31.12.2013 in T€ A = Aktiva P = Passiva	M AG		T AG Neubewertet		Summenbilanz		Aufrechnung Kapitalkonsolidierung		Konzernbilanz	
Bilanzposten:	A	P	A	P	A	P	Soll	Haber	A	P
1. Immat. Vermögenswerte	500		40		540				540	
2. Goodwill	0		0		0		208 (1)	20 (3)	188	
3. Grundstücke	1.000		250		1250				1250	
4. Maschinen	2.000		890		2890				2.890	
5. Beteiligung	1.000		0		1.000			1000 (1)	0	
6. Sonst. Aktiva	3.200		1.900		5.100				5.100	
7. Gez. Kapital		1.000		400	t	1.400	320 (1) 80 (2)			1.000
8. Kapitalrücklage		2.000		100		2.100	80 (1) 20 (2)			2.000
9. Gewinnrücklage		2.200		400		2.600	320 (1) 80 (2)			2.200
10. Neubewertungsrücklage		0		90		90	72 (1) 18 (2)			0
11. Jahres-überschuss		200		68		268	13,6 (2) 20 (3)			234,4
12. Minderheiten		0		0		0		211,6 (2)		211,6
13. Latente Steuern		0		72		72				72
14. Eventualverb.		0		0		0				0
15. Sonst. Passiva		2.300		1.950		4.250				4.250
Summe	7.700	7.700	3.080	3.080	10.780	10.780			9.968	9.968

Tab. 8.6 Der Jahresüberschuss des Konzerns

		M AG in T€	T AG in T€	Summe in T€
	Jahresüberschuss	200	50	250
−	Abschreibungen stille Reserven (nach Steuern)		12	12
+	Auflösung Eventualverb. (nach Steuern)		30	30
=	Jahresüberschuss II	200	68	268
−	Minderheitenanteil Jahresüberschuss T AG		13,6	13,6
−	Goodwill-Impairment		20	20
=	Konzernjahresüberschuss	200	34,2	234,4

Gewinnrücklagen eliminiert. Daraus folgt eine Gewinnrücklageneliminierung von T€ 320 (T€ 280 aus der Erstkonsolidierung zuzüglich der T€ 40 aus der Jahresüberschusseliminierung des Vorjahres).

2. Berücksichtigung der Minderheiten
Die Erstkonsolidierungsbuchung ist vorzutragen. Zusätzlich wird die auf die Minderheiten entfallende ergebnisinduzierte Erhöhung der Gewinnrücklagen (20 % × T€ 50 = T€ 10) in den Ausgleichsposten für Minderheiten umgestellt. Weiterhin erhöht das auf die Minderheiten entfallende Ergebnis der T AG (20 % × T€ 68 = T€ 13,6) den Minderheitenposten.

3. Buchung des Impairments auf den Goodwill
Da der Goodwill-Impairment-Test einen Abwertungsbedarf von T€ 20 ergeben hat, ist eine aufwandswirksame Minderung des Postens Goodwill zu buchen.
Exkurs: Bei einer Anwendung der Full-Goodwill-Methode wäre der dann höhere Abwertungsaufwand in Eigen- und Fremdanteil aufzugliedern.
Der Jahresüberschuss des Konzerns beträgt nach Konsolidierung T€ 234,4 und leitet sich wie aus den Konzernbeiträgen der M AG und der T AG her (siehe Tab. 8.6).

Lösung 3 Der Entkonsolidierungserfolg ermittelt sich wie in Tab. 8.7 dargestellt.
Ausgehend von der Konzernbilanz nach der Folgekonsolidierung zum 31. Dezember 2013 stellt sich die Entkonsolidierung in der Bilanz wie in Tab. 8.8 ersichtlich dar. In der Darstellung wurden zwei Schritte vollzogen.

8.2 Lösungshinweise

Tab. 8.7 Berechnung des Entkonsolidierungserfolgs

		Betrag in T€
	Veräußerungserlös	1.500
–	Veräußerungskosten (Beratung)	20
–	abgehendes anteiliges Eigenkapital (80 % × 950)	760
–	Abgang anteiliger bislang nicht realisierter stiller Reserven:	
	Immaterielle Vermögenswerte	32
	Grundstücke	40
	Maschinen	72
+	Anteilige latente Steuern auf bislang nicht realisierte stille Reserven	57,6
–	Abgang anteiliger bislang nicht realisierter stiller Lasten	0
–	Zugeordneter Goodwill	188
+/–	Kumulierte Währungsumrechnungsdifferenzen	0
=	*Entkonsolidierungserfolg*	*445,6*

Tab. 8.8 Konzernbilanz vor und nach Entkonsolidierung zum 31.12.2013

Stichtag 31.12.2013 in T€ A = Aktiva P = Passiva	Konzernbilanz vor Entkonsolidierung		Entkonsolidierung der Anteile der M AG		Entkonsolidierung für Minderheiten		Konzernbilanz nach Entkonsolidierung	
Bilanzposten:	A	P	A	P	A	P	A	P
1. Immat. Vermögenswerte	540			32		8	500	
2. Goodwill	188			188			0	
3. Grundstücke	1.250			200		50	1.000	
4. Maschinen	2.890			712		178	2.000	
5. Beteiligung	0			0		0	0	
6. Sonst. Aktiva	5.100		1.500	1.520 20		380	4.680	
7. Gez. Kapital		1.000						1.000
8. Kapitalrücklage		2.000						2.000
9. Gewinnrücklage		2.200						2.200
10. Neubewertungsrücklage		0						0
11. Jahresüberschuss		234,4		445,6				680
12. Minderheiten		211,6				211,6		0
13. Latente Steuern		72	57,6		14,4			0
14. Eventualverb.		0						0
15. Sonst. Passiva		4.250	1.560		390			2.300
Summe	*9.968*	*9.968*					*8.180*	*8.180*

Tab. 8.9 Bilanz der T AG vor und nach Anpassungsbuchungen

FV = Fair Value JA = Jahresabschluss in T€	31.12.2012 T AG	Anpassungsbuchungen		31.12.2012 T AG
Bilanzposten:	JA I	Soll	Haben	JA II
Goodwill				
Grundstücke	400	300 (1)		700
Maschinen	1.440	280 (2)	20 (2)	1.700
Beteiligung	0			0
Latente Steuern	0			0
Sonstige Aktiva	3.500			3.500
Summe Aktiva	**5.340**			**5.900**
Gez. Kapital	800			800
Kapitalrücklage	300			300
Gewinnrücklage	700			700
Neubewertungsrücklage	0	120 (3) 112 (3)	300 (1) 280 (2)	348
Sonstiges kum. Eigenkapital	0			0
Jahresüberschuss	40	20 (2)	8 (3)	28
Minderheiten	0			0
Latente Steuern	0	8 (3)	232 (3)	224
Sonstige Passiva	3.500			3.500
Summe Passiva	**5.340**			**5.900**

Durchgeführte Schritte Bei dieser Darstellung wurden im **ersten Schritt** sämtliche anteilige neubewertete Vermögenswerte bzw. Schulden ausgebucht. Im gleichen Zuge wurde der Veräußerungserlös als Zugang in den sonstigen Aktiva erfasst. Die Veräußerungskosten sind als Minderung der sonstigen Aktiva (bspw. Bank oder Forderungen) berücksichtigt worden. Die Differenz entspricht dem Entkonsolidierungserfolg. Im **zweiten Schritt** wurden sämtliche auf Minderheiten entfallende neubewertete Vermögenswerte und Schulden gegen Auflösung des Ausgleichspostens für Anteile anderer Gesellschafter ausgebucht. Diese Ausbuchung geschieht erfolgsneutral.

Lösung 4
Neubewertung Die Tab. 8.9 zeigt den Übergang von der originären Jahresabschluss-Bilanz der T AG zur neubewerteten Bilanz als Grundlage für die Erstkonsolidierung.

1. Neubewertung der Grundstücke
Während aktivisch der Buchwert der Grundstücke um T€ 300 erhöht wird, erfolgt die Gegenbuchung erfolgsneutral innerhalb des Eigenkapitals in der Neubewertungsrücklage.

8.2 Lösungshinweise

2. Neubewertung der Maschinen
Der Buchwert der Maschinen wird um T€ 280 erhöht. Die Gegenbuchung erfolgt ebenfalls innerhalb der Neubewertungsrücklage. Da bereits zum 1. Januar 2012 stille Reserven i. H. v. T€ 200 bestanden, sind diese über zehn Jahre abzuschreiben. Dadurch verringert sich der Buchwert im gleichen Schritt um T€ 20, und der entsprechende Effekt wird jahresüberschussmindernd als Abschreibung gebucht.

3. Berücksichtigung latenter Steuern
Auf die temporären Differenzen, die durch die Neubewertung entstehen, werden unter Berücksichtigung eines Ertragsteuersatzes von 40 % T€ 120 für die Neubewertung der Grundstücke und T€ 112 für die Neubewertung der Maschinen eingestellt. Die Buchung verringert somit zu Gunsten der passiven latenten Steuern die Neubewertungsrücklage. Weiterhin werden durch die anteilige Abschreibung der Maschinen T€ 8 der latenten Steuern in Anspruch genommen und erhöhen somit gegenläufig zum Abschreibungseffekt den Jahresüberschuss wieder um T€ 8. Es verbleiben eine Neubewertungsrücklage von T€ 348, passive latente Steuern von T€ 224 und ein negativer Konsolidierungseffekt auf den Jahresüberschuss von T€ 12.

Ermittlung des Goodwills Auf der Grundlage der Anschaffungskosten der einzelnen Tranchen werden unter Berücksichtigung des neubewerteten Nettoreinvermögens die jeweiligen Goodwills ermittelt. Zu beachten ist, dass dem Kaufpreis jeweils das neubewertete Nettoreinvermögen zum Erwerbszeitpunkt der entsprechenden Tranche gegenüberzustellen ist. Dies ist insb. für die erste Tranche relevant, bei der das neubewertete Nettoreinvermögen zum 1. Januar 2012 statt des Nettoreinvermögens zum 31. Dezember 2012 herangezogen werden muss. Der Gesamt-Goodwill ergibt sich dann als Summe der einzelnen Tranchen-Goodwills und beträgt hier T€ 1.096,4 (siehe Abb. 8.1).

Erstkonsolidierung Nach den genannten Vorbereitungen können die Ermittlung des Summenabschlusses (M AG und JA II der T AG) und die entsprechende Aufrechnung im Rahmen der Erstkonsolidierung erfolgen (siehe Tab. 8.10).

1. Eliminierung der erfolgsneutralen Bewertung der ersten Tranche
Da sich der Buchwert der 10-Prozent-Beteiligung im Berichtsjahr um T€ 50 erfolgsneutral über das sonstige kumulierte Eigenkapital erhöht hat und sich diese Erhöhung nicht in den Anschaffungskosten der ersten Tranche widerspiegelt, ist ein Beteiligungsbuchwert von T€ 50 gegen das sonstige kumulierte Eigenkapital auszubuchen.

2. Eliminierung des Beteiligungsbuchwertes der ersten Tranche
Der übrige Beteiligungsbuchwert der ersten Tranche von T€ 300 wird gegen das Eigenkapital und die Einbuchung eines Goodwills eliminiert. Da der Goodwill wie zuvor ermittelt

	Betrag in T€
Anschaffungskosten der 1. Tranche (10 %)	300

- Neubewertetes Reinvermögen der T AG zum 01.01.2012
    bilanzielles Reinvermögen   1.800
    + stille Rücklagen   300
    - passivische latente Steuern   120
    = Summe   1.980
	10 % x 1.980 = 198

= Goodwill (1. Tranche per 01.01.2012)	102
- Evtl. Impairment (1. Tranche) in 2012	0
= **Goodwill (1. Tranche per 31.12.2012)**	**102**
Anschaffungskosten der 2. Tranche (60 %)	2.300

- Neubewertetes Reinvermögen der T AG zum 31.12.2012
    bilanzielles Reinvermögen   1.840
    + stille Rücklagen   560
    - passivische latente Steuern   224
    = Summe   2.176
	60 % x 2.176 = 1.305,6

= **Goodwill (2. Tranche per 31.12.2012)**	**994,4**
= **Gesamt-Goodwill per 31.12.2012**	**102 + 994,4 = 1.096,4**

Abb. 8.1 Goodwillermittlung der ersten und zweiten Tranche

T€ 102 beträgt, verbleibt ein im Eigenkapital zu eliminierender Betrag von T€ 198. Dieser verteilt sich folgendermaßen:

Gez. Kapital:	T€ 80
Kapitalrücklage:	T€ 30
Gewinnrücklage:	T€ 70
Neubewertungsrücklage:	T€ 18
Summe:	*T€ 198*

Der Betrag der Verminderung der Neubewertungsrücklage ergibt sich aus den anteiligen (10 %) zum 1. Januar 2012 vorhandenen stillen Reserven von T€ 180 (T€ 300 abzüglich 40 % latenter Steuern).

3. Eliminierung des Beteiligungsbuchwertes der 2. Tranche
Der Beteiligungsbuchwert der zweiten Tranche i. H. v. T€ 2.300 wird gegen das Eigenkapital und die Einbuchung eines Goodwills eliminiert. Da der Goodwill, wie zuvor ermittelt, T€ 994,4 beträgt, verbleibt ein im Eigenkapital zu eliminierender Betrag von T€ 1.305,6. Dieser verteilt sich unter Berücksichtigung des 60-prozentigen Anteils an der T AG wie nachfolgend gezeigt:

8.2 Lösungshinweise

Tab. 8.10 Aufrechnung im Rahmen der Erstkonsolidierung

Stichtag 31.12.2013 in T€ JA = Jahresabschluss	M AG	T AG	Summenabschluss	Konsolidierung		Konzernabschluss
Bilanzposten:	JA	JA II		Soll	Haben	
Goodwill				102 (2) 999,4 (3)		1.096,4
Grundstücke	800	700	1.500			1.500
Maschinen	3.000	1.700	4.700			4.700
Beteiligung	2.650	0	2.650		350 (1)(2) 2.300 (3)	0
Latente Steuern	0	0	0			0
Sonst. Aktiva	2.300	3.500	5.800			5.800
Summe Aktiva	*8.750*	*5.900*	*14.650*			*13.096,4*
Gez. Kapital	3.000	800	3.800	560 (2)(3) 240 (4)		3.000
Kapitalrücklage	600	300	900	210 (2)(3) 90 (4)		600
Gewinnrücklage	2.000	700	2.700	490 (2)(3) 210 (4)		2.000
Neubewertungsrücklage	0	348	348	331,2 (2)(3)(4) 16,8 (5)		0
Sonstiges kum. Eigenkapital	50	0	50	50 (1)	16,8 (5)	16,8
Jahresüberschuss	100	28	128	16,8 (3) 8,4 (4)		102,8
Minderheiten	0	0	0		652,8 (4)	652,8
Latente Steuern	0	224	224			224
Sonstige Passiva	3.000	3.500	6.500			6.500
Summe Passiva	*8.750*	*5.900*	*14.650*			*13.096,4*

Gez. Kapital:	T€ 180
Kapitalrücklage:	T€ 420
Gewinnrücklage:	T€ 208,8
Neubewertungsrücklage:	T€ 16,8
Summe:	*T€ 1.305,6*

Der Betrag der Verminderung der Neubewertungsrücklage ergibt sich aus den anteiligen (60 %) zum 31. Dezember 2012 in der Neubewertungsrücklage befindlichen stillen Reserven von T€ 348 (T€ 580 abzüglich 40 % latenter Steuern).

4. Buchung der Minderheiten
Da zum 31. Dezember 2012 nur 70 % der T AG der M AG zuzurechnen sind, ist ein Minderheitenposten zu bilden. Diese Buchung eliminiert das restliche Eigenkapital (30 %) der T AG und stellt den kumulierten Betrag in die Minderheiten ein. Die Eigenkapitaleliminierung im Soll verteilt sich folgendermaßen:

Gez. Kapital:	T€ 240
Kapitalrücklage:	T€ 90
Gewinnrücklage:	T€ 210
Neubewertungsrücklage:	T€ 104,4
Jahresüberschuss:	T€ 8,4
Summe:	*T€ 652,8*

Der Betrag der Verminderung der Neubewertungsrücklage ergibt sich aus den anteiligen (30 %) zum 31. Dezember 2012 in der Neubewertungsrücklage befindlichen stillen Reserven von T€ 348 (T€ 580 abzüglich 40 % latenter Steuern).

5. Buchung des sonstigen kumulierten Eigenkapitals
In der Neubewertungsrücklage würden nach oben beschriebenen Buchungen noch T€ 16,8 verbleiben. Diese resultieren daraus, dass für die erste Tranche nur die anteilige Neubewertungsrücklage zum 1. Januar 2012 eliminiert wurde, die Veränderung bis zum 31. Dezember 2012 von T€ 280 jedoch anteilig und abzüglich der latenten Steuern bestehen bleibt (siehe Tab. 8.11).

Diese verbleibende Neubewertungsrücklage wird erfolgsneutral in das sonstige kumulierte Eigenkapital eingestellt, da sie die Wertsteigerung zwischen Anschaffungszeitpunkt und Erstkonsolidierung widerspiegelt. Dieser Effekt wird über den Zeitverlauf nicht abgeschrieben, sondern bleibt bestehen.

Herleitung des Jahresüberschusses Der Konzernjahresüberschuss zum 31. Dezember 2012 lässt sich über die Konzernbeiträge der M AG und der T AG wie in Tab. 8.12 gezeigt herleiten.

Tab. 8.11 Verbleibende Neubewertungsrücklage

	Grundstücke in T€	Maschinen in T€	Summe in T€
Fair Values 01.01.2012:	100	200	300
Fortgeführt auf 31.12.2012:	100	180	280
Fair Values 31.12.2012:	300	260	560
Delta:	*200*	*80*	*280*
davon in Neubewertungsrücklage (60 %): (aufgrund latenter Steuern)	120	48	168
davon auf 1. Tranche (10 %)	12	4,8	*16,8*

Tab. 8.12 Herleitung des Jahresüberschusses

		M AG in T€	T AG in T€	Summe in T€
	Jahresüberschuss	100	40	140
−	Abschreibung stiller Reserven Maschinen		20	20
+	Auflösung passiver latenter Steuern		8	8
=	Jahresüberschuss II 31.12.2012	100	28	128
−	Bestandteil konsolidierungspflichtiges Eigenkapital der 2. Tranche		16,8	16,8
−	Minderheitenanteil		8,4	8,4
=	*Konzernjahresüberschuss*	*100*	*2,8*	*102,8*

Als zusätzlicher Gewinn aus der T AG verbleibt somit lediglich der Gewinn aus der ersten Tranche, was einem Anteil von 10 % der T€ 28 entspricht.

Literatur

Baetge, J., Kirsch, H.-J., & Thiele, S. (2009). *Konzernbilanzen*. Düsseldorf: IDW.
Beyhs, O., Buschhüter, M., & Schurbohm, A. (2011). IFRS 10 und IFRS 12. Die neuen IFRS zum Konsolidierungskreis. *WPg – Die Wirtschaftsprüfung, 64*(14), 662–671.
Brücks, M., & Richter, M. (2005). Business Combinations (Phase II) – Kritische Würdigung ausgewählter Vorschläge des IASB aus Sicht eines Anwenders. *Zeitschrift für kapitalmarktorientierte Rechnungslegung, 5*(10), 407–415.
Brune, J. W., Senger, T., Hayn, B., & Paaßen, V. T. (2004). § 15. Konzerne und assoziierte Unternehmen. In W. Bohl, J. Riese, & J. Schlüter (Hrsg.), *Beck'sches IFRS-Handbuch – Kommentierung der IAS/IFRS*. München: Beck.
Commerzbank AG. (2010) *Geschäftsbericht 2010*. E.ON annual report.
Epstein, B. J., & Mirza, A. A. (2004). *Wiley IAS 2004 interpretation and application of international accounting and financial reporting standards*. New Jersey: Wiley.
Fladt, G., & Butollo, B. (2004). Änderung des Anwendungsbereichs von SIC-12: Anpassung der Ausnahmeregelung zur Befreiung von der Konsolidierungspflicht (IFRIC D7). *WPg – Die Wirtschaftsprüfung, 57*(23), 1374–1377.
Heuser, P. J., & Theile, C. (2012). *IFRS-Handbuch. Einzel- und Konzernabschluss*. Köln: Schmidt.
Hoehne, F. (2009). *Veräußerung von Anteilen an Tochterunternehmen im IFRS-Konzernabschluss – End- und Übergangskonsolidierung*. Wiesbaden: Gabler.
Jensen, M., & Meckling, W. (1976). Theory of the firm. Managerial behavior, agency costs, and ownership structure. *Journal of Financial Economics, 3*(4), 305–360.
Kustner, C. (2004). Special Purpose Entities – Wirtschaftliche Merkmale und Bilanzierung in der internationalen Rechnungslegung. *Zeitschrift für kapitalmarktorientierte Rechnungslegung, 4*(7–8), 308–318.
Küting, K., & Leinen, M. (2002). Die Kapitalkonsolidierung bei Erwerb eines Teilkonzerns. *WPg – Die Wirtschaftsprüfung, 55*(22), 1201–1216.
Küting, K., & Weber, C.-P. (2003). *Der Konzernabschluss*. Stuttgart: Schäffer-Poeschel.
Küting, K., Weber, C.-P., & Wirth, J. (2004). Bilanzierung von Anteilsverkäufen an bislang vollkonsolidierten Tochterunternehmen nach IFRS. *Deutsches Steuerrecht, 42*(20–21), 876–884.
Küting, K., Weber, C.-P., & Wirth, J. (2008). Die Goodwillbilanzierung im finalisierten Business Combinations Project Phase II. *Zeitschrift für kapitalmarktorientierte Rechnungslegung, 8*(3), 139–152.
Küting, K., & Wirth, J. (2001). Internationale Konzernrechnungslegung: Anschaffungskosten von Beteiligungen an voll zu konsolidierenden Unternehmen. *Betriebs-Berater, 56*(23), 1190–1197.

Küting, K., & Wirth, J. (2003). Umrechnung von Fremdwährungsabschlüssen vollzukonsolidierender Unternehmen nach IAS/IFRS. *Zeitschrift für kapitalmarktorientierte Rechnungslegung, 3*(9), 376–387.

Lüdenbach, N. (2010). *IFRS: Der Ratgeber zur erfolgreichen Anwendung von IFRS*. Freiburg: Haufe.

Lüdenbach, N., & Schubert, D. (2012). Gemeinschaftliche Vereinbarungen (joint arrangements) nach IFRS 11 – Darstellung und kritische Würdigung des neuen Standards. *Praxis der internationalen Rechnungslegung, 1*, 1–7.

Metrogroup. (2011). *Beschleunigen! Hier bewegt Shape 2012. Geschäftsbericht 2010.* http://www.metrogroup.de/internet/site/metrogroup/get/documents/metrogroup_international/corpsite/80_global/publications/AR2010-de.pdf. Zugegriffen: 29. Aug. 2013.

Pawelzik, K. U. (2004). Die Konsolidierung von Minderheiten nach IAS/IFRS der Phase II („business combinations"). *WPg – Die Wirtschaftsprüfung, 57*(13), 677–694.

Pellens, B., Fülbier, R. U., Gassen, J., & Sellhorn, T. (2011). *Internationale Rechnungslegung*. Stuttgart: Schäffer-Poeschel.

Pellens, B., Sellhorn, T., & Streckenbach, J. (2003). Full Goodwill Method–Renaissance der reinen Einheitstheorie in der Konzernbilanzierung? *Zeitschrift für kapitalmarktorientierte Rechnungslegung, 3*(1), 1–4.

Schmidbauer, R. (2004). Die Fremdwährungsumrechnung nach deutschem Recht und nach den Regelungen des IASB. *Deutsches Steuerrecht, 42*(16), 699–704.

Steiner, E., Orth, J., & Schwarzmann, W. (2010). *Konzernrechnungslegung nach HGB und IFRS*. Stuttgart: Schäffer-Poeschel.

Zülch, H., Erdmann, M.-K., & Popp, M. (2011). IFRS 10 – Kritische Würdigung der Neuregelungen des IFRS 10 im Vergleich zu den bisherigen Vorschriften des IAS 27 sowie SIC-12. *Zeitschrift für kapitalmarktorientierte Rechnungslegung, 11*(12), 585–593.

International Financial Reporting Standards

IFRS 3 Business combinations.
IFRS 5 Non-current assets held for sale and discontinued operations.
IFRS 7 Financial instruments: Disclosures.
IFRS 8 Operating segments.
IFRS 9 Financial instruments.
IFRS 10 Consolidated financial statements.
IFRS 11 Joint arrangements.
IFRS 12 Disclosure of interests in other entities.

International Accounting Standards

IAS 1 Presentation of financial statements.
IAS 8 Accounting policies, changes in accounting estimates and errors.
IAS 14 Segment reporting.
IAS 27. (2011). Separate financial statements.
IAS 27. (2008). Consolidated and separate financial statements.
IAS 28. (2011). Investments in associates and joint ventures.
IAS 28. (2008). Investments in associates.
IAS 31 Interests in joint ventures.

IAS 36 Impairment of assets.
IAS 39 Financial instruments: Recognition and measurement.

Interpretationen – IFRIC & SIC

IFRIC 16 Hedges of a net investment in a foreign operation.
SIC-12 Consolidation–special purpose entities.
SIC-13 Jointly controlled entities–non-monetary contributions by Venturers.

Sachverzeichnis

A

Abgangsbilanzierung, 74
Abgrenzungsposten, aktivischer, 71
Abschlussstichtag, 36, 45
Abwärtskonsolidierung, 76, 79
Akquisitionsmethode, 49, 83
Akquisitionszeitpunkt, 56
Aktienoptionsprogramm, 57
Aktivität
    gemeinschaftlich geführte, 103
    relevante, 15
Allokation des Kaufpreises, 59
Allowed Alternative Treatment, 51
Anhangangabe, 114, 124
Anschaffungskosten, 50, 55
Anschaffungsnebenkosten, 55, 57
Anteil, nicht beherrschender, 50, 65, 72
Anteilsquote, 114
Anteilsveränderung, 82
Arbeitsschritt, vorgeschalteter, 35
Asset Deal, 49
Assoziierungsvermutung, 106
Aufrechnungsdifferenz, 92
    echte, 92
    unechte, 92
Aufstockung der Beteiligungsquote, 76
Aufteilung des Goodwill, 69
Aufwandskonsolidierung, 95
Aufwärtskonsolidierung, 76, 77, 121

B

Badwill, 55, 65, 67, 111, 112
Bargain Purchase, 55, 65
Beherrschung, 7, 29, 53, 100
    faktische, 20
    gemeinsame, 101
    Neueinschätzung, 29
Beherrschungsbegriff, 5, 99
Beherrschungshierarchie, 5, 6
Beherrschungskonzept, 12
    IAS 27, 6
Beherrschungskriterien von Special Purpose
    Entities, 11
Beherrschungsmöglichkeit, 56
Beherrschungsschema, 14
Beherrschungsverhältnis, 7
Benchmark Treatment, 51
Berichtigung, 59
Berichtseinheit, 59
Beteiligung, 82
Bewertung, konzerneinheitliche, 45
Bewertungsvorschrift, einheitliche, 35
Bilanzierung, konzerneinheitliche, 45
Bilanzierungsregel, einheitliche, 35
Börsenlisting, 55
Buchwertmethode, 51
Buchwertmethode, interessentheoretische, 52
Business Combination, 49

C

Cash Generating Unit, 69, 73, 75, 113
Control Approach, 13, 30

D

Date
    of Acquisition, 56
    of Exchange, 56
    of Transaction, 39
De facto-Agent, 28

De-facto-Beherrschung, 28
De facto-Control, 20
Discontinued Operation, 60, 74, 109
Disposal Group, 74
Downstream-Transaktion, 114, 122
Durchschnittskurs, 39

E
Earn-out-Klausel, 58
Eigenkapitalanteil, Austausch, 53
Eigenkapitalinstrument, 56
Eigenkapitaltitel, 58
Eigenkapitalveränderung, 72
Einbeziehung, quotale, 104, 107
Einbeziehungsausnahme, 109
Einheitlichkeit der Stichtage, 37
Einheitsgrundsatz, 65
Einheit, zahlungsmittelgenerierende, 69, 73
Einzelrechtsnachfolge, 49
Eliminierungsdifferenz, 92
Entkonsolidierung, 74, 122
    Equity-Methode, 113
Entkonsolidierungserfolg, 75
Entkonsolidierungsverlust, 75
Entkonsolidierungszeitpunkt, 74
Equity-Bewertung, 79
Equity-Buchwert, 112
Equity-Ergebnis, 112
Equity-Methode, 79, 107, 110
Ermittlung des Kaufpreises, 55
Erstanwendung, 127
Erstkonsolidierung, 55
    Equity-Methode, 111
Erstkonsolidierungszeitpunkt, 51
Ertragskonsolidierung, 95
Erwerber, 53
Erwerbsmethode, 49, 51, 83
Erwerb, sukzessiver, 56, 76, 77, 78
Erwerbszeitpunkt, 50, 55, 56
Eventualverbindlichkeit, 61

F
Fähigkeit, praktische, 22
Fair-Value-Bilanz, 59
Feststellung
    endgültige, 70
    vorläufige, 70
Folgebehandlung des Goodwill, 73
Folgekonsolidierung, 71

Equity-Methode, 112
Fremdanteil, 52
Fremdwährungsabschluss, 41
Fremdwährungsgeschäft, 38
Führung, gemeinschaftliche, 103
Full Goodwill Methode, 52, 66, 68
Fusion, 49

G
Gegenleistung, 59
Gemeinschaftsunternehmen, 99, 100, 103
Gesamthandsgemeinschaft, 104
Gesamtrechtsnachfolge, 49
Geschäft
    internes, 46
    konzerninternes, 45
Geschäftseinheit, ausländische, 45
Gesellschaft, strukturierte, 24
Goodwill, 65, 67, 73, 83, 111
Goodwillermittlung, 66, 67

I
Identifikation des Erwerbers, 50
Identifizierung
    der zu bilanzierenden Posten, 60
    eines Käufers, 53
Impairment, 73
Impairment Loss, 73
Impairment-Test, 73, 84, 113
Initiator, 10
Investmentfonds, 110

J
Joint Arrangement, 102, 105
Jointly Controlled Asset, 102, 103, 107, 108
Jointly Controlled Entity, 102, 103, 104, 108, 118
Jointly Controlled Operation, 102, 103, 107, 108
Joint Operation, 107, 118
Joint Venture, 99, 102, 103

K
Kapitalkonsolidierung, 50, 90,
Kassakurs, 39
Kaufpreisallokation, 50, 59
Kaufpreisermittlung, 55
Kaufpreiskomponenten, 58

Sachverzeichnis

Kaufpreisverteilung, 59
   separate, 59
Kaufpreiszahlung, bedingte, 58
Konsolidierung
   anteilige, 107, 120, 128
Konsolidierungseffekt, 72
Konsolidierungskreis, 5, 30
Kontrollkonzept, 49
Konzernrechnungslegungsstandard, 3
Kursschwankung, 57

L
Lenkungsmacht, 14, 16, 25
Lucky Buy, 66

M
Markt, aktiver, 57
Maßnahme, vorbereitende, 35, 120
Measurement period, 70
Mergers of Equals, 53
Minderheitenanteil, 51
Minderheiten-Goodwill, 52
Minderheitenposten, 50

N
Negativsaldo, 72
Neubewertung, 63
Neubewertungsbilanz, 55
Neubewertungsmethode, 51, 67
Neubewertungsmethode, einheitstheoretische, 52
Niederstwerttest, 69
Non-controlling interests, 65, 66
Non-current Assets, 74, 109

O
Off-Balance-Sheet-Bilanzierung, 9
One-Line-Presentation, 75

P
Posten
   identifizierter, 63
   monetärer, 39
   nicht-monetärer, 39
Predecessor Accounting, 93
Principal-Agent-Theory, 25

Prinzipal-Agenten-Beziehung, 25
Prinzip der Beherrschung, 13
Purchased Goodwill, 66
Purchase Method, 49
Push-Down Accounting, 60, 72

Q
Quotenkonsolidierung, 104, 107, 118, 120, 125

R
Recht, substanzielles, 16
Recoverable Amount, 69, 73
Reduzierung der Beteiligungsquote, 76
Reformprojekt, 3
Regelungslücke, 93
Restrukturierungsmaßnahme, 62
Restrukturierungsplan, 62
Restrukturierungsrückstellung, 62, 63
Reverse Acquisition, 54, 83
Risk & Rewards Approach, 13, 30
Rückflüsse, variable, 25

S
Schulden, 61
Schuldenkonsolidierung, 91
Separate Vehicle, 104
Separierbarkeitskriterium, 61
Share Deal, 49, 53
Special Purpose Entities, 9, 24
Spezielle geschäftliche Beziehungen, 23
Sponsor, 10
Statuswechsel, 77
Steuern, latente, 64
Stichtagskurs, 39
Stichtagskursmethode, modifizierte, 41, 42
Stille Lasten, 71
Stille Reserven, 51, 71
Stimmrecht, 19
   potenzielles, 8, 17, 19, 21, 106
Stimmrechtsmehrheit
   faktische, 7
   fehlende, 19
Structured Entity, 24

T
Teilerwerbsschritte, 77
Tochterunternehmen

selbstständiges, 42
unselbstständiges, 41
Transactions Under Common Control, 93

U
Übergangskonsolidierung, 76, 79, 84
Umrechnungsdifferenz, 40
Umrechnungsverfahren, 40
Unternehmen, assoziiertes, 99, 106
Unternehmenserwerb, 55
  umgekehrter, 54
Unternehmensgruppen, 59
Unternehmenszusammenschluss, 49, 50, 90,
Unterschiedsbetrag, 51, 55, 64, 68
  aktivischer, 65
  negativer, 55, 65
  passivischer, 65
  positiver, 55, 65
Upstream-Transaktion, 114, 122

V
Venture Capital-Unternehmen, 110
Veräußerungsabsicht, 109
Vereinheitlichung, 35

der Stichtage, 36
HB I und HB II, 36
Verkäufe, konzerninterne, 95
Verknüpfung von Lenkungsmacht und variablen Rückflüssen, 25
Vermögenswert, 60
  finanzieller, 72
  immaterieller, 61, 72
Verringerung der Beteiligungsquote, 122
Vollkonsolidierungskreis
  IAS 27, 6
  IFRS 10, 12

W
Währung, funktionale, 38
Währungsumrechnung, 37, 46, 116
Wertaufholung, 73, 113
Wesentlichkeitsprinzip, 8

Z
Zeitbezugsmethode, 41
Zeitpunkt der Transaktion, 56
Zweckgesellschaft, 9
Zwischenergebniseliminierung, 92, 93, 94, 95

Hier studiere ich.

Das Bachelor- oder Master-Hochschulstudium neben dem Beruf.

Alle Studiengänge, alle Infos unter: **fom.de**

0800 1959 95 95 | **studienberatung@fom.de** | **fom.de**

The manufacturer's authorised representative in the EU is Springer Nature Customer Service Centre GmbH, Europaplatz 3, 69115 Heidelberg, Germany. If you have any concerns regarding our products, please contact ProductSafety@springernature.com

Printed and bound by CPI Group (UK) Ltd, Croydon, CR0 4YY

23/03/2026

02076462-0011